나는 소속되고 싶다

주의

이 책의 사례들은 실제 사건과 실제 인물들에게서 영감을 받았고, 사생활을 보호하기 위해 세부적인 내용들은 변경했음을 밝힌다.

나는 소속되고 싶다

호란 량 지음 | 박은영 옮김

나는 소속되고 싶다

발행일 ㅣ 2022년 12월 23일 초판 1쇄

지은이 ㅣ 호란 량

옮긴이 ㅣ 박은영

발행인 ㅣ 장영훈

발행처 ㅣ 사유와공감

디자인 ㅣ 디자인글앤그림

주소 ㅣ 서울특별시 강서구 화곡로 416 17층 1720호

대표전화 ㅣ 02-6951-4603

팩스 ㅣ 02-3143-2743

이메일 ㅣ 4un0-pub@naver.com

SNS 주소 ㅣ 블로그 https://blog.naver.com/4un0-pub/

페이스북 www.facebook.com/saungonggam

인스타그램 www.instagram.com/saungonggam_pub

홈페이지 https://www.4un0-pub.co.kr

ISBN ㅣ 979-11-980088-2-4(13180)

사유와공감은 항상 독자 여러분의 아이디어와 원고 투고를 기다리고 있습니다. 책으로 만들고 싶은 원고가 있으시면, 간단한 기획안과 샘플 원고, 연락처를 적어 **4un0-pub@naver.com**으로 보내 주세요.

시간과 대륙을 뛰어넘어 평생 최고의 동반자가 되어 주는 자매들에게

너를 참을 수 없어

너를 이해할 수가 없어

너를 이해하지 않을 거야

너를 이해하고 싶어

너를 이해해

우리는 왜 소속되어야 할까?

사람들의 정신 건강에 잠깐 '멈춤' 불이 켜졌다.

최근 몇 년 사이에 사람들이 정신 건강에 대해 이야기하는 방식에도 변화가 생겼다. 영국의 해리 왕자, 영화배우이자 코미디언 스티븐 프라이, 미국의 싱어송라이터 빌리 아일리시, 심지어 영국의 총리 알렉산더 보리스 디 페펄 존슨까지 이 주제를 다루면서 오랫동안 정신 건강을 둘러싸고 있던 금기를 깨고 있다. 이것은 바로 코로나바이러스 감염증-19 팬데믹이 불러온 변화다.

팬데믹 동안 우리는 어떤 식으로든 정신 건강에 장애를 겪었다. 그 이유는 나도 모르게 바이러스에 감염되거나 전파할 수도 있다는 두려움, 사랑하는 사람들과의 격리, 고용 불안정, 지긋지긋한 홈스쿨링, 부부가 매일 붙어 있다시피 생활하면서 생기는 마찰이나 사랑하는 사람을 잃는 비극 등의 여러 두려움 때문이다.

정신 건강에 관한 전문가들은 코로나바이러스가 가져온 정신적인 황폐함이 우리에게 긴 후유증을 남길 것이라고 경고한다. 이렇듯 정신 건강이 중요하다는 사실은 널리 알려졌지만, 우리가 '정신 건강'에 대해 진정으로 알고 있는 것은 무엇일까?

다른 사람의 경우는 모르겠다. 하지만 적어도 나는 20년 전, 정신과 의사가 되는 여정을 시작할 때까지만 해도 이에 대해 아는 것이 많지 않았다.

정신 건강에 문제가 있다고 하면 일단 부정적인 이미지부터 떠올렸는데, 아마 지금도 수많은 사람이 그러리라 생각한다. 정신 질환에 대해 생각할 때 문학이나 영화, 예술에서 수 세기 동안 묘사해 온 정형화된 '미친 사람'의 이미지를 벗어날 수가 없어서일까?

예전 영화 〈베들럼 Bedlam 〉에 등장하는, 이가 다 빠진 채로 후줄근한 옷을 질질 끌고 다니는 거지들을 떠올려 보라. 광기에 사로잡혀 다락을 불태우는 빅토리아 시대의 광인들 또는 차가운 와인에 사람의 장기를 곁들여 먹는 지적인 사이코패스의 비뚤어진 폭력도 마찬가지다.

지금도 이런 인식은 다르지 않다. 정신적으로 건강하지 못한 사람들이 폭력적이고, 감당이 안 되는 살인자로 묘사되거나 혹은 불쌍하고 미성숙하며 보호 시설에서 생활해야 하는 취약한 존재로 치부되는 것은 흔한 일이다. 이러한 이미지들은 우리 사회가 제시하는 인간의 조건에 내재한 가장 큰 공포를 대변하면서 사회에서 가장 취약한 사람들을 정확히 조준하고 있다.

집단에 속하지 않은 사람들을 솎아 내는 것은, 명분이 무엇이든 우리와 '그들'을 구분 짓는 데 도움이 된다. 왜냐하면, 불안 요소와 직면해야 하는 상황에서 벗어날 수 있게 보호를 받는다고 느끼기 때문이다. 우리가 정신 건강에 관해 두려워하는 이유는 우리 역시 언제든 다른 사람과 마찬가지로 '정신 이상'을 겪을 수 있는 똑같은 인간 조건을 지녔다는 사실을 알기 때문이다.

나는 오랫동안 정신 건강과 정신 의학 분야에서 경력을 쌓고 있지만, 그다지 순조로운 출발은 아니었다. 원래는 정신과 의사, 심지어 의사가 될 생각조차 없었다. 어떻게 보면 오히려 정신 건강이 나를 발견했다고 할 수 있다. 그것도 다양한 방면에서 말이다.

내 여정은 40여 년 전 무더운 여름, 타이완臺灣에서 시작되었다.

타이중臺中의 여름은 끈적끈적한 열기로 가득해 가만히 서 있어도 견디기 힘든데, 걸어서 여권 사무소에 도착해 몇 시간씩 줄을 서기라도 하는 날이면 그야말로 최악이라고 할 수 있다.

그날 오후, 나는 새로 산 플라스틱 샌들에 계속 발뒤꿈치가 쓸렸고, 머리카락은 땀범벅이 되어 이마에 들러붙어 있었다.

"얼음과자 먹고 싶어!"

나는 더 이상 걸을 수 없다는 듯 짜증스러운 몸짓으로 어머니에게 칭얼거렸다. 한참 동안 내가 있는 대로 씩씩대며 불편한 콧소리를 내고 난 후에야 어머니는 화난 기색을 누그러뜨렸다.

"알았어! 다음 가게에 들르자."

나는 속으로 놀랐다. 어머니는 워낙 검소해서 웬만해서는 주전부리를 사 주는 법이 없었기 때문이다. 아마 관공서의 지나치게 까다로운 절차에 맞추느라 힘든 아침을 보냈으니, 이 정도는 보상을 받아도 된다고 생각하신 것이 아니었을까 싶었다. 또 영국에 있는 아버지에게 나를 보낼 때 필요한 서류를 발급받은 것을 자축하는 의미도 있었을 것이다.

새로운 곳에서 사는 것은 엄청난 모험이 되겠지! 그것은 아마도 우리 인생에서 새로운 문이 열리는 것처럼 환상적인 모험이 될 것 같았다.

모퉁이를 돌자 얼음과자를 파는 가게의 휘황찬란한 불빛이 보였다. 나는 그제야 기분이 좋아졌고, 내 다리는 근육을 제대로 사용할 수 있는 상태가 되었다. 나는 어머니에게서 달아나기라도 하듯이, 있는 힘을 다해 가게 앞으로 뛰어갔다. 가게에 막 발을 들여놓는 순간, 한 남자가 보였다.

남자는 가게 왼쪽의 포장도로에 놓인 우리 안에서 잔뜩 웅크리고 앉아 있었다. 순간 나는 두려움에 휩싸여 멈춰 섰다. 비명을 지르고 싶었지만, 입이 바싹 말라 소리가 나오지 않았다. 뒷걸음질을 치다 어머니의 손길이 어깨에 닿는 것을 느낄 때까지는 고작 일 분 정도였지만, 지금까지도 그 남자가 나를 쳐다보는 눈빛과 내가 두려움에 그 남자를 쳐다보았던 순간을 잊을 수 없다.

내 얼굴은 온통 땀으로 뒤범벅이 되어 눈이 고통스러울 만큼 따가웠고, 눈물과 땀이 다리를 타고 흘러내렸다.

돌이켜 생각해 보면, 사실 그 남자에게 그토록 공포심을 느꼈던 것은 내가 나약하다는 사실을 절감하면서 증오와 혐오감을 느꼈기 때문이었다.

실제로 그는 호기심 어린 눈으로 나를 쳐다본 것 외에는 아무런 행동도 하지 않았다. 그러나 내 어린 마음에 그는 어둠 속에서 뛰쳐나와 내게 으르렁대는 굶주린 짐승처럼 느껴졌다. 나는 그가 우리에 갇힌 채 창살을 덜거덕거리며 흔드는 모습을 상상했다. 머리카락은 들러붙었고, 누가 봐도 씻지 않아 꾀죄죄한 모습이었다.

등을 구부린 채 웅크리고 앉은 남자의 눈은 흰자위가 누렇게 변색되어 있었고, 몇 개 남지 않은 치아도 같은 색이었다. 두려움으로 가득 찬 내 마음속에는 그가 허리에 천 하나만 두르고 뼈다귀를 씹는 원시인처럼 느껴졌다.

그는 눈동자를 마구 굴리면서 어딘가 다친 짐승처럼 으르렁대는 소리를 내고 있었다. 이것이 내 인생에서 정신 건강 문제로 고통을 받는 사람과의 첫 대면이었다.

다행히 자라면서 나의 집단 의지가 정신 건강을 이해하려는 방향으로 변화하고 있었다. 정신 질환의 오래된 오명과 부정적 묘사도 천천히, 그러나 분명히 잦아들었다.

영화 〈뷰티풀 마인드A Beautiful Mind〉, 〈블랙 스완Black Swan〉, 〈스틸 앨리스Still Alice〉 등과 같은 현대의 영화에서는 과거 영화들과는 다르게 정신 질환에 대해 풀어내면서 삶의 모습을 섬세하고 입체적으로 보여 주고 있다. 지금 많은 사람은 빈곤한 정신 건강이 인생의 어느 지점에서 우리 자신뿐만 아니라 모두에게 영향을 미칠 수 있는 문제라는 사실을 인식하고 있다. 개인적으로든, 다른 사람을 통해서든 말이다. 나는 정신과 의사로서 이런 사실이 통계적 진실이라는 것을 알고 있지만, 처음으로 직접 정신 건강 문제와 부딪혔을 때와는 사뭇 다르게 느껴졌다.

많은 의사 중 특히 정신과 의사는 본인들의 정신 건강이 자신들이 치료하는 환자 못지않게 취약하다는 사실을 쉽게 받아들이지 못한다. 정신적으로 너무 힘들었던 시기에 나 역시 자살자 통계에 포함될 뻔한 적이 있었는데, 친한 동료들조차 눈치채지 못했다.

정신적으로 힘들었던 몇 년 동안 나는, 내가 경험한 일들의 동기와 그 이유에 대해 생각해 보았다. 그리고 정신 건강에서 비롯된 부정적인 면을 지울 수 없는 것에 대해서도 생각했다.

한때는 활기찬 10대였고, 성실한 수련의였으며, 아이들을 예뻐하는 엄마였던 내게 무슨 일이 일어났던 것일까? 어떻게 내가 3층 창문 난간에 올라설 수 있었을까? 그건 내가 소속감을 간절히 원하는 인간이기 때문이었다.

나는 여러분 주위에서 볼 수 있는 이웃이나 동료, 부모 또는 형제나 자매에게 소속되길 원했다. 그리고 감히 말하지만, 아마도 누구나 나와 같은 마음일 것이라고 생각한다.

사람들은 충격을 받으면 삶을 되돌아보게 된다. 평소에 하던 식단과 운동을 재평가하는 가장 빠른 길이 가슴 통증을 경험하는 것처럼 말이다. 정신과 의사로서 나는 완벽한 정신적 웰빙을 지니지 못했다는 것을 인정하기가 어려웠다. 그러나 그 과정에서 일반적인 정신 건강 문제의 원인에 대해 더 깊이 생각해 볼 수 있었고, 어떻게 도움을 줄 수 있을지도 고민하게 되었다.

디너파티 같은 곳에서 정신과 의사라고 소개하면 항상 이런 질문을 받았다.

"아, 혹시 지금 내가 하는 말을 분석하시는 거예요?"

그다음으로 많이 받는 질문은 '정신 건강 문제는 왜 생기는 건가요?'였다. 그런데 이런 질문에는 대답하기 매우 곤란하다. 그리고 이런 질문에 대답할 만한 답도 쉽게 떠오르지 않는다.

암이나 심장 질환과 같은 신체적 건강 문제와 마찬가지로 정신 건강 문제 역시 복합적인 원인이 있고, 사람마다 천차만별이기 때문이다. 확실한 것은 본성과 양육, 즉 선천적 요인과 후천적인 요인 두 가지 다 큰 역할을 한다.

그동안 의학자로서 접해 온 행동 유전 연구에 따르면, 정신 건강 문제의 발달에서 유전적 취약성은 중요한 부분을 차지했다. 나는 뇌 스캔, 유전자 표지, 염증 표지, 환자와 약물 투여자 모두 임상이 끝날 때까지 시험약과 대조약 중 어떤 약을 투여했는지 모르게 진행하는 이중맹검二重盲檢 약물 실험에 관한 논문을 읽고, 쓰고, 발표하기를 반복하면서 생물학이 얼마나 지대한 영향을 미치는가를 매번 확인했다.

그러나 임상의이자 한 인간으로서 매일, 매달, 매년 환자들의 이야기를 들으면서 가장 관심이 갔던 부분은, 그들이 하는 이야기 속에 드러난 공통된 환경에 관한 주제였다. 그들은 가족 안에서나 학교나 직장에서 또는 사회에서 남들과 어울리지 못하는 '아웃사이더'가 되는 느낌이었다. 많은 환자가 내게 끊임없이 이어지는 수치스러운 생각에 대해 털어놓았다.

그들 중 놀라울 정도로 많은 수가 그 수치스러움이 부모가 화가 나서 내뱉은 말, 형제자매의 빈정거림, 놀이터에서 들은 조롱 등 단 한마디 말에서 비롯되었다고 했다. 그 한마디가 지금 그들을 밤낮으로 괴롭히는 내면의 목소리로 탈바꿈한 것이다.

'넌 미련해', '넌 괴짜야', '넌 뚱뚱하고 못생겼어', '네가 왔던 곳으로 돌아가!' 등. 이런 말들은 바로 '넌 여기 속하지 않아'와 같은 의미이다.

환자들의 경험을 통해 나는 정신적 웰빙을 지킬 때, 가장 중요한 것은 유전적 취약성보다 우리가 누구인지 그리고 '우리는 어디에 속하는가'하는 정체성에 대한 감각과 소속감이라는 점을 이해하게 되었다.

'속한다는 것'은 어떤 집단이나 상황 속에서 행복감 또는 편안함을 느낀다는 말과 같다. 이렇게 정의하면 소속감이 별것 아닌 것처럼 느껴질 수도 있다. 그러나 우리 모두 알다시피 소속감은 누구의 마음 속에 속하든, 또는 어느 장소나 공동체에 속하든 우리 내부에 깊게 뿌리 내리고 있으며, 삶의 모든 면에 영향을 미친다.

보편적으로 우리는 가족 안에서 처음으로 소속감을 경험한다. 그러다 자라면서 친구, 동료, 파트너, 사회 전반에서 더 넓은 유대감을 추구하게 된다. 유대감은 누군가에, 어딘가에 속해 있다는 느낌이다. 이 느낌이 인간에게 얼마나 중요한가 하면 미국의 철학자이자 심리학자인 에이브러햄 해럴드 매슬로Abraham Harold Maslow 는 그 유명한 '욕구의 단계'에서 '유대감은 인간에게 필수적인 먹을 것, 물, 온기 그리고 신체의 안전과 같은 생리적 욕구 다음으로 중요한 세 번째 욕구'라고 평가했다. 물론 이 욕구는 어느 문화에서나 공통으로 발견된다.

미국의 심리학 교수 로이 바우마이스터 Roy Baumeister 와 마크 리처드 리리 Mark Richard Leary 는 '사랑, 우정, 권력, 성취 등을 비롯한 인간 행위의 많은 부분에서 소속되고자 하는 욕구가 원동력으로 작용한다'[1]고 했다.

사람들은 더 큰 집단에 속해서 적응하게 되면, 자기 자신보다 더 크고 중요한 무언가의 일부가 된 것 같은 느낌을 받는다. 즉, 자신이 그 집단 속에 뿌리를 내리고 있으며, 그 집단 안에 삶의 목적이 있다고 느끼는 것이다. 말하자면 소속감은 가족, 집단, 사회의 소중한 일원이라는 의미를 부여해서 소속된 곳에 기여하고 있음을 느끼게 한다. 본질적으로 소속감이란 우리가 중요한 존재라는 것을 증명하고 확인시키기 때문에 인간의 행복에 매우 중요한 역할을 한다. 확실한 것은 소속감이 '진화'라는 측면에서 유리하다는 점이다.

인간의 생활이 시작된 초창기에도 부족 안에서 다른 사람들에게 보호와 보살핌을 받으려 했다는 것은, 연대하려는 성향이 강한 사람들이 자연 선택에서 더 유리했다는 의미다. 그런 식으로 수천 년이 흐르면서 사람들은 소속되고 싶어 하는 강한 욕망을 내재화하게 되었다. 이에 더해 수 세기 동안 사회는 사람들을 응집시키고 통제하기 위한 수단으로 '소속되기'를 장려해 왔다. 그 결과, 대다수는 소속감을 추구하는 데 아주 잘 적응했다.

솔직히 우리 일상은 주변 사람들에게 호감을 얻고, 승인을 받거나 위치를 공고하게 다지기 위한 욕망에 부응하는 행위로 채워져 있다. 그만큼 소속된다는 것이 중요하다.

이와 반대로 소속감의 부재는 외로움, 거부됨, 소외로 이어질 수 있다. 문제는 이런 감정들이 인간의 정서 중 가장 해롭다고 하는 수치심과 굴욕감과 강하게 결부된다. 이를 이해하면 소속감을 느끼지 못하는 사람들이 정신적으로 뿐만 아니라, 육체적인 건강 문제로 고통받는다는 사실을 쉽게 이해할 수 있다.

나는 성인 정신 의학을 수련한 후 아동 정신 의학 전문의 자격을 땄다. 그리고 부모가 아이 고유의 특성을 이해하고 아이의 선택을 지지해 줌으로써 아이 스스로 회복하는 힘을 기를 수 있도록 격려해야 한다는 내용의 육아 전문 서적을 출간[2]했다. 수십 년의 임상을 거치면서 얻은 결론 역시 다르지 않았다. 이해 받는 느낌, 무조건적 지지 그리고 있는 그대로 장단점까지 모두 받아들이는 것은 나이에 상관없이 우리 모두가 요구하는 감정이다. 또한 이런 감정은 어느 시기에 한정되지 않고 인생 전반에서 요구된다.

몇 년 전, 힘든 시기를 겪으면서 내가 환자들과 똑같은 '짐'을 지고 있다는 것을 깨닫게 되었다. 그건 마치 소속되지 않은 느낌이었다.

영국으로 옮겨 간 어린이 이민자였던 내가 놀이터에서 '네가 태어난 곳으로 돌아가!'라는 야유를 듣는 건 어쩌면 피할 수 없는 일이었을 것이다.

처음으로 그런 일을 겪었을 때, 내 머릿속에는 제일 먼저 학교에서 생물 시간에 배운 내용이 떠올랐다. 그래서 '어머니의 자궁 속으로 돌아가라는 말인가?' 하는 생각부터 들었다. 그 말을 들었을 때, 인종 차별이라는 생각을 하지 못해서 기분 나쁜 것보다는 너무 이상하고 불편하기만 했다. 나중에 그 말의 진짜 의미를 알게 되자, 그제야 수치심이 거세게 밀어닥쳤다. 그때부터 흑인 또는 소수 민족을 의미하는 영국인 BME Black and Minority Ethnic 사람들과 마찬가지로 그 수치심은 튼튼한 갑옷으로도 보호할 수 없는 아킬레스건이나 더럽고 작은 비밀이 되어 내 안에 자리 잡았다.

그들에게 나는 이름이 괴상할 뿐만 아니라 눈이 가늘게 찢어졌고 박쥐를 잡아먹으며, 새조개를 주우러 다니는 이민자였다.

사람들은 내가 아이들에게 하루에 여섯 시간씩 피아노를 연습시키며, 학교에서 A+ 점수를 받아 오지 않으면 두들겨 팬다고들 했다. 또, 아이들과 함께 외출하면 나를 보모로 오해하기 일쑤였고, 집에 누가 찾아와서 문을 열어 주면 청소부로 여겼다. 그러니 젊은 시절에 백인 남편과 타이 Thailand 에 휴가차 여행을 갔을 때, 사람들이 나를 어떻게 여겼을지 상상에 맡기겠다.

사람들은 내가 열심히 한다고 생각할 뿐 절대로 '재능 있는' 사람이라고는 생각하지 않았다. 어떤 이들은 내게 '너무 굽실거린다'라고 했고 반대로 '너무 드세다'라는 사람들도 있었지만, 누구도 '적당하다'라고 하지 않았다. 그러나 이 모든 오해 덕분에 나는 정신 건강 문제를 지닌 환자들을 이해할 수 있게 되었다. 나는 의사지만 환자들이 얼마나 소속에 목말라하는지 절실히 느낄 수 있다.

이 책에서는 사회, 정치적인 것에서부터 지극히 개인적인 것에 이르기까지 우리 중 많은 사람이 어딘가에 소속되지 못한다고 느끼는 이유에 대해 탐구하려고 한다. 또한 문제의 뿌리를 인식하고 이해함으로써 자기 수용감을 가질 만한 방법을 찾고자 한다. 물론 여기서 그치지 않고 연결감을 확보하는 단계까지 나아가는 것이 나의 바람이다.

우선 앞부분의 몇몇 장에서는 우리가 다른 사람들과 맺고 있는 연결이 어떤 식으로 손상될 수 있는지 다양하게 다룰 것이다. 가족이 소속감을 부여해 주거나 연결의 중요성을 가르쳐 주지 않을 때 정신 건강은 어떤 영향을 받을까? 주변 사람들이 우리가 가치 있게 여기는 것을 공유하지 않으면 어떤 반응일까? 흐름에 맞서 거꾸로 헤엄친다면 어떤 대가를 치르게 될까? 자신이 아닌 다른 사람인 척하면 어떻게 될까? 그리고 친구나 가족 또는 직장을 잃었을 때 어떤 일이 일어날까? 그럴 때 우리의 소속감은 어떤 난관에 부딪힐까? 등을 다룰 것이다.

2부에서는 왜 어떤 이들은 다른 사람보다 연결의 결핍으로 인한 고통에 더 취약한지 살펴볼 것이다. 그래서 이들의 뇌 회로가 고통을 느끼지 못하는 사람들의 뇌 회로와 다른 것인지, 아니면 불운하고 트라우마를 일으키는 환경 때문에 인생이 망가져서 소속감이 파괴된 것인지, 그도 아니면 소외당하면서 정신 건강이 쇠약해지고 그 상태가 영구화된 것인지 등을 이야기하겠다.

사실 이런 상황은 여러분이 생각하는 것보다 훨씬 더 흔하다. 나는 실제 인물들에게서 영감을 받은 사례들을 공유하고, 소속감의 결핍이 정신 건강 문제에 왜, 그리고 어떻게 영향을 미치는지를 보여줄 것이다.

마지막으로는 우리가 개인과 사회에 도움이 되기 위해 할 수 있는 것들에 대해 생각해 볼 것이다. 그 예로, 최근 세계에서 일어난 여러 주요 사건들, 분열을 조장하는 수사적 표현, 그리고 반(反)이민을 부추기는 프로파간다propaganda 는 소속되는 것에 관한 우리의 모든 생각을 궁지로 몰아넣었다.

코로나바이러스 감염증-19 팬데믹을 억제하기 위한 전략은 사랑하는 사람들 간의 물리적 연결을 단절하고 소외와 고독을 유행병처럼 퍼뜨림으로써, 전 지구적으로 정신 건강에 엄청난 영향을 끼쳤다. 그뿐 아니라, 위조지폐를 사용했다는 용의자로 지목 받아 경찰이 체포하는 과정에서 무릎으로 목을 눌러 질식사 당한 아프리카계 미국인 조지 플로이드George Floyd 의 죽음, 이슬람 혐오주의의 팽배, 동아시아인들에 대한 증오 범죄의 증가 등으로 우리 사회의 수많은 구성원이 오랫동안 받아 온 소외가 그 어느 때보다도 두드러지고 있다. 또한 귀갓길에 코로나바이러스 방역 수칙 위반을 이유로 경찰에게 납치되어 강간 후 살해당한 사라 에버라드 Sarah Everard 의 사건은 전체 인구의 절반을 차지하는 여성들에게 자신의 존재에 대한 의문을 품게 했다.

정신 건강 전문가들은 정신 건강 서비스의 수요가 급격히 증가하자 나름대로 최선의 대책을 내놓고 있지만, 솔직히 말해서 이 부분에서 수십 년 일해 온 내 경험으로 볼 때, 이러한 방법으로는 문제를 해결할 수 없다. 우리 같은 정신 건강 전문가들에게 의지하는 것만으로는 사람들을 다시 하나로 묶을 수 없기 때문이다. 그러므로 사람들이 자기 자신을 찾는 것은 물론, 자신이 어디에 속해 있는지 찾을 수 있도록 사회가 도와야 한다. 사회의 균열을 발견하면 메울 생각부터 하지 말고 정신 건강에 나타나는 균열을 시작 지점에서 막으려고 노력해야 한다. 그러려면 우리 속에 갇힌 채 도로에 나와 있던 남자처럼 정신 건강은 물론 모든 형태의 분리와 단절을 드러내놓고 사회적인 책임에 대해 함께 논의해야 한다.

최근 몇 년 동안 정신 건강에 대한 담론은 주로 사람들이 자신의 문제에 대해 이야기할 수 있도록 격려하는 행위에 중점을 두었다. 물론 좋은 방법이다. 그러나 애초에 문제가 생기지 않게 방지할 수 있다면 그 편이 훨씬 더 좋지 않을까? 마찬가지로 직장에서 해고되거나 굴욕감을 느끼는 사람들에게는 자기 감정을 털어놓을 기회를 주는 것보다 직장에서 자신의 가치를 인정받거나 존중받는 것이 나으며, 외로운 아이에게는 상담사보다 친구나 부모 역할을 해 줄 사람이 더 낫다. 그렇다면 이런 것들이 제대로 작동되는 사회를 만들기 위해 우리는 무엇을 해야 할까?

나는 영국 노동당 소속 정치인이었던 헬렌 조앤 콕스Helen Joanne Cox의 말대로 하나가 되는 것을 제안하고 싶다.

'우리는 우리를 분열시키는 것들보다 훨씬 더 결속되어 있으며, 서로 닮은 부분이 훨씬 더 많다.'

그녀의 말처럼 우리 주위에는 가정이나 학교, 직장 등 어느 공동체든 보편적인 소속감을 창출하기 위해 할 수 있는 것들이 있다. 그 중에는 당연히 개인이 스스로 자신을 돕는 방법도 있다. 이 책에서는 개개인이 자신의 소속감을 증진할 수 있는 다양한 방법을 제시하려 한다.

신체 건강이 그렇듯이 정신 건강도 잘 유지하려면 시간과 노력이 필요하다. 더러 심각한 손상을 입을 수 있지만, 우리 마음은 치유와 회복이라는 놀라운 능력도 있다. 따라서 건강한 식생활과 운동으로 신체 건강을 증진할 수 있는 것처럼 정신 건강을 위해 해야 할 것들을 잘 실천하면 이를 회복하고 유지할 수 있다.

내가 말하는 방법은 요가와 명상 같은 것들에 한정한 것은 아니다. 물론 요가나 명상이 스트레스를 줄이는 좋은 방법이 될 순 있지만, 더 나은 방법은 우리 주변의 사람들 그리고 무엇보다 우리 자신과의 의미 있는 관계를 다시 잇는 것이다.

나는 소속감이 정체성 또는 우리가 자신을 어떻게 이해하는가와 떼려야 뗄 수 없이 연결되어 있다는 것을 인생의 다양한 경험을 통해 알게 되었다. 문제는 정체성이 다른 사람이 우리를 보는 시각에 자주 영향을 받는다는 것이다.

어딘가에 소속되기를 원할 때 우리는 자신의 개성을 일부 왜곡하면서 사람들의 마음에 들려고 애쓰고, 그들에게 맞춰 어울리려고 한다. 그러다가 어느 날 문득, 더는 자신이 어떤 사람인지 모르겠다는 생각이 들거나 심지어 자신을 싫어하게 되었다는 것을 깨닫곤 한다. 즉, 자기를 잃어버리는 것이다. 이러한 자기 상실에서 회복하려면 철저한 자기 성찰과 노력이 필요하다. 여기에는 개인으로서 자신에게 무엇이 중요한지 우선순위를 정하는 것도 포함되어 있다. 나는 독자 여러분의 출발에 도움이 되기를 바라는 마음으로 진정한 나 자신에게 만족하게 되기까지 겪은 개인적인 여정을 이 책을 통해 공유하려 한다.

'우리가 어디에 속하는가'를 결정하는 것은 다른 사람들이 우리를 받아들이느냐 마느냐가 아니라, 궁극적으로 우리가 자신을 어떻게 받아들이느냐에 달려 있다. 이 가장 중요한 발견을 독자 여러분에게 전하고 싶다.

이 책에서 보여 주고자 하는 것은 정신적 웰빙이 당연히 주어지는 것이 아니며, 피부색, 계층, 나이에 따라 모든 이들에게 다른 영향을 미친다는 것이다.

돌아보면 '이해'에 다다르기 위한 나의 여정에 첫걸음을 내디딘 것은 안전함 속에 움츠려 있기보다는 두려움을 정면으로 바라보기를 선택했을 때였다. 그 선택은 어느 때보다도 가장 힘든 순간이었다. 그 출발선에 좋은 롤 모델인 어머니가 계셨던 것은 행운이었다.

지금 타이완은 선진국이다. 그러나 40년 전에는 경제적인 부분에서 아시아의 호랑이라고 불리기는 했어도 모든 국민이 의료 혜택을 받을 수 없었고, 이렇다 할 정신 건강 케어 정책 역시 없었다. 우리 안에 갇힌 소년을, 이전까지 남자라고 했지만 그건 당시 내 눈에 그렇게 보였던 것이고 불결함에 감추어져서 그렇지, 그는 10대 정도의 나이에 지나지 않았다.

그는 어머니가 나를 달래느라 사 주셨던 얼음과자를 파는 가게 주인의 아들이었다. 얼음과자를 넉넉하게 건네주던 가게 주인은 우리 어머니에게 아들에 관한 이야기를 들려주었다. 그의 아들은 정상적이지 못한 아이로 태어나서 사회적 상호 작용 능력이 부족하고 행동이 불규칙적이며 예측할 수 없었다. 툭하면 차량이 붐비는 차로로 뛰어들거나 지나가는 사람들에게 화를 내며 소리를 지르곤 했기 때문에 24시간 감시해야 했다. 지금 같으면 중증 지적 장애와 자폐증 진단을 받았을 증상이었다.

소년의 가족은 생계를 꾸리느라 소년을 계속 감시할 수 없으니 안전한 곳에 두고 지켜볼 수 있도록 우리 안에 있게 하자는 아이디어를 짜냈다. 그런데 소년은 차들이 지나다니는 광경을 좋아했다. 그럴 때만 진정되었기 때문에 주인은 아들을 가두어 놓은 우리를 가게 뒤가 아니라 앞으로 내다 놓은 것이다. 소년의 가족은 '어린 숙녀'가 겁을 먹었다면 미안하다고 사과했다.

가게를 나서면서 어머니는 우리 속으로 손을 넣어 소년에게 얼음 과자 하나를 건네주었다. 그 순간 소년이 빙그레 웃었고, 순간 내 두려움이 사라졌다.

내가 정신 질환에 대해 다시 생각하게 된 것은 그 일로부터 수십 년이 흐른 뒤였다. 그러나 내 마음을 여는 열쇠가 살짝 작동했던 것은 과거의 그 순간이 아닐까 싶다. 그 열쇠 덕분에 나는 우리 모두 같은 사람이라는 것, 누구나 어딘가에 속하기를 갈망한다는 것을 깨달을 수 있었다.

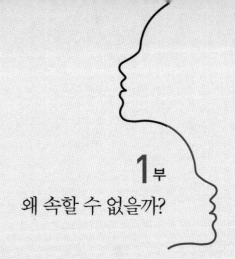

1부

왜 속할 수 없을까?

1 ──────────────────── 공허:

유대감의 부재와
흔들리는 가족 관계

헝거 게임

어딘가에 속해 있다는 따뜻하고 치유가 되는 느낌은 단순히 다른 사람들과의 상호 작용에서 비롯되는 것은 아니다. 이해와 수용 그리고 관심을 주고받아야 하며, 그러기 위해서는 아동기에 충분한 사랑과 지지를 받아야 한다. 아동기의 사랑과 지지가 얼마나 중요한지를 이해하기 위해서는 〈헝거 게임 The Hunger Games 〉을 살펴보기 바란다.

당신이 주인공 캣니스 에버딘이 되어 첫 번째 헝거 게임에서 단상에 서 있는 모습을 상상해 보라. 당신은 당연히 불안과 공포를 느끼면서도 마음 한구석에서는 자신이 이 순간을 대비하여 훈련해 왔다는 사실을 자각하게 될 것이다. 12구역의 멘토인 헤이미치 애버내시가 당신에게 물을 찾고, 음식을 구하고, 동맹을 맺고, 후원자를 모집하며, 싸우는 법, 특히 생존법 등을 가르쳐 주었던 것을 기억하고 있을 것이다.

게다가 당신은 알다시피 헤이미치가 스크린을 통해 당신의 모든 행동을 지켜보고 있으며, 할 수만 있다면 도움을 주려 한다는 것을 잘 알고 있다. 요컨대, 당신은 인생에서 가장 혹독한 시련에 맞닥뜨렸다고 해도 결코 혼자인 것은 아니며, 누군가는 당신 편에서 서서 지켜보고 있으며, 매 순간 당신의 성공을 응원하고 지지해 주고 있다는 사실을 인지하고 있다.

현실의 삶과 가벼운 오락용 서바이벌 TV 쇼를 동일시하자는 것이 아니다. 다만 이 쇼를 예로 드는 것은 친부모이든 부모 역할을 하는 사람이든 양육이 우리의 정신적 생존에 얼마나 중요한지를 잘 보여 주기 때문이다.

캣니스 에버딘의 놀라운 재능에는 의문의 여지가 없지만, 헤이미치와 12구역 팀의 도움이 없었더라면, 아마 초반에 목숨을 잃었을 가능성이 크다. 캣니스는 가장 힘든 시간이 닥쳤을 때도 헤이미치를 신뢰하며, 그가 자신을 지켜보고 있다는 사실을 알고 있었다. 헤이미치는 그녀에게 의약을 보냄으로써 그녀를 육체적으로만이 아니라 정서적으로도 치유했다.

나를 포함해 많은 부모들이 그러하듯, 헤이미치 역시 결점이 많은 인간에 불과하지만, 캣니스가 헝거 게임에서 생존할 수 있었던 데에는 그의 도움이 기반이 되었다는 사실에는 의문의 여지가 없다.

만약 캣니스가 12구역 팀의 지원 없이 헝거 게임 경기장에 들어갔다고 상상해 보라. 당신 자신이 그런 입장에 있다고 생각해 보라. 그 상황이 되면 누구나 두려움과 고독감을 느끼지 않을 수 없을 것이다. 경기장의 다른 모든 사람이 당신을 죽이려 한다는 사실 앞에서 당신은 불신감에 빠지고 공격성을 드러낼 수밖에 없을 것이다. 특히 아무런 도움이나 안전망이 없다면 당신은 혼자만의 힘으로 살아남아야 한다는 것을 절실하게 느낄 것이다.

앞으로 닥칠 사건들을 자신의 힘으로 통제하기 어렵다는 점을 느끼면서 감당하기 벅찬 엄청난 공포를 느낄 수도 있다. 당신은 어떻게 게임의 전략을 짜야 할지 혼란스러워하면서도 스스로 계획을 수립해야 하지만, 확실히 이끌어 줄 사람이 없기에 끊임없이 자신의 결정에 대해서 의심할 수밖에 없다.

설상가상으로, 다른 경쟁자들에게는 도와주는 팀이 있어서 조언과 자원을 받고 있다는 사실을 알게 된다면 시기심과 분개, 그리고 쓰라린 분노를 느끼게 될 것이다.

당신은 다른 조공인들에 비해서 자신이 열등하다고 느끼거나 왜 자신은 남들처럼 지원을 받지 못하는지 궁금할 수도 있다. '혹시 내가 가치 없는 사람이거나 자격 미달이기 때문일까?'라는 생각이 들어 당신은 아무런 희망이 없다는 절망감에 더욱 빠져들 수 있다.

자신을 사랑하고 이끌어 주며 믿고 지지해 주는 사람이 없다고 느끼는 많은 아이들이 이와 똑같은 감정을 갖게 된다. 그들은 나름대로 최대한 잘 지내보려고 하지만 시간이 지날수록, 특히 친척이나 선생님 또는 청소년 문제를 담당하는 카운슬러 등 성인 멘토가 이 역할을 해 주지 않았던 경우 나중에 성인이 되었을 때 스스로 자신은 '불쾌한 사람'이라고 생각하거나 '가치가 없고' '좋은 사람이 되기에 불충분'하다고 믿게 된다. 이것은 정말 끔찍한 공허감이다. 바로 이러한 감정 때문에 어떤 이들은 평생 어딘가에 소속되어 있다는 만족감을 결코 느끼지 못한다. 이런 상황 속에서는 많은 이들이 엄청난 재능을 지녔음에도 불구하고 실패를 거듭하게 된다.

가족 간의 첫 유대감

우리 대부분은 어딘가에 소속되는 것을 가족 간의 관계를 통해서 처음 경험하며, 그 의미가 무엇인지 처음으로 이해하게 된다.

가족 집단은 거기에 속하느냐 마느냐를 결정할 수 없는 유일한 사람들이다. 말하자면 인생에서 어딘가에 소속되는 일의 첫 탐구를 생물학이 도와주는 것이다.

생물학적으로 우리는 부모나 형제자매와 비슷한 신체적·생리적·심리적 특성을 갖고 태어나며, 이는 가족으로부터 소속감을 느끼는 데 도움이 된다. 또한 사회적으로도 가족이라는 전속 클럽의 회원권은 18년 이상의 긴 유효 기간을 인정해 준다. 대부분의 경우 이는 평생 지속된다.

그런데 이러한 사실이 더욱 심한 고통을 안겨줄 수도 있다. 즉, 가장 가까운 사람인 가족 구성원이 우리를 이해하지 못하거나 우리를 지지해 주지 못할 때 그렇다. 특히 유아기에 무조건적인 사랑과 수용을 베푸는 사람이 적어도 한 명 이상은 반드시 필요하다는 것이 '애착 이론'의 기본 토대로, 1950년대에 정신과 의사 에드워드 존 모스틴 보울비 Edward John Mostyn Bowlby 가 주창했다.

애착 이론에서는 상호 간에 도움을 줄 수 있는 관계를 영위할 수 있는 유대감이 안정감 있는 성인으로 성장하는 데 꼭 필요한 것으로 보았다. 소속감의 필수 요소라고 할 수 있는 유대 관계를 형성하는 능력이 상호간 보살핌에서 비롯된다고 보는 것이다. 한편, 보울비는 이런 애착 관계는 어머니에 의해서 제공될 수 있다고 주장하는 반면에, 대부분의 현대 정신과 의사들은 반드시 그런 것은 아니라고 본다. 실제로도 반드시 부모여야 할 필요는 없다. 어린이는 조부모, 숙모나 이모 또는 고모, 삼촌, 위탁 양육자나 양부모의 손에서 자라기도 한다. 생물학적 조건이 중요한 게 아니라, 필요할 때 항상 함께 할 수 있고 무조건적인 사랑을 주는 사람이 중요하다는 것이다. 다만, 편의상 이 사람들 또는 이들과의 유대 관계를 부모 또는 부모 관계라고 부른다. 사실 이러한 사랑을 아이들에게 제공하는 사람은 '부모 같은 존재'이기 때문이다.

때때로 사람들은 부모의 역할을 의식주나 장난감, 책, 음악 수업, 학교 교육 등 물질적인 것을 제공하는 것이라고 생각한다. 그러나 부모라는 존재는 단지 신용카드와는 차원이 다르다. 물론 빈곤층 어린이들에게는 음식과 안전한 환경을 제공하는 것이 우선순위가 될 수 있다.

부모의 기본적인 역할은 정서적 따뜻함과 지원을 제공하며, 도덕적 나침반이 되어 길잡이가 되어 주는 것이다. 우리는 이런 역할을 한마디로 '사랑'이라고 부른다. 안정적이고 무조건적인 사랑을 주는 부모 같은 존재를 갖지 못한 아이들은 아동기에 정서적 및 행동상의 문제를 보이는 경우가 많은데, 이는 정신 질환의 전조로 나타난다. 헤일리가 그런 예다.

일곱 살 헤일리는 법적 보호자인 리사의 손에 이끌려 상담소를 방문했다. 첫 방문 때 리사는 최근에 친구의 아기를 돌봐 주었던 일에 대해 이야기했다. 그녀는 친구에게 호의적인 태도를 보이느라 흔히 친구들이 그렇게 하듯이 아기가 아주 예쁘다고 말했다고 한다. 그랬더니 헤일리가 이렇게 물었다는 것이다.

"그럼 그 애를 나보다 더 사랑해요?"

리사는 별생각 없이 이렇게 대답했다고 한다.

"그렇지 않아, 헤일리. 바보 같은 소리 하지 마."

그러나 헤일리는 리사가 다른 아이에게 애정을 표현하는 것을 굉장한 배신이라고 여겼다. 마음속에서 주체할 수 없는 분노가 꿈틀거렸지만, 헤일리는 그것이 이디서 비롯됐는지조차 알 수 없었다. 오로지 몸과 마음이 분노에 휩싸여 아프다는 것만 알 수 있었다.

헤일리는 이 감정이 '질투'라고 불린다는 것이나 리사에게 버림받을지도 모른다는 두려움에서 비롯된다는 것도 알 수 없었다. 혼자 남겨지는 일이 얼마나 고통스러운지 이미 경험한 아이였지만, 리사를 자기 곁에 묶어 두는 것이 얼마나 중요한 일인지 제대로 설명하기란 불가능했다. 그래서 헤일리는 이 분노를 어떻게 다스려야 하는지, 이것이 어디로 향해야 하는지를 알 수 없었기 때문에 해로운 방법으로만 분노를 표출했다.

헤일리는 리사에게 악다구니를 쓰고 싶었다.

'나 바보 아냐. 당신은 내 엄마잖아. 그 애 엄마가 아니라고!'

그러나 그 순간에 헤일리는 리사를 미워하면서도 자신을 사랑해 주기를 간절히 원하고 있었다. 그리고 헤일리가 생각할 때 자기가 버림받을 위기에 처하게 된 원인을 제공한 것은 리사가 아니라 리사가 돌봐 주는 아기였다. 그러니 대가를 치러야 할 사람도 아기였다. 그러면 버림받지 않을 것 같았다.

헤일리는 어른들이 다른 곳을 보고 있을 때, 요 위에서 잠든 아기를 흘끗 보고는 다리를 힘껏 꼬집었다. 아기가 울음을 터뜨리자 헤일리는 아기가 '고자질쟁이'라고 생각했다.

헤일리의 친모 나타샤는 가정 폭력의 피해자였고 임신 기간 내내 술과 불법 약물을 달고 살다 헤일리를 조산했다. 나타샤가 헤일리를 제대로 돌볼 수 없다는 것은 출산 때부터 이미 정해진 일이나 마찬가지였다.

친척들은 갓 태어난 아기를 기관에 맡기지 않기 위해 애썼다. 그 때문에 헤일리는 태어나서 일 년 동안 여러 가족 구성원들의 집을 이리저리 옮겨 다녀야 했다. 그 뒤 사회 복지사가 나타샤의 사촌과 그의 아내인 리사를 법적 보호자로 승인했으나, 일 년 후에 리사는 남편과 헤어졌다. 헤일리는 자신이 아는 유일한 어머니인 리사를 따라갔다.

리사의 말에 따르면, 헤일리는 모르는 아이들에게 다가가 놀잇감을 빼앗곤 했다. 또 아무 이유 없이 다른 아이들을 때리기 일쑤였다.

헤일리는 두 살 때부터 이미 떼를 쓰기 시작했고, 원하는 대로 해 주지 않으면 자기 몸을 때리거나 꼬집고 바닥에 머리를 찧기도 했다. 그러다 최근에는 공격의 대상이 리사로 바뀌었다. 리사의 이름을 부르거나 소리 지르고, 때리고, 욕을 해대기 시작했다.

리사에게 이제 네 살이 된 친딸 마리아가 생긴 후에는 상황이 더 악화되었다. 리사는 헤일리가 마리아에게 해코지라도 할까 봐 조마조마한 마음으로 살게 되었다. 실제로 헤일리가 마리아를 방에 가두는 일도 생겼다.

헤일리는 언제 폭발할지 알 수 없고 한번 폭발하면 두 시간 내내 악다구니를 쓰는 아이였다. 리사는 자기 집에서 '살얼음 위를 걷는 것'처럼 아슬아슬하게 살아야 했다.

그러다가 6개월 전에 약물과 알코올 중독 재활 치료를 마쳤다면서 나타샤가 나타났다. 헤일리는 친모인 나타샤와 함께 살 수 있게 되자, 뒤도 돌아보지 않고 행복한 얼굴로 나타샤에게 걸어갔다. 마치 몇 년 동안 리사가 힘들게 양육한 것은 아무것도 아니라는 듯한 태도였다.

리사는 헤일리가 보란 듯이, 나타샤를 엄마라고 부르는 것이 서운했다. 그러나 사회 복지사와 상담하면서 헤일리와 친모의 유대 관계를 부정할 수는 없다는 것을 받아들이게 되었다. 이제 리사가 헤일리의 법적 보호자가 되어, 매주 헤일리를 두 살 난 이복형제가 있는 친모 나타샤의 집에 다니게 해 주고 있다.

그런데 헤일리가 최근 자신의 처지에 대해 고통스러워하는 태도를 보였다.

'왜 나만 이래? 난 엄마가 둘인 걸 원하지 않아!'라는 말을 하는가 하면, 최근에는 선생님들에게 죽고 싶다는 말까지 했다는 것이다.

아동 정신 건강 전문가를 만나기로 한 것은 그 때문이었다. 들어 보니 헤일리의 상황은 명확했다.

헤일리는 친모와 더 가까워지고 싶으면서도 리사에 대한 애정을 느끼면서 무의식의 분열이 일어난 상태였다. 헤일리는 양쪽으로 나뉘진 애정에 대해 혼란스러운 상태로 그걸 이해해 보려고 애쓰고 있었으며, 그 결과 자신의 가족 형태가 이상하다는 것, 그리고 자신의 기분이 혼란스럽다는 것을 그런 식으로 표현한 것이다. 헤일리의 이력을 들어 보면 이 아이의 행동과 말을 충분히 이해할 수 있다.

세상에 태어난 첫해 동안 헤일리에게는 안정적으로 오랫동안 사랑을 주는 존재가 없었다. 그러다 리사와 함께 살게 되면서 상황이 바뀌었지만, 곧 리사가 이혼하면서 아버지 역할을 하던 존재가 사라졌고 헤일리는 이런 일을 겪으며 한층 더 불안정이 심화되었다. 거기다 리사가 딸 마리아를 낳으면서 다시 가족 구성에 변화가 생기자 아이는 더 힘들어했다.

이런 식으로 가족 상황이 달라져 부모의 사랑을 다른 아이에게 빼앗겼다는 생각이 들면, 어떤 아이라도 이 상황을 견디기 힘들 것이다. 게다가 애착 문제를 겪은 아이라면 훨씬 더 압도적으로 느낄 수 있다.

리사는 다정하고 든든한 보호자였지만, 처음 헤일리를 맡기로 했을 때는 남편과 함께 양육한다는 계획이 있었다. 그러다 지금은 혼자 아이를 떠맡는 상황이 되었다. 물론 그녀는 자기 자신에게나 다른 사람들에게나 헤일리를 진심으로 사랑하겠다고 다짐했으며, 무엇보다도 아이가 그 모든 일을 겪은 후에도 자신을 필요로 한다는 사실을 알게 되자 강한 책임감을 느꼈다. 그러나 그녀가 이 어린 소녀에게만 헌신할 수 없는 상황들이 벌어지기 시작했다.

뭔가 아이를 정식으로 입양하는 것을 주저하게 만드는 요소가 있었는데, 특히 마리아를 낳은 후에는 더욱 그랬다. 그게 뭐였을까? 리사는 알 수 없었다. 다만, 헤일리가 키우기 힘든 아이라는 것은 부정할 수 없는 사실이었다. 더군다나 나타샤가 어린 아들과 함께 이들의 인생에 다시 등장하자 리사에게는 이런 궁금증이 생겼다.

'왜 지금이라도 헤일리를 데려가지 않을까?', '왜 아직도 내가 당신 아이를 돌보고 있는 거야?'

그러나 그녀는 이런 생각들을 떨쳐냈다. 그런 생각을 하는 것조차 죄책감이 들어서였다.

헤일리는 리사와 나타샤 사이에 고조되는 긴장을 감지했다. 그리고 자기 미래의 안정이 그 어느 때보다 험한 지경에 내몰렸다고 생각했다. 또, 자기는 거절당했는데 동생 제임스는 나타샤와 함께 사는 이유가 무엇인지 궁금했고, 이렇게 된 이유는 자기가 '다루기 힘든 아이'라서 그런 게 분명하다고 생각했다.

리사는 헤일리가 듣지 않고 있다고 생각할 때 종종 친구에게 전화로 헤일리를 키우기가 힘들다고 하소연하곤 했다. 그럴 때마다 헤일리는 슬펐다. 리사와 친엄마인 나타샤에게는 그들에게 '속한' 것처럼 보이는 친자식이 있지만, 자신은 누구에게도 그런 식으로 소속돼보지 못했다는 것을 알고 있었다. 아이는 자신의 미래를 통제할 수 없다는 생각에 뱃속 어딘가를 갉아 먹히는 듯한 고통을 느꼈다. 아이는 자신의 미래를 스스로 어찌할 수 없고, 사회 복지사와 소곤거리며 전화하는 이 여자들이 자신의 운명을 결정할 것이며, 결국 자기가 또다시 다른 곳으로 보내질 것 같다고 생각했다.

다른 곳으로 보내질 때마다 아이의 심장은 조각조각 찢겨 나갔다. 이리저리 옮겨진 꾸러미를 풀었을 때처럼 헤일리에게는 공허만 남았다.

자아감이 부족해서 생긴 불안

우리는 헤일리를 영유아기에 안전하고 따뜻한 애정을 받지 못해 생긴 애착 장애로 진단했다. 헤일리처럼 어린 시절 안정된 애착을 형성하지 못하면 성인이 되어 정신 건강 문제로 발전할 수 있다는 사실은 이제 널리 알려졌다.

애착 장애가 있는 어린이 중에 심각한 학대와 방치의 대상이 되어 온 경우가 더러 있지만, (다행히 헤일리는 여기에 속하지 않았다.) 그보다는 '불안정한 애착[3]'으로 더 경미하고 뚜렷한 증상 없이 어려움을 겪는 어린이들이 훨씬 많다. 이들은 누군가와 부모 자식의 관계를 맺고 있어도 아주 다양한 이유로 인해 관계에 온기가 없다. 미적

지근하거나 냉탕과 온탕을 오갈 뿐이다.

부모 자식 간의 유대 관계가 결핍된 어린이들은 이것 때문에 곧바로 정신 건강 문제를 일으키지는 않는다. 또한 이런 문제를 피할수 있는 여지도 있지만, 유전적 요인이나 생활에서 오는 스트레스가 얽히면 정신 건강 문제를 일으킬 확률이 높은 것은 사실이다.

그런데 특히 걱정되는 것은 이 경우에 아이의 기본적인 신체와 안전의 필요성이 적절히 충족되어서 부모 자식 관계의 약점들이 전문가의 눈에 띄기 어렵다는 점이다. 이 취약성을 '내재적 불안'이라고 하는데, 정신 분석 전문의들은 이것을 '자아감의 부족'이라고 말한다 이 내재적 불안은 자주 '낮은 자존감'의 형태로 나타나곤 한다.

당연히 어린아이들이 스스로 자기가 자존감이 낮다고 선언하고 나서는 일은 드물다. 그래서 아동 신경 정신과 의사들은 어린아이의 행동에서 자존감이 투사된 것들을 식별해 내는 탐정이 되어야 한다. 단서는 이를테면 지나치게 운다거나, 음료를 흘리는 등의 사소한 실수에도 공격성을 보이는 행동들에서 찾을 수 있다.

자존감이 높은 어린이들은 사소한 실수를 자신들의 능력이나 핵심 가치 또는 존재의 의미 등과 무관한 '일회성 사고' 내지 '단순한 불운'으로 여긴다. 근본적으로 이 어린이들은 실수해도 계속 사랑받을 것이라는 완전한 확신이 있는 것이다.

반면에 자존감이 낮은 어린이들은 불운한 상황이 벌어지면 자신에게 벌이 내린 것으로 여기거나 '착하게 구는 것'이 불가능하다는 신호로 받아들이거나 부모의 애정이 거기에 달려 있다고 믿어 버린다. 이런 어린이들 일부는 다른 사람들을 지나치게 비난함으로써 해로운 생각으로부터 자신을 방어하려는 경향을 보인다.

이 아이들이 이런 식으로 불안해하고 있다는 것을 알면, 왜 절망적인 자기 연민이나 공격성을 보이는지 또는 이것들을 동원해서 좌절을 표출하는지 쉽게 이해할 수 있다. 아이러니한 것은 이런 행동은 어른들에게 '이런 일로 울지 마!', '남 탓 그만하고 네 방으로 가!'라는 식의 노여움을 불러일으키기 쉽다. 그리고 단순히 노여움 때문에 드러낸 거절의 반응이 아이의 눈에는 자신의 가장 나쁜 부분을 다시 확인시켜 주는 것으로 비친다.

여섯 살 레아가 이런 유형의 가벼운 행동 문제 때문에 가정과 학교에서 말썽거리가 된 경우였다. 선생님들은 레아의 가족 관계에는 문제가 없다는 것을 확인한 후 혹시 자폐성 스펙트럼 장애autism spectrum disorder, ASD 진단을 받지 않았다면 지금이라도 클리닉에 보내는 것이 좋겠다고 생각했다. 선생님들의 기록에 따르면, 레아는 부당한 대우를 받았다고 느낄 때 '지나칠 정도로' 친구들에게 공격적으로 행동했다.

자연히 다른 아이들은 레아를 슬슬 피하기 시작했다. 또 과제를 내주면 직접 하려는 노력은 하지 않고 '너무 힘들다'고 불평하면서 학업을 거부했으며, 작은 실수라도 하면 엉엉 울면서 일부러 다 망가뜨려 버리고는 그걸 '쓰레기'라고 했다.

내가 레아의 이야기를 들으면서 가장 특이했던 것은, 이 아이가 자기 어머니를 '닥터 포레스터'라고 부른다는 것이었다.

레아가 자기 어머니를 이렇게 직업에 관한 이름으로 부르는 일이 잦아서 나는 시작부터 혼란스러웠다. 레아를 클리닉에 데려온 것은 아버지였지만, 식습관에서부터 버릇없는 행동을 나무라는 일에 이르기까지 레아의 일상에 일일이 관여하는 것은 닥터 포레스터였고, 레아의 아버지도 끊임없이 닥터 포레스터가 어쨌다는 식으로 이야기했다. 그래서 나는 잠깐 이 가족이 의료 기반 시설이 대단히 잘 갖춰져 있는 지역에서 살아서, 이들이 받는 국민 보건 서비스인 NHS National Health Service 가 주치의를 둔 정도의 수준인가 하고 착각했다.

사실을 확인하기 위해 나는 레아에게 누구와 살고 있느냐고 물었다. 그러자 "당연히 아빠랑 닥터 포레스터랑 살죠."라는 대답이 돌아왔다.

대화를 통해 알아낸 것은 방사선 전문의인 레아의 어머니가 외상성 스트레스 장애를 겪을 정도로 힘들게 레아를 낳고 심각한 산후 우울증을 앓았다는 것이었다. 그녀가 우울증을 앓는다는 사실은 레아의 남동생 마이클을 임신했을 때 그녀를 돌보러 온 조산사들에 의해 뒤늦게 밝혀졌다. 이후 우울증 치료를 받으면서 조금 나아지기는 했지만, 온전히 회복되지는 않았다. 그녀는 여전히 항우울증 약물을 장기 복용하고 있으며, 그녀의 기분은 만성적인 신체 건강 문제와 업무 관련 스트레스에 계속해서 영향을 받고 있었다.

나는 닥터 포레스터를 만났다. 그녀는 레아가 태어난 해에 무슨 일이 있었는지 기억나는 것이 그리 많지 않다고 털어놓았다. 그리고 그해에 그녀는 주로 자신에게 필요하다고 생각되는 것들 위주로 하며 시간을 보냈다.

영유아 건강 검진과 백신 접종은 꼼꼼히 챙겼지만, 아이들과 옹알이를 주고받는 것은 도무지 적성에 맞지 않았다. 그보다는 늘 경력 문제를 신경 썼고, 배앓이하는 아기 곁을 지키는 것보다는 어두운 방에 앉아 뇌 사진을 분석하는 것을 더 좋아했다.

닥터 포레스터는 자기가 류머티즘성 관절염을 앓고 있어, 레아가 편두통을 일으킬 정도로 쉬지 않고 재잘대거나 계속 방안을 뛰어다니고, 관절염 통증을 유발할 정도로 무릎 위로 풀쩍 뛰어올라 꽉 껴안고 매달리는 것을 받아주기가 힘들다는 말도 했다.

닥터 포레스터는 그런 레아보다는 옆에 앉혀 놓으면 가만히 있는 레아의 남동생 마이클이 더 자기와 잘 맞는다고 했다. 그래서 마이클에게 책 읽어주기를 좋아하지만, 이런 모자의 시간은 침대 위로 온몸을 내던지는 레아 때문에 자주 방해를 받는다고 했다. 닥터 포레스터는 덧붙여 왜 레아는 태어날 때부터 사랑스러웠던 마이클처럼 굴지 못하는지 이해할 수 없다고 했다.

레아에게서는 자폐 스펙트럼이 발견되지 않았다. 사회성이나 소통의 핵심적인 기술도 온전했다. 단 하나 주의할 점은, 사회적 능력이 다소 서툴다는 것이었다. 그래서 레아가 정서를 다스리기 힘들어하는 것은 분명했고, 그 원인은 낮은 자존감이었다.

레아는 어머니와 남동생의 친밀함을 지켜보다가 자신도 끼고 싶어 했을 것이고, 레아의 친밀 표현법은 타박만 당했을 것이다. 이런 일들은 학교 운동장에서 친구들에게 따돌림을 받는다고 느끼는 순간 공격적인 반응을 보이는 거부 문제로 이어졌다.

소란하게 떠들고 뛰어다니는 것으로 어머니의 사랑을 얻으려 한 레아의 노력은 부정적인 관심을 끄는 데만 성공했을 뿐이었다. 그러나 아이로서는 아무런 관심을 받지 못하는 것보다는 부정적인 관심이라도 받는 것이 그나마 나았다.

부모의 우울증은 아이의 정신 건강 상태에 가장 해로운 것 중 하나이다. 인간에게 온기가 가장 필요한 시기인 영유아기에 그런 부모로부터는 따뜻한 정을 공급받지 못하기 때문이다.

산모의 산후우울증이 장기적으로 청소년기까지 어린이의 정신 건강 문제를 일으키며 불안, 우울, 행동 장애, 주의력 결핍 과잉 행동 장애attention deficit hyperactivity disorder, ADHD 학습 장애의 발생을 증가시키는 위험 요소임을 시사하는 증거[4]들이 있다. 그래서 부모의 우울증을 파악하여 신속한 도움을 제공하는 것이 중요하다. 이상적인 방법은 미리 대기하고 있는 '두 번째 부모'가 적절한 때에 투입되어 유아에게 필수적인 양육 환경을 제공하는 것이다.

어릴 때 사회적으로 소외되거나 친밀한 관계에서 애정이 결핍되면, 낮은 자존감도 문제지만 사회적, 정서적 이해를 발달시키는 데 장애가 생겨서 고통받을 수 있다. 일례로 루마니아 초대 대통령 차우셰스쿠Nicolae Ceaușescu 정권 치하에 있던 루마니아의 고아원에서 심각하게 방치된 채 발견된 아이들을 들 수 있다. 그 아이들은 누구 할 것 없이 모두 의사소통 기술과 공감 능력이 보통에서 심각한 수준을 오가는 자폐증을 앓는 어린이들과 비슷할 정도로 사회적 능력이 극도로 저하되어 있었다. 이는 자폐아와 동등할 정도로 사회적 능력이 극단적으로 손상된 상태[5]였다. 이른 나이에 고립된데다 사회적 자극이 부족해서 아이들의 뇌 발달이 극심하게 손상을 입었기 때문인데, 뇌 검사 사진에서도 물리적 변화가 보일 정도였다.

나중에 밝혀진 바에 따르면, 그들 중 '유전성' 자폐인 아이들은 고작 몇 명에 지나지 않았다. 그리고 이 아이들도 애정으로 양육하는 가정에 입양되자 자폐에서 완전히 회복되거나 부분적으로 나아지는 모습을 보였다.

부모의 정신 건강은 자녀의 성장에도 매우 중요하다. 정신이 건강하지 못한 부모와 함께 사는 어린이들이 정신병적 문제에 가장 취약하다는 것은 널리 알려진 사실[6]이다. 정신 건강에 영향을 미치는 유전자를 물려주는 건 부모로서도 어찌할 수 없는 부분이지만, 적어도 대다수 부모는 자녀를 위해 스스로 정서적 안정을 유지하려고 애쓴다.

다행히 레아의 가족에게서 고칠 수 없는 문제는 발견되지 않았고, 이들에게는 도움의 손길이 가까이에 있었다. 무엇보다 레아는 아버지와 정상 범주에 드는 관계를 형성하고, 닥터 포레스터는 아들과 강하면서 애정에 기반한 유대를 맺고 있었다.

이들은 다 함께 가족 치료를 시작했다. 치료가 끝나면 닥터 포레스터는 마이클 뿐 아니라 레아에게도 '닥터 포레스터' 대신 '엄마'라고 불릴 수 있지 않을까?

부모를 싫어하는 10대

부모의 온정과 보살핌을 오래 받지 못하면 경증의 행동 문제가 있는 어린이들은 분노하고 파괴적인 10대로 성장할 수 있다. 즉, 툭하면 부모의 충고와 제재를 거부하고 일부러 부모들이 용납하지 않을 만한 활동에 가담하는 것이다.

10대에 부모에게 어느 정도 반항하는 것은 흔한 일이지만, 부모의 온기를 전폭적으로 느껴 본 적이 없거나 몸을 감싸는 좌석 벨트의 안전함을 한 번도 느껴본 적이 없는 어린이들은 겁날 것 없는 10대가 되면 빠른 속도로 통제 불능이 될 수 있다. 그래서 이 시기에는 일부러 사고를 쳐서 부모에게 상처와 비난을 돌리는 일도 발생한다.

방화를 저질러 경찰에게서 주의를 받은 10대 소년의 부모가 찾아온 적이 있었다. 그들은 아들이 '탈선'했다고 생각하며 걱정했다. 아들이 학교에서 잘못된 무리와 어울리거나 '양극성 장애bipolar disorder' 같은 정신 건강 상태를 앓고 있어 이렇게 됐다고 생각하고 있었다.

그런데 정작 아들을 따로 면담하니 정신병적 장애의 징후는 전혀 발견되지 않았다. 분노로 가득 차 있다는 점을 제외하면, 아이는 오히려 지적이고, 통찰력 있으며 논리 정연했다.

"부모님이 싫어요. 그 사람들, 한 번도 나를 보살피지 않았어요. 나를 키운 건 보모였죠. 지금은 스페인으로 돌아가 버렸지만요. 우리 집에 불을 지른 건 부모님이 미워서였어요. 경제적으로 고통을 주고 싶었거든요. 그 사람들이 애지중지하는 게 돈이니까요."

이후로도 소년과 그의 말이 잊히지 않았다. 더구나 내가 아이를 갖게 되자 소년의 말은 더 큰 울림으로 마음을 건드렸다.

둘째가 초등학교에 입학할 때쯤, 사람들이 왜 풀타임으로 일하는 정규직으로 일하지 않느냐고 물었다. '내 집이 불타는 건 싫거든요'라는 어이없는 내 대답에 사람들은 어리둥절해했다.

물론 어린 방화범의 이야기는 극단적인 사례다. 그러나 남에게 상처를 주고 싶어 하는 10대와 자해하는 10대 사이에 정말로 큰 차이가 있을까?

다른 사람을 해치는 행동이 너무 과격하다거나 비양심적이라고 여기는 많은 청소년에게 자해는 대안 옵션이 되며, 이 경우 의식적인 행동보다 무의식적으로 행동하는 경우가 더 많다. 그리고 폭음, 약물 복용, 위험한 행동, 굶기, 손목 긋기 등 방법이 무엇이든 목적은 이중적이다. 자기 자신과 소름 끼치게 싫은 자기 가족에게 상처 입히는 것이다.

가족의 골칫덩어리

어느 가족이든, 설사 사랑이 넘치는 가족이라 해도 구성원에게는 자기만의 개성이 있어서 그것 때문에 더 결속되기도 하고 충돌하기도 한다.

나는 어머니와 아주 친밀했다. 우리는 삶에 대한 인생관을 공유하면서 자연스럽게 가까이 지냈다. 반면 아버지와 대화하려면 매번 평소보다 더 많은 노력이 필요했다.

가족끼리 둘이 한편이 되는 것은 드문 일이 아니다. 레아네 가족처럼 어머니와 아들 그리고 아버지와 딸이 같은 편이 되는 것이다. 그리고 편 나누기는 유동적일 때도 많다.

예를 들어, 나는 딸과 한편이 되어 할리우드 배우 노아 센티네오Noah Centineo 가 나오는 최신 로맨틱 코미디를 시청하고, 아들과는 딸이 무서워서 못 보는 영화 〈기묘한 이야기 Stranger Things 〉를 밤늦게까지 몰아서 함께 본다. 이것은 정상적이고 건강한 것이다.

문제는 가족 그룹이 늘 일정하게 나뉜 채 한 구성원을 배제시키는 것이다. 그 구성원은 가족 내의 '검은 양', 즉 골칫덩어리가 된다.

이런 일은 물론 신데렐라가 받았던 것처럼 의도적인 학대로 발생할 수도 있지만, 무의식적인 과정에서 일어나는 경우가 더 흔하다.

가족 구성원이 비슷한 성격 유형이거나 성격적 특질을 공유한다면 결속하기가 쉽다. 그러나 이 과정에서 가족 중 누구라도 방치되거나 그렇다고 느끼면 엄청나게 고통스러울 수 있다. 스포츠를 즐기는 가족 중에 운동을 못하는 아이, 음악 가족 중에 음감이 없는 아이, 흑인 가족 중에 알비노 아이, TV 시청을 즐기는 가족 중에 책을 좋아하는 아이 등.

이런 사례들은 그나마 뚜렷하게 구분되지만, 가족으로부터 느끼는 소외감은 가장 미묘하고 의도치 않은 일들이 원인이 될 수 있다. 평소와 다른 시선으로 자신을 보기만 해도 거부당한다고 느끼기 때문이다. 그래서 가족 구성원들이 서로를 적극적으로 포용하고, 모든 구성원이 한 팀이라고 느낄 수 있도록 최선을 다하지 않으면 그 안에 속하지 못하는 사람은 소외감을 느끼기 쉽다.

아무도 뒤처지지 않고, 구성원마다 개인의 자질이 제대로 받아들여지도록 하는 것은 가족은 물론 어떤 종류의 집단에서도 끊임없이 노력해야 한다. 이런 세심한 배려가 없을 때, 어린이들은 섞여 들기 위해 남과 다른 생각이나 특징을 고치기도 하고, 더러는 아예 없애버려야 한다고 생각하게 된다. 그래서 자신이 가진 차이점을 억누르고, 점점 더 말이 없어지며, 공간을 덜 차지하려 하고, 눈에 띄지 않으려고 애쓰게 된다. 그리고 이것은 두말할 것 없이 스트레스가 되며, 때로는 의식적이든 무의식적이든 자해하는 수준까지도 이어질 수 있다. 이런 일이 내 환자인 지니에게 벌어졌다.

지니는 학구열이 대단한 집에서 자란 똑똑하고 자기주장이 강한 10대 소녀였다. 부모는 박사 학위를 받았으며, 저녁 식사를 할 때 괴테, 바흐, 비트겐슈타인의 상대적인 장점 같은 지적인 토론이 오갔다.

지니의 언니 린제이는 케임브리지대학교 자연과학 학부에 지원했다. 지니는 과학보다는 영어를 더 좋아했지만, 늘 두 과목 모두 성적이 우수했다. 그녀의 어머니는 자녀의 놀라운 학업 성취를 칭찬하기 바빴다.

언니 린제이는 학업 성취 뿐 아니라 사회적으로도 탁월한 재능을 보였으며, 주 대표 럭비 선수로 활약하는 멋진 남자친구도 있었다. 지니 역시, 영재로 불릴 정도로 손색이 없었다.

그러나 지니에게 급격한 변화가 생겼다. 중학교에 입학할 무렵까지도 성적이 우수했던 지니가 최근 수업 중에 딴 데 정신을 팔기 시작했다. 수학 시간에는 더 심해져서 멍하니 정신을 놓았고, 더 걱정스러운 것은 교실에서 발작처럼 보이는 행동을 하기 시작한 것이다. 의식을 잃거나 정신이 멀쩡한데도 의자에서 '쿵' 하고 바닥으로 쓰러지는 일이 주기적으로 일어났다. 그럴 때마다 황급히 응급실로 데려가면 뇌전도 상에서는 어떤 발작의 징후도 보이지 않았다.

어느 날 아침, 지니는 걸을 수가 없게 되었다. 아무리 일으켜 세워받쳐 주어도 무너져 내렸다. 당연히 그녀의 가족은 공황 상태에 빠져 긴급히 지니의 신경 검사를 신청했다. 검사를 받으러 다니는 사이에도 지니가 일주일에 두세 번씩 정신을 놓고 멍한 상태에 빠지는 일이 계속되었다. 지니는 자신이 다시는 걷지 못하게 되거나 그 때문에 학업에 뒤처질까 봐 걱정했다. 마침내 수개월에 걸친 검사와 의학적 시험이 끝나고 지니에게 아무런 신체적 병리도 확인되지 않는다는 결론이 내려졌다. 지니의 증상에 대한 설명은 정신과로 넘겨졌다.

가족 중 누군가 건강 상태가 나빠지고 있는데, 병원에서 그 해답을 찾지 못하면 분노와 실망을 느끼기 마련이다. 문제를 진단하고 의학적으로 치료해서 삶을 이어 가고 싶어 하는 것은 우리 모두 마찬가지다. 그런데 정신과 의사로서 안타까운 점은 다른 과목의 동료 의사들을 거쳐 정신과에 온 사람들의 공통점이, 고통스럽거나 정상적으로 기능하지 못하는 신체 증상의 주요 원인이 정신과적 문제라는 사실을 부정하거나 불신하는 경우가 많다는 것이다.

정신과에서 하는 일들은 대부분 문제를 해결하기 위해 가족들에게 다른 접근법, 더 전체적인 접근법을 취하도록 돕는 것이다. 통증,

무기력증, 두통, 복통, 마비, 발작 심지어 때로는 청각과 시각 상실 같은 신체 증상을 가리키는 임상 용어 중에서 신체 증상, 전환 증상, 의학적으로 설명되지 않는 증상을 '기능적 증상'이라고 한다.

기능적 증상의 기저에 있는 심리적 병리는 스트레스와 불안, 우울 등이다. 이런 증상들이 신체적인 질병과 장애를 일으킨다는 것을 믿지 못하는 사람이 많다. 그러나 우리 대부분은 정서적 고통이 어떻게 몸으로 느껴지는지를 경험한 적이 있다. 가까운 이의 죽음 또는 관계 단절을 경험해 본 사람이라면 정신적 고통이 육체적 고통과 마찬가지로 지독할 수 있으며, 실제로 두통, 복통, 무기력증, 식욕 부진 같은 증상을 일으키기도 한다는 것을 이해한다. 또한 스트레스가 궤양, 여드름, 불면증 같은 관찰 가능한 신체 증상을 유발한다는 것은 많은 이들이 받아들이는 사실이다. 게다가 우리 모두 기능적 증상을 지닌 유명한 문학 속 인물을 알고 있다.

요하나 슈피리 Johanna Spyri 가 쓴 동화 《하이디 Heidi 》의 클라라와 프랜시스 일라이자 호지슨 버넷 Frances Eliza Hodgson Burnett 의 대표작 《비밀의 화원 The Secret Garden 》의 콜린이다. 두 사람 모두 사별 후에 통증과 마비를 겪었다.

만약 당신이 코로나바이러스의 공포가 정점에 달한 시기에 목이 간질간질하고 열이 나 검사를 받아 보니 그 결과가 음성으로 나온 경험을 한 사람이 있다면, 가벼운 기능적 증상을 직접 겪은 수많은 이들 중 하나가 된 셈이다.

때로는 우리가 겪는 증상의 원인이 정신적이라는 것을 확실히 아는 경우가 있다. 예를 들어 호되게 버림받았을 때인데, 이때는 오히려 심리적 원인을 이미 알고 있어서 가슴앓이와 같은 신체 증상으로 심하게 고통받지 않는 경우가 꽤 있다. MRI 촬영이나 약물 치료를 할 필요가 없다는 것을 모두 알기 때문이다.

그보다는 머리를 자르거나 자기애를 연습하거나 쇼핑하는 것이 우울한 기분을 달랠 때, 더 도움이 된다는 것도 안다. 기능적 증상이 더 문제가 되는 것은 원인이 덜 명확할 때다. 극도의 불안이나 우울함이 무기력증과 두통의 원인이라는 것을 알아채지 못하거나 인정하지 못할 때가 그렇다. 이 경우에는 자신의 신체적 증상이 난데없이 어디선가 나타났다고 생각하기 쉽다. 실제로는 정서적으로 악전고투하게 만든 문제의 씨앗이 꽤 오랫동안 거기 있었는데도 말이다.

심리적 스트레스가 더 쉽사리 신체 증상으로 바뀌는 사람들이 있다. 여기에는 경험이나 표현 또는 감정 관리에 대한 이해 능력이 손상되어 학습 장애나 자폐성 스펙트럼 장애가 있는 어린이와 성인, 정신 건강 문제를 매우 불명예스러운 것으로 여겨 가족에게 수치가 되는 특정 문화권 사람이 해당한다. 또는 지니처럼 어떤 일에 대처하기 어려워하는 것을 나약하다는 표시로 인식해 매우 좋은 환경에서 자라 상대적으로 높은 인지 기능을 보이는 사람들이 포함된다.

지니는 영리한 아이였다. 기억력이 좋고 의사소통이 뛰어났으며, 책과 대화가 풍부한 환경에서 자란 덕에 다른 사람들에게 지식을 전달하는 언어 능력도 있었다. 게다가 어릴 때부터 총명하다는 말을 많이 들었다. 언니인 린제이처럼 '판에 박힌' 예쁜 외모는 아니라고 생각했는데, 그런 것들이 지니의 자신감과 정체성의 바탕이 되었다. 그녀는 피터스 가족이 학문적으로나 음악적으로 또는 운동에서도 재능이 뛰어난 '지적 만능인'들이라는 암묵적 확신을 좋아했다. 자기가 성공적인 가족이라는 강력한 브랜드의 중요한 부분이라고 느꼈기 때문이다. 이것이 바로 '소속감'이었다.

그러나 은밀한 무의식에서 그녀는 자기가 정말로 언니만큼 똑똑한가에 대해서 의문을 품고 있었다. 마음 깊은 데서는 언니가 자기보다 더 예쁘고 인기가 많다고 느꼈다. 그런 상태에서 지적인 부분에서마저 밀리면 심각한 타격을 입을 것이 분명했다.

그녀의 어머니는 '언제쯤 남자아이들이 지니에게 전화할까?'라며 장난스럽게 말했다. 어머니는 악의적으로 한 말이거나 비판하려는 말도 아니었지만, 지니는 어머니의 말을 사실 그대로 받아들였다. 더구나 지니는 남자아이들이 자신에게 전화하는 걸 그다지 좋아하지 않았다. 자신이 '바보 같은 남자아이들'이 아닌, 같은 반 여자아이들을 바라보고 있다는 사실을 깨달았기 때문이다. 순간 '이건 너무 잘못된 것'이라는 느낌이 들었다. 게다가 중학교에서는 '상위권'을 유지하기가 쉽지 않았다. 더 많은 시간 동안 공부해야 했으며, 그것만으로는 되지 않아서 때로는 문제를 풀지 않고 무조건 답과 해설을 외우기도 했다. 그런 식으로 어찌어찌 성적을 유지하기는 했지만, 실은 따라가기가 버거웠다.

지니는 늑대 무리에게 쫓기는 악몽을 꾸었으며 자신이 앞으로도 이렇게 필사적으로 매달리게 되리라는 예감에 사로잡혔다. 그래도 한동안은 여전히 성적이 좋았기 때문에 이런 느낌을 근거 없는 것으로 넘겨 버릴 수 있었다.

시간이 지나면서 지니의 성적은 상위권에서 벗어났다. 어머니가 최근 수학 시험 성적이 예전보다 좋지 못한 이유에 대해 물었을 때, 지니는 수업을 따라가기가 힘들어서 악전고투하고 있다고 고백하지 않고, 머리가 어지럽고 두통을 느끼기 때문이라고 둘러댔다. 지니의 어머니는 딸을 지역 보건의에게 데려갔지만, 기본 검사에서는 아무런 이상이 없었다.

어머니와 선생님이 지니에게 똑똑하다고 말할 때마다 지니는 똑똑해야만 하는 것이 점점 더 피할 수 없는 명령처럼 느껴졌으며, 그럴수록 학업 문제로 도움을 청할 기회가 줄어들었다. 그렇게 지니는 점점 더 자기가 신체적으로 아픈 것이라고 믿기 시작했다.

지니의 비간질성 발작과 마비는 의식적으로 하는 행동이 절대 아니었다. 지니는 완전히 힘이 빠지면서 몸이 마비되는 느낌을 실제로 겪었다. 그러나 이런 증상은 신경이나 근육의 결함이 아니라 높은 지성, 최고 수준의 성취, 이성애, 정신적 회복력 등 그녀 자신과 가족들이 성공이자 정상이라고 여기는 기준에 부응하지 못하고 있다는 불안에서 시작되었다.

결국 지니는 자기가 이 가족에 소속되지 못하는 것일지도 모른다고 생각했다. 지적이지 않은 사람이 어떻게 지성을 그처럼 중히 여기는 가족의 일부가 될 수 있겠는가?

성공으로 가득한 가족 환경에서 학업 때문에 어려움을 겪고 있으며 이에 대해 불안을 느낀다고 인정하는 것은 전례가 없는 일이었다. 게다가 혼란스런 성 정체성도 힘든 갈등 상황을 야기했다. 그녀로서는 이런 불안을 털어놓는 것이 불가능했다. 그녀가 모두의 기대만큼 총명하지 않으며, 동성애자일 수도 있다는 것은 가족 모두에게 충격을 안기는 일이었다. 그런 식으로 엄청나게 강력한 감정들을 부정하고 억누르다 보니 이 감정들은 무의식적으로 신체를 쇠약하게 하는 증상의 형태가 되었고, 신체 증상은 사람들의 동정을 받아 온갖 긍정적인 관심을 이끌어 냈다. 이제 그녀가 필요하면 수학 시간에 빠질 수도 있었고, 질병 때문에 학교를 쉬는 것이었으므로 성적 하락과 실패에 대해서도 얼마든지 설명할 수 있었다.

우리는 지니네 가족이 기능적 증상과 그 심리학적 기원에 대해 이해할 수 있도록 도왔다.

일단 심리적 고통이 원인이라는 것을 받아들이면, 무의식적인 걱정들이 수면으로 올라와 하나씩 실마리를 찾아 결국 불안을 심리적으로 또는 약학적으로 치료할 수 있게 된다. 다행히 지니가 학업에서 난관에 부딪힌 것과 성 정체성 부분에 대해 가족들이 어떻게 반응할지 두려워했던 것은 기우杞憂였다.

가족은 학문과 사회적 성취를 강조하는 식의 대화법에서 새로운 대화법으로 바꾸었고, 성적 취향 문제에서도 강력한 지지를 보냈다. 또한 지니의 아버지가 자신 역시 어린 시절에 심각한 불안증을 겪었다고 털어놓으면서 지니 또한 불안을 인정하기가 한결 쉬워졌다.

지니의 아버지는 자녀들에게 성공의 '롤 모델'이 되고자 그런 과거를 숨겼다. 지니의 부모는 무적 부모의 신화가 역효과를 낼 수 있다는 사실을 이해하게 되었으며, 힘들게 싸우는 것은 나약함과 실패를 의미하는 것이 아니라는 점에 대해 지니가 이해하기 쉽게 이야기해 주었다.

아버지의 불안증 이야기를 듣고 지니는 자기가 가족의 다른 구성원과 '같다'는 안도감을 느끼게 되었다. 다시 가족에 속하게 된 것이다. 시간이 흐르고, 정신과 치료를 계속하면서 지니는 힘을 얻어 학교로 돌아갔다.

부모는 어떤 영역에서든 자녀의 능력에 대해 솔직하게 말해 주어야 하고, 중요한 것은 판에 박힌 성취에 얽매이는 것이 아니라 각자의 잠재력을 최대한 발휘하는 것이라는 점을 강조하는 편이 훨씬 더 생산적이다. 이는 심리학자 캐럴 드웩 Carole Dweck 이 '성장형 마인드 셋 Growth Mindset [7]'에 관한 이론에서 지지하는 가치이다.

지니의 경우, 불안이 학업 역량에 치중되어 있었지만, 사실 어린 이들이 실패를 누려워하는 증상은 운동, 음악, 사회적 능력 등 어느 분야에서나 나타날 수 있다. '아주 능력 있는' 가족이나 학급 중에서 무언가에 대한 능력이 '가장 부족한' 사람이 된다면, 누군가와 비교 되는 것을 피할 수 없는 한 아무리 부모가 상처받지 않게 하려고 노 력해도 받아들이기 힘들다. 그렇다고 이런 감정을 존재하지 않는 것 처럼 꾸미거나 뭔가 잘못됐다고 치부하기보다는 정면 돌파하거나 그 에 관해 이야기하는 것이 좋다.

가족 구성원의 능력과 성별, 성격에 상관없이 열린 태도로 소통하 고 지지해 주면, 아이들에게 자신이 언제나 가족에 속할 것이라는 믿 음을 줄 수 있다. 아이들이 무엇을 성취해 냈는가가 아닌, 있는 그대 로의 존재로서 사랑받는다고 느끼게 하는 데 중점을 두어야 한다. 이 는 물론 그들의 성적 지향성과도 상관없이 주어져야 한다.

속한 곳에 스며들다

우리 부모님과 가족은 내가 인생을 가장 안전하게 출발할 수 있 는 기반이 되었다. 되돌아보면 얼마나 행운인지 모른다는 생각이 든다. 부모님은 경제적으로 힘든 시기를 겪었지만, 어린 시절 내내 나는 한 번도 그분들의 사랑을 의심한 적이 없었다.

아버지는 타이완의 가난한 집안 출신이어서 어릴 때는 매일 배가 고팠었다고 자주 말씀하셨다. 아버지에게는 형제가 열 명 있었는데, 대부분 초등학교를 졸업하자마자 공장에서 일했다. 그러나 일찍부터 눈에 띄게 똑똑하다고 정평이 나 있던 아버지는 몇 km를 맨발로 걸어서 학교에 다니며 열심히 공부하고 끈기 있게 버텨서 기어이 대학을 졸업해 엔지니어로 취직할 수 있었다. 그 후 아버지는 중산층 집안의 가정 교사였던 어머니와 결혼하여 가정을 꾸리고 더 나은 삶을 위해 노력했다.

아버지가 유럽에서 더 높은 학위를 따겠다는 꿈을 이룰 만한 돈을 마련하는 데는 꼬박 십 년이 걸렸다. 1970년대에 타이완에서는 외국에서 학위를 받는 것이 학업 성취의 가장 높은 단계라고 여겼다. 비참할 정도로 가난한 집안에서 태어난 아버지에게는 그것이야말로 자신을 증명하고 '소속'될 수 있는 티켓이었다. 아버지는 영국 스완지대학교에서 장학금 받는 박사 과정에 지원했다.

아버지가 학위를 따는 데는 4년이 걸렸다. 그 사이에 우리 세 자매는 모두 완전히 영국 사람이 되어 중국어와 중국 문화를 전부 잊어버렸다. 만약 우리 부모님이 타이완으로 돌아갈 계획이었다면 엄청난 낭패였을 것이다. 우리는 쑨원보다도 조지 마이클에 익숙해 경쟁이 치열한 타이완의 교육 시스템 속으로 돌아간다는 것은 학업 면에서 자살하는 것이나 다름없었다. 결국 부모님은 차선책으로 런던으로 이사하는 것을 택하셨다.

런던에는 그나마 중국인 사회가 정착되어 있었다. 아버지는 임페리얼 칼리지에서 단기 연구 계약을 따냈다. 우리는 한동안 대학생 숙소와 우리 세 자매가 한 침대에서 자야 하는 열악한 환경의 여러 임대 시설을 옮겨 다니며 지냈다. 그러다 마침내 크리클우드에 정착했다.

부모님은 모두 교육을 많이 받은 사람들이었지만, 아무래도 이민자이다 보니 언어가 자유롭지 못해 수입이 넉넉할 수 없었다.

나의 유년기는 아무리 과장해도 호화로운 생활과는 거리가 멀었다. 작아서 더는 입지 못하는 원피스를 대충 입는 윗도리로 고쳐 입었고, 여름용 원피스는 윗부분을 잘라내고 나머지 부분을 치마에 덧대 기워서 점퍼 안에 받쳐 입어 부족한 부분을 가렸다.

몇 개 안 되는 장난감과 책은 모두 학교 축제에서 헐값으로 산 것들이었다. 망가지기라도 하면 다시는 가질 수 없다는 것을 우리 모두 잘 알았기에 보물이라도 되듯이 조심스럽게 다루었다. 그러나 우리 가족은 물질적으로 풍족하지 않은 대신 더 단단하게 뭉쳤다.

그러다 런던에 정착한 지 몇 년이 지나, 부모님은 급성장하고 있던 타이완 사회와 연이 닿았다. 그들은 부모님이 영어에 능하지 않은 것을 문제 삼기보다 기술을 높이 평가해 주어서 우리는 점차 먹고살

만해지기 시작했다.

잦은 이사로 인해 나는 11살이 되어서야 6학년이 되었다. 마침내 부모님이 담보 대출로 집을 장만한 것이 내게는 마치 유년기 유목 생활이 끝나고 다시 친구를 사귈 수 있게 되었다는 신호처럼 느껴져서 너무 감사했다.

이사하고 나서부터 아버지는 타이완 컴퓨터 회사에서, 어머니는 타이완 은행에서 일하기 시작했다. 그리고 그분들의 영어 실력은 끝내 늘지 않았다. 어쩌면 그럴 필요가 없었다고 해야 할 것이다. 그분들은 자신들이 속한 하위 사회에 깊이 스며들었다.

인사이드아웃 양육법

나는 아동 정신과 의사로서 부모가 아이를 이해하고 수용하며 지지하는 일의 중요성을 최대한 강조할 수밖에 없다. 부모의 수용과 지지는 다음 세대를 위한 정신 건강 백신이나 마찬가지이며, 다른 백신처럼 아이를 완벽히 보호해 주지는 않아도 꼭 필요하다.

자신감을 지닌 행복한 어린이는 자기 인식과 참을성, 유머로 무장해서 어지간한 난관은 극복해 낼 수 있다.

나는 태어난 가족에서든, 입양으로 이루어진 가족에서든 우리가 처음 경험하는 소속감이 정신 건강 회복력의 바탕을 이루는 가장 중요한 요소라고 굳게 믿는다. 따라서 양육의 최우선 목표는 어린이에게 평생 조건 없는 지지를 보내는 네트워크가 있다는 사실을 알게 하는 것이다. 이런 정서적 온기와 지지가 꾸준하게 이어지지 않으면 어린이는 자기가 '충분히 좋은 아이'인지 의심하기 시작한다. 이렇게 의심의 씨앗이 유년기에 파종되면 점점 자라나 성인이 되어서까지 장기적인 불안에 시달리게 될 수 있다.

또 하나, 경계를 정해 주거나 정서적인 면을 훈육하지 않고 지나치게 허용적인 태도를 보이는 것 역시 어린이의 안전을 어지럽히는 양육 요소다. 이럴 때에도 어린이는 자기 부모에게서 충분히 보살핌을 받고 있는지 의심하게 되며, 앞에서 말한 것처럼 자기가 사랑받는 사람인지에 대한 믿음이 흔들리게 된다.

아이가 선천적으로 갖고 태어난 어떤 박약함보다 '좋은 아이인가' 또는 '사랑 받고 있는가'에 대한 의심은 더 강력한 힘이 되어 아이러니하게도 성공과 행복을 가로막을 수 있다. 그러니 부모는 아이의 내적 사고와 정서적인 발전 과정이 똑같이 중요하다는 것을 마음에 새겨야 한다. 인사이드아웃 양육법을 해야 하는 것이다.

경험의 중요성

양육은 대단히 어렵고 힘든 일이다. 그러나 그중에서도 가장 명심할 것은, 어린이가 가장 필요로 하는 것은 예쁜 옷과 장난감을 사 주거나 비싼 학원에 다니게 하는 것이 아니라 '당신'이라는 것이다. 바로 당신의 사랑과 관심, 지지, 훈육이다.

방법은 간단하다. 어린 시절에 부모님에게 지지와 사랑을 받으며 행복하게 자랐다면 아이에게도 그렇게 하면 되고, 부모님이 '다르게 해 주셨더라면'하고 아쉬운 부분이 있었다면, 아이를 키울 때 내가 받았던 방법과는 다르게 양육하는 것이다. 당신은 이미 경험했기 때문에 어떻게 양육해야 아이의 기분이나 상태를 알 수 있는지 부모의 심리를 정확히 파악하고 이해할 수 있는 특권적 지위를 지니고 있다.

더 나은 부모가 되기 위한 노력

2021년에 스페이스X사가 개발 중인 재활용 가능한 우주 발사체 '스타십 Starship'이 끔찍한 모습으로 추락했다. 그보다 앞선 여덟 개의 프로토타입 prototype 도 마찬가지였다. 사람들은 놀라지도 않았다. 일론 머스크가 늘 그랬듯이 이번에도 과학적 가능성의 경계를 밀어붙이면서 인류가 한 번도 해 보지 않았던 일에 도전한 것이었기 때문이다. 그러나 테스트 비행에서 실패할 때마다 데이터를 수집해 문제점이 개선되었으며, 실패의 규모가 줄어들어 재발 위험도 줄었다. 이런 궤적을 그리다 보면, 나는 일론 머스크가 결국 화성 여행을 성공하게 될 것이라고 믿는다.

가장 오래가는 성공은 한 번도 실패하지 않고 얻어 낸 것이 아니라 실패를 이겨 얻어낸 것이라는 인식이 널리 퍼지고 있다. 그러므로 부모는 아이들이 실패할 여지를 마련해 두어야 한다. 더 솔직히 말하면, 늘 아이들의 실패를 예상하고 준비해야 한다. 제아무리 똑똑하고 재능이 뛰어나며 인기 있다고 해도 우리 모두 어떤 순간에는 반드시 실패와 맞닥뜨릴 수밖에 없기 때문이다. 그러니 아이들에게 실패란 전혀 부정적인 것이 아닌, 성공이 보장되는 환경에서 쉽게 이루려 하지 않고, 한계에 다다를 때까지 노력했다는 것을 보여 주는 신호일 뿐이라고 가르쳐야 한다.

가정이나 학교에서 자기 수준에 맞는 일에 도전하고 실패할 수 있게 하며, 실수에서 배우고 더 나아질 수 있게 지지해 주면, 아이의 내면에 자신감, 목적의식 그리고 궁극적으로 소속감이 더 잘 스며들게 된다.

다만, 양육에 최선을 다할 책임이 있다고 해도 부모에게도 자기만의 인생 경험과 상황에 따라 한계가 있을 수 있다. 그러므로 어쩌다 일이 잘못됐을 때 자책하는 것은 아무런 도움이 되지 않는다.

양육은 세상에서 가장 힘든 일이며, 우리 역시 한 명의 인간이기 때문에 실패를 피할 수는 없다. 우리는 아이들에게 실패할 여지를 주는 것처럼 우리 자신의 실패도 받아들여야 한다. 아이들과 마찬가지로 우리도 실수에서 배우면 된다.

이 메시지를 가능한 한 널리 퍼뜨리는 것이 중요하다. 많은 부모가 다른 사람들의 판단을 두려워하여 힘든 이야기를 잘 털어놓지 않기 때문이다. 그렇게 되면 당연히 도움과 지원을 얻을 기회가 줄어들고, 그 고통은 아이들에게로 돌아간다.

대중 매체에서는 부모가 되는 것이 궁극의 기쁨을 경험하는 일이라고 하지만, 대부분의 사람에게 현실은 그렇지 않다. 물론 잠깐씩 기쁨의 순간들을 누리기도 한다. 그러나 대부분 스트레스와 고된 노동, 높은 비용에 시달린다. 또한 아동 정신과 의사인 나뿐만 아니라 어느 부모에게나 심각한 고난에 맞닥뜨릴 때가 온다.

부모가 된다는 것은 평생에 걸쳐 헌신하는 것이다. 그 때문에 결혼 생활이 무너지기도 하고 반대로 합심해서 가족을 지키기도 한다. 그런 만큼 이미 인구 과잉인 행성에서 자유롭게 선택할 권리를 가진 사람들에게 당연히 가족을 꾸려야 한다라는 식의 사회적 압력을 행사하는 것은 한편으로는 잘못된 일이다. 이 메시지를 더 많은 사람에게 알려서 부모가 되는 일이 얼마나 힘든지 터놓고 이야기할 수 있게 되고, 다른 사람들에게 좀 더 쉽게 도움과 조언을 받을 수 있게 되며, 이런 일들이 평범하게 일어날 수 있게 되면, 우리는 더 나은 부모가 될 것이다.

2 ─────────────────────── 부적응:

또래 집단의 외면과
트렌드를 거스르는 것에 대한 불안감

가족 ≠ 또래 집단

　미국의 공립 고등학교에 신입생으로 등교하는 첫날이다. 몇 주 전부터 머릿속으로 정리해 두었던 옷도 제법 잘 소화했다. 자전거로 등교해야 하는데도 지각하지 않았고, 그럭저럭 점심시간이 되었다. 여기까지 잘 해냈다. 그러나 당신은 이제부터 모든 10대 영화 또는 청춘 영화를 장식하는 그 순간, 바로 학교 식당 장면을 맞닥뜨려야 한다. 그리고 결정해야 한다. '예쁘지만 못돼먹은 치어리더 테이블'에 앉을 것인가, '운동부 테이블'에 앉을 것인가, '밴드부나 수학 경시대

회부 또는 철자법 수재들의 테이블'에 앉을 것인가, 그도 아니면 '마리화나를 피우거나 빈둥대는 반항아의 테이블'에 앉을 것인가? 혹은 혼자 앉을 것인가?

이 장면이 영화에서 빈번하게 나오는 것은 그만큼 보편적인 상황으로 인식되기 때문이다. 장면을 90년대 중반의 미국으로 바꾸고, 치어리더는 유산으로 신탁받은 금발들로, 운동부 청소년을 청년으로, 수재들은 둠Doom 플레이어로 바꾼 뒤 덤으로 고스goth 음악 애호가들을 몇 명 배치하면 그대로 내가 있던 풍경이 된다.

가족에 대한 소속감은 분명 미래의 유대 관계를 다지는 토대를 형성하지만, 아이가 성장하게 되면 장기적으로 정신적 웰빙을 뒷받침하기에 부족해진다. 어느덧 그들이 세상에서 자신만의 길을 내고, 자신의 아이덴티티identity를 꾸며서라도 만들어 보여야 할 시점이 오기 마련이다. 그때가 되면 그들은 새로운 연결을 찾기 시작하고, 또래 집단에서 소속감을 확장하고 싶어 한다. 그들은 더 이상 가족에 소속되었다는 확신을 얻기 위해 사랑을 구하지 않는 대신, 사회 전반에 속한다는 의미인 인정과 존경, 존중을 바라게 된다.

가족은 선택의 대상이 아니지만, 또래 집단은 그렇지 않다. 우리 대부분은 제한적이나마 어느 또래 집단에 들어야 할지 약간의 선택권을 행사할 수 있다. 그러나 대체로는 자기가 어떻게 그들과 친구가 되었는지 생각하지 않는다. 대개 이런 결정은 식판을 들고 선 순간

무의식적으로 이루어지기 때문이다. 다만 이론적으로 그렇게 되는 과정을 몇 단계로 분리해 볼 수는 있다.

1) 우리 자신의 아이덴티티를 이해한다.
2) 들어갈 수 있는 집단의 아이덴티티를 평가한다.
3) 적합한 집단을 선택한다.
4) 내가 선택한 집단과 다른 집단의 구성원들 사이를 상호 조정한다.

개인적으로 나는 점심을 혼자서 먹는 것을 좋아한다. 그렇다고 해서 거부당하는 느낌을 좋아한다는 것은 아니다. 거부당하는 느낌을 좋아하는 사람은 없다. 그래서 함께 앉을 사람이 없거나 선택한 또래 집단에서 받아들여지지 않는 경험을 하게 되면, 자신이 어디에도 속하지 않는다는 감정으로 급격히 빠져들기 쉽다.

우리의 아이덴티티 혹은 우리가 누구인가 하는 것은 '자신을 어떻게 보는가', '다른 사람에게 어떻게 보이는가', '자신이 다른 사람에게 어떻게 보인다고 인식하는가' 등을 포함하기 때문에 정의하기가 쉽지 않다. 게다가 우리는 딸이자 어머니이고, 아내 또는 직장인으로서의 다중 자아를 형성하고 있어 혼란스러워하는 사람도 많다. 또 우리는 다른 사람들이 보는 방식과는 사뭇 다르게 자신을 바라보기도 하며, 현재의 현실에 바탕을 두지 않은 아이덴티티를 열망하기도 한다.

그런가 하면 본인은 아이덴티티를 명확히 인식하지만, 자신을 둘러싼 사회적 환경이 여의찮아 그럭저럭 아쉬운 대로 만족하며 지내거나 만족감 없이 오롯이 소속감의 결핍을 겪어야 하는 이들도 있다. 이는 주로 균질하고 제한된 환경, 이를테면 학교가 '세상의 전부'로 느껴지곤 하는 어린 시절에 일어날 확률이 높다. 혹은 다양성이 부족한 작은 마을과 국가도 마찬가지다. 지배적인 집단이 다소 완고한 태도를 보이기 쉬운 이런 환경에서는 기존의 집단 규범을 따라야 하는, 예를 들면 대학교 신입생 환영회처럼 새로운 구성원이 일방적으로 동화해야 하는 일이 생긴다.

만약 주변 사람들과 어울려 맞출 수 없거나 맞추기 싫다면 이런 상황에서 어떤 일이 일어날까? '부적응'의 느낌은 스트레스가 되고 따돌리는 기분이 들지만, 더 나아가 적극적인 거부를 당하기라도 하면 소외, 집단 괴롭힘 심지어 신체적 해를 당하는 일로 귀결될 수 있다. 집단에 속하는 것이 궁극적으로 '기분 좋은 느낌'이 되게 하거나 집단에 들어가지 못하거나 집단에서 거부당하면 인생에서 가장 고통스러운 경험이 될 수 있다.

자폐성 스펙트럼 장애는 남자아이에게 나타난다?

부모의 말에 따르면, 스테프의 문제는 가벼운 독감을 앓고 난 후 하룻밤 사이에 시작됐다. 중학생이 된 지 한 달만이었다. 차분하고 행복한 열한 살 된 소녀가 갑자기 말을 할 수 없게 되었고, 일어나서 학교 갈 준비를 하라고 하면 비명을 지르며 울어대기 시작한 것이다. 그녀는 감당할 수 없을 정도로 몸을 떨면서 손가락 마디가 하얗게 변하도록 침대 기둥에 매달렸다. 그런 그녀의 모습을 본 부모는 '지킬과 하이드처럼 변한다'라고 설명했다.

스테프는 오전 10시 30분이 지나, 학교에 가는 것을 포기할 만한 시간이 되어서야 진정하고, 영화를 보거나 책을 읽곤 했다. 그때까지도 말을 하지 않는 것은 여전했다. 그러다 다음 날 아침이 되면 두려움에 찬 떨림과 분노가 다시 시작되었다.

그녀는 가족 손에 이끌려 응급실에 가 보기도 했지만, 의사들은 뇌전도, 뇌 사진, 혈액 검사 등에서 아무런 이상도 찾아내지 못했다. 여러 가지 항생제와 항염증제를 투여해도 소용없었으며, 3개월째 학교를 쉬게 되자 결국 정신과적 소견을 받게 되었다.

스테프는 초등학교 생활을 잘했고, 친구가 많았으며, 그중에서도 '이지'라는 친구와 유독 친했다. 어머니들이 입학 행사 첫날부터 친해지자 아이들끼리도 떨어질 수 없는 사이가 되었다. 이지와 스테프가 함께 놀거나 서로의 집에서 자는 일은 부지기수였고, 가족이 함께 휴가를 보내는 일도 있었다. 이지가 사립 중학교에 가게 되자 스테프는 힘들어했지만, 두 친구는 서로 연락하며 사이가 굳건한 것 같았다.

스테프의 부모에게서 들은 이 이야기에는 중학교에 입학하기 전까지의 사회성 문제에 대한 부분이 빠져 있었다. 마치 아무런 문제가 없었다는 것처럼 들렸다. 말 그대로라면 스테프의 증상은 그야말로 어느 날 갑자기 생긴 것이다. 그러나 조금 더 들여다보았더니 다른 그림이 떠올랐다.

이지는 활달한 소녀였다. 성격 좋고 똑똑한 데다 부모에게 친절함과 사교적인 태도까지 배웠다. 말하자면 이지는 '학생 대표'의 자질을 지닌 유형이었다. 입학 행사에서 이지의 어머니는 스테프의 어머니와 마음이 잘 맞는다고 생각했으며, 딸에게도 스테프와 잘 지내라는 격려와 칭찬을 해 주었다.

두 어머니는 딸들을 위해 '특별한 순간'을 기획해 주기도 하고, 종종 집으로 초대해 함께 시간을 보낼 수 있게 해 주었다. 이지는 스테프가 편했기 때문에 조심하거나 신경 쓸 일이 없었다. 스테프는 이지의 이야기에 귀를 기울이며 이지가 하자는 대로 따랐고, 이지는 스테프의 엄마 노릇을 하면서 상황에 맞게 행동하라는 말을 하곤 했다. 가끔 스테프는 좀 어리바리했고, 농담을 할 줄 모르며 자주 엉뚱한 소리를 했기 때문이다.

하지만 6학년이 되자, 이지는 이런 것들이 좀 지루해졌다. 그때쯤 이지에게는 학교 친구들이 많았다. 그녀는 사샤나 소피아 같은 친구들과 어울리는 것이 더 즐거웠다. 이 친구들과는 《해리포터》가 아닌 틱톡 이야기를 할 수 있었다. 이지가 다른 친구들도 불러서 함께 놀

자고 하면, 스테프는 부루퉁한 얼굴을 하고 있다가 쿵쾅거리며 뛰쳐
나가 버렸다.

어느 날, 이지는 스테프에게 자기가 사립 학교로 진학하면 어떻겠
느냐고 물어보았다. 이지의 솔직한 마음은 스테프가 자신의 옷자락
에 매달려 다니지 않는 새로운 생활을 시작하고 싶다는 것이었다. 서
로 다른 학교에 다니면 스테프의 마음을 다치게 하지 않고도 자연스
럽게 조금씩 떨어져 지내는 것이 가능할 것 같았다.

결국 새로운 학교에 혼자 다니게 되었지만, 스테프는 생물, 화학,
물리를 배울 수 있다는 생각에 들떴다. 그러나 막상 맞닥뜨린 중학
교는 교실이 너무 많았고 복도는 너무 길었으며, 항상 학생들로 무
척 붐볐다. 입구가 하나밖에 없던 초등학교와는 분위기가 달라도 너
무 달랐다. 게다가 새 학교에서는 적응하기가 힘들었다. 너무 많은 아
이가 이리저리 밀치며 몰려다녔고, 그녀는 그런 여자아이들에게 어
떻게 반응해야 할지 몰랐다. 만약 이지였다면 스테프의 옆구리를 슬
쩍 찔러 친근함을 표시하면서 장난을 걸었을 것이었다. 또한 이지였
더라면 어떤 옷을 입어야 할지, 어떻게 입으면 좋은지 얘기해 주었을
것이었다.

이제 스테프는 어색해서 어쩔 줄 몰랐다. 자기만 어울리지 못하는
느낌이었다. 그녀는 이 학교에 속한 사람이 아니었다.

스테프는 이지를 몹시 그리워했다. 이지가 함께 있었더라면 스테

프를 다른 여자아이들에게 소개해 주었을 것이며, 이지가 매번 챙겨 주었을 테니 아무도 스테프를 보며 킥킥대지 않았을 것이다.

스테프가 다른 소녀들과 달리 화장하는 것 또는 저스틴 비버에게도 관심을 보이지 않을 때, 이지는 "스테프는 쿨해."라고 말하곤 했다. 다들 왁자하게 웃을 때 스테프는 왜 웃는지 이해하지 못했고, 친구들을 따라 웃으려고 노력했지만, 자기가 늘 한 발 뒤처진다는 것을 알고 있었다. 당시에는 모르고 지나쳤지만, 아이들이 놀린 대상이 자신이었을 수 있다는 생각이 들었다.

스테프는 과학 수업은 수월하게 이해했지만, 영어 수업은 재앙이나 마찬가지였다. 와일딩 선생님은 3쪽에 걸쳐 폭풍 속의 버드나무를 묘사해 보라고 했는데, 스테프가 쓸 수 있었던 것은 폭풍 속에 나무 한 그루가 서 있다는 글 한 줄뿐이었다. 누군가에게 도움을 부탁하려 해도 그게 더 불안했고, 뭐라고 말해야 할 줄도 몰랐다.

모두가 떠들어대는 소리에 머리가 아팠으며, 제대로 숨을 쉬려고 노력했지만 그렇게 되지 않을 때가 많아졌다. 결국 어느 날, 한 소녀가 스테프를 사물함 쪽으로 떠밀어서 책이 와르르 쏟아지는 걸 보고 깔깔 웃었을 때, 스테프는 자기가 다시 학교에 오면 죽을 것 같다는 기분이 들었다.

흔히 많은 어린이가 부적응자가 된 느낌, 따돌림을 당하는 기분을 느낀다. 특히 자폐성 스펙트럼 장애가 있는 어린이일수록 더 그렇다.

ASD는 종합적인 자폐증 평가를 한 후, 우리가 스테프에게 내린 진단 명이다.

스테프의 증세가 더 일찍 확인되지 않은 것은 그리 특이한 일이 아니다. 자폐는 전통적으로 남자아이에게서 진단 또는 기술되어 왔으며, 사회는 ASD를 전형적으로 남성적 행동과 연관 지으려는 경향이 있어서 여자아이의 상태는 자주 간과되어 왔기 때문이다.

소녀들은 부모와 선생님 허락을 구하는 경향이 있다. 부모와 선생님은 착하고, 참하며, 상냥하고, 잘 참고, 잘 받아 주는 행동을 하면 격려하고 보상을 해 주는 사람들이다. 특히 남자아이들보다는 여자아이들에게 훨씬 더 그런 태도를 많이 드러낸다. 그렇다 보니 초등학교에서는 상처 입기 쉽고 예민한 어린이들이 여자아이들과 노는 것을 더 좋아한다. 여자아이들이 대체로 더 친절하고 너그럽기 때문이다. 만약 남자아이가 여자아이들과 노는 것을 더 좋아하면 그만큼 주의를 끌게 되며, 만약 장애가 있으면 부모나 선생님 눈에 띄기가 더 쉽다.

그런데 여자아이가 여자아이와 놀겠다고 하면 이런 알람이 작동하지 않는다. 게다가 지금도 ASD에 대한 설명과 평가에 사용되는 설문지는 남자아이에게서 나타나는 증상을 토대로 하고 있다. 그래서 많은 부모와 선생님들은 '토마스와 친구들'과 같은 장난감을 줄 세우고, 공룡에 대한 지식을 술술 말하거나 자동차 핸들을 계속해서 돌리는 어린 남자아이들에게 관심을 기울이며 '자폐인가' 하고 기민하게 반응한다.

반면에 이것과 근본적으로 같은 ASD의 여성적 증상은 쉽게 놓쳐 버린다. 이를테면 '실바니아 가족의 나무 위 오두막' 같은 장난감의 가구와 인형을 꼼꼼하게 배치한다거나 《해리포터》에 관한 사건을 줄 줄이 외는 것 또는 인형의 머리를 계속해서 빗질하는 것 등이다. 장담하건대 많은 부모와 선생님들이 이런 행동들을 눈여겨보지 않고, 여자아이들이 할 만한 활동이라고 당연시할 것이다. 스테프의 부모가 그랬던 것처럼 말이다.

아이의 증상을 인식하지 못하는 데는 또 다른 이유도 있다. 앞서 지니의 사례에서도 보았듯이 정신 건강 문제에 덧씌워진 오명 때문인지 신체 건강 문제를 검사하면서 심리적인 문제와 신경 정신과적 문제도 함께 검사받으려 하는 경우는 좀처럼 드물다.

많은 부모가 정신 건강에 대한 일반적인 설명을 받아들이기보다 차라리 희귀하고 특이한 감염일 수 있다는 생각을 더 마음에 들어 한다는 것은 놀랍지만 사실이다. 다행히 스테프의 부모는 이런 경우가 아니어서, 처음에는 충격을 받아 부정하는 태도를 보였지만, 곧 ASD 진단을 받아들였다. 그러자 그동안 스테프에게서 관찰된 몇 가지 '기이한 행동'들도 이해할 수 있게 되었고, 이후 적절한 심리학적 또는 교육적 지원을 모색할 수도 있게 되었다.

내가 스테프의 사례를 또래 집단 거부의 예시로 드는 것은, 이것이 많은 사람이 맞닥뜨리는 노골적인 배척과 좀 더 미묘한 배척을 잘 드러내기 때문이다. 물론 스테프는 자폐증이 내재되어 있어 사회적 이해에 어려움이 있는 아이였고, 그 때문에 또래 집단의 거부에 취약했다. 또한 이런 거부에 대해 스테프가 보여 준 반응은 유독 극렬했다.

그러나 나는 우리 모두에게 '쿨'한 집단에 어울리지 못한 경험, 친구가 떠나 버린 경험, 새로 들어간 학교에서 자신의 자리를 찾기 위해 악전고투한 경험이 있을 거라고 믿는다.

집단 괴롭힘이나 따돌림처럼 가장 심한 형태든 혹은 팀에서 마지막으로 선택되는 것 같은 좀 덜한 형태든, 또래 집단의 거부는 어린이뿐 아니라 성인에게도 똑같이 영향을 미치는 경험이다. 그리고 그것이 불러일으키는 수치스러운 부정적인 감정은 세상을 살면서 겪게 될 수많은 어려움으로 이어질 수 있다.

두려움에 맞서야 극복할 수 있다

자기 자신이 누구인지에 대해 강하고, 확고한 신념을 가진 사람도 억지로 따를 수 밖에 없는 압박에 부딪히면 힘들어 할 수 있다. 더구나 또래의 압박에 저항하는 것은 자기 자신을 스트레스, 외로움, 따돌림 속으로 떠밀어 넣으며, 나아가 신체적, 정신적 위험을 초래하기도 한다. 그런데 많은 10대들이 매일 혼자서 이런 상황을 접하곤 한다.

테드의 이야기는 반사회적인 행동을 일삼는 또래 집단에 섞인 10

대들이 어떤 어려움을 겪는지를 보여 주는 좋은 사례였다. 그들 사이에서는 뭘 해도 곤욕을 당하고, 하지 않아도 곤욕을 당한다.

테드는 글래스고 출신의 열일곱 살 학생이다. 그는 부모와 남동생인 미치와 함께 동네 외곽에 살았다. 그곳의 아이들은 거칠게 자랐다. 다른 사람들, 특히 약한 아이들을 못살게 구는 것이 존경받는 행동이었으며, 신체적인 괴롭힘이 일상적으로 벌어졌다. 문제를 일으키고 싶어 하는 젊은 사람들이 다른 지역에서 테드가 사는 동네로 원정을 올 정도였다. 테드가 우두머리 수컷 분위기를 풍겼기 때문에 다들 그를 자신들의 패거리로 끌어들이려 했다.

그러나 테드는 그들의 생각과 달랐다. 그는 성실하게 학교에 다녔고, 성공하고 싶어 했으며, 지역 클럽에서 축구도 했다. 테드는 부모를 닮아 성품이 섬세하고 개방적이었고 친절했다. 그의 부모는 인종·성별·계층에 상관없이 사람들에게 두루 너그러웠고, 자녀들도 그렇게 키웠다.

테드는 축구에 엄청난 재능을 보였는데, 그 덕분에 천만다행으로 주변에서 괴롭힘을 당하지 않을 수 있었다. 테드는 폭력을 혐오했기에 시도 때도 없이 벌어지는 폭력 상황에 늘 속을 끓였다. 동생 미치는 테드에게 사람들과 눈이 마주치지 않도록 머리를 숙이고 다니라고 항상 당부했다. 그러나 미치가 진료실에서 내게 말했듯이 그게 쉽지 않았다.

"우리 형은 그러지를 못해요. 사람이 너무 좋아서 그냥 지나치지를 못해요."

결국 테드는 힘없는 소년이 공격당하는 것을 보고 싸움에 끼어들었다. 그날 가까스로 소년을 데리고 빠져나오기는 했지만, 그 일로 인해 다른 무리까지 테드에게 은근히 협박했다. 테드는 곧 새로운 표적이 되었다. 테드의 표현에 따르면, 그때부터 어떤 금발 소년이 테드를 스토킹하기 시작했다. 테드는 자기가 가는 곳마다 그 소년이 보이자 위협을 느꼈다.

그러던 어느 날, 테드는 금발 소년이 혼자 있는 것을 보고 차라리 결판을 내자며 싸움을 걸었고, 테드는 소년의 코를 부러뜨리고 달아났다.

이 사건이 있고 난 뒤, 테드의 두려움은 더 커졌다. 학교에 가는 것은 좋았지만 문제의 현장을 지나가야 하는 것이 힘들었다. 그는 현장을 어슬렁거리는 아이들의 보복을 피하려고 더 복잡한 길을 택해 학교에 가기 시작했다. 그러다 지각하는 일이 늘어나자 불안이 더 커졌다. 또 아이들에게 스토킹 당해서 잡힐까 봐 머문 자리에 흔적이 남는 것도 걱정하기 시작했다. 그래서 의자나 식탁에서 일어선 뒤에 머리카락이나 피부 등의 '증거'가 남을까 봐 닦기 시작했다.

게다가 그는 금발 소년의 코를 부러뜨린 순간, 자신을 휘감았던 흥분이 두려웠다. 마치 무적이 된 듯한 기분이 들었는데, 그 상태로라면 자기가 다음번에 부딪힐 상대에게 어떤 피해를 줄지 모를 일이었다.

이후 주기적으로 그의 머릿속은 자신이 벽돌담에 소년의 머리를 부딪혀 깨버리는 이미지가 잔뜩 떠올랐다. 여전히 분노가 가라앉지 않은 채, 마음속에서는 앙갚음한 것에 따르는 희열과 자신이 어디까지 할지 모르겠다는 것에서 오는 강렬한 두려움이 뒤섞였다. 그러자 그는 자신이 벌이게 될지도 모를 다른 일들에 대해 걱정하기 시작했다. 그가 생각할 수 있는 최악의 일은 성적_{性的} 인 일탈이었다.

점차 그는 사람들이 자기에게 소아 성애자라고 수군거린다는 착각에 빠져들었다. 그러자 그는 두려움을 방지하기 위해 안전에 필요하다고 생각되는 복잡한 행동 패턴을 만들어 내기에 이르렀다. 이를테면 특별한 방법으로 바닥을 만지거나 발로 연속적으로 두드리는 것이다.

사실 그 후로 그가 금발 소년을 만난 일은 한 번도 없었지만, 그는 축구를 그만두었다. 학교에 다니는 것도 그만두었다. 그리고는 아예 집 밖에 나가지 않았으며, 10대의 삶의 걸음을 그대로 멈춰 버렸다.

내가 테드를 만났을 때, 그는 학교에 다니지 않은 지 일 년 정도 되었을 때였다. 그리고 그가 사는 지역 아동 청소년 정신 건강 센터에서 그를 도우려고 노력했지만, 그 노력은 물거품으로 돌아갔다.

처음에 센터에서는 편집증과 정신병을 의심해서 엉뚱한 방향으로 가다가 테드에게서 강박적 접촉 증상이 보이자 강박 장애_{obsessive}

compulsive disorder, OCD 에 대해 전문가의 진단과 치료를 받기 위해 클리닉에 의뢰했던 것이다.

OCD를 일으키는 원인인 불안은 가장 흔한 정신 건강 문제이자 가장 완치되기 쉬운 정신 건강 문제 중 하나이기도 하다.

불안은 다가오는 위협에 대해 경각심을 일깨우고, 싸우거나 달아날 때를 대비하도록 설계되어, 진화적으로 인간에게 유리한 메커니즘이다. 즉 불안이 작동하면 전투를 준비하거나 전력 질주해서 생존할 수 있도록 심박수와 호흡수가 증가하고, 근육이 긴장하며, 장과 방광이 비워진다. 이 소량의 '흥분'이 경기력에 도움이 되기 때문이다. 대부분의 스포츠 선수들이 경기를 앞두고 '전투 모드'에 돌입해 스스로 피치를 올리는 것도 이런 이유에서다.

그러나 불안이 과도할 때는 감정이 극도로 혐오에 빠지면서 결과적으로 오히려 경기력이 저하되기도 하는데, 그럴 때는 어떤 대가를 치르더라도 불안을 멈추겠다는 자동 반응이 일어난다. 불안에 시달리는 사람들에게서 나타나는 전형적인 탈출 메커니즘은 바로 회피다.

그들은 사람들의 시선이 자신에게 집중되는 것이 두려워 무대에 오르지 않고, 추락할 것이 두려워 비행기를 타지 않으며, 주사가 두려워서 병원에 가지 않고, 괴롭힘을 당할 게 두려워서 외출하기를 꺼린다.

그러다가 우연히 미신적인 생각이나 행동이 일시적으로 불안을 덜어 주는 경험을 할 때도 있는데, 테드는 누군가가 따라오지 않는지 확인하는 것이 약간의 안도감을 주었다. 다행히 지갑을 떨어뜨리는 일이 없으면 학교로 가는 새 경로를 찾지 않아도 되는 식이었다. 그러나 그것만으로는 안심할 수 없었기 때문에 테드는 그 외 다른 것들, 이를테면 모자, 장갑, 머리카락, 피부 세포를 남겨 놓지 않았는지도 확인해야 했다.

이런 것들은 짧은 기간에는 효과가 있었다.

그러나 확인해야 할 것들의 목록은 점점 늘어났다. 얼마 지나지 않아서는 확인만으로는 충분치 않았고, 테드는 만지고 두드리는 행위를 결합한 복잡한 의식 절차를 만들어 내기에 이르렀다. 그러나 테드의 의식 절차는 불안을 덜어 주기보다 유지하는 선에서 그쳤으며, 결국 그의 삶을 소모시켰다.

인지 행동 치료Cognitive behavioural therapy, CBT 와 노출 및 반응 방지Exposure and response prevention, ERP 를 결합하면 OCD를 포함한 불안의 치료에 가장 효과적인 방안[8]이 될 수 있다. CBT 부서에서는 환자들에게 불안에 대해, 그리고 생각과 행동 사이의 관계에 대한 이론을 가르친다.

우리는 흔히 생각이 행동을 불러일으킨다고 여긴다. 이를테면 두려움이 회피 행동을 유발하는 것처럼 말이다. 그러나 반대로 행동이 부정적인 생각을 증대시킬 수 있다는 것 역시 사실이다. 예를 들어 개 공포증이 있는 사람이 계속 개를 피해 다니면, 개가 해를 끼치지 않을 수 있다는 것을 배울 기회조차 없어진다. 그리고 이것이 다시 개에 대한 두려움을 강화시켜 회피하는 부정적인 악순환으로 이어진다. 결국, 테드처럼 확인하는 행동을 하거나 혹은 다른 강박을 보이는 것 역시 회피 행동으로 볼 수 있으며, 회피 행동의 결과는 결국 집착과 강박에 갇히는 것이다.

인다까운 것은 사람들에게 무언가가 어떻게 작동되는지 아무리 말해 주어도 직접 경험하는 효과에는 턱없이 못 미친다는 것이다.

누군가가 자동차 매뉴얼을 들여다보거나 유튜브에서 다른 사람이 운전하는 영상을 보고서 단번에 운전을 잘할 수 있다면, 그것은 아주 이례적인 일일 것이다. 정말 운전을 배우고 싶으면 운전대를 잡아야 한다.

불안을 통제하는 것도 마찬가지다. 실천이 없는 이론은 큰 힘을 발휘할 수 없으니 노출 및 반응 방지가 중요한 것이다. 이 방법은 말 그대로다. 환자의 대처 반응이 두려움을 피해 가는 것이든 강박적인 행동을 하는 것이든, 그가 평소의 대처 반응을 보이지 않거나, 반응을 방지하고 두려움에 맞설 수 있게 노출을 통해 돕는 것이다.

겁에 질린 환자들에게 두려움을 마주 보게 설득하고, 실제로 그렇게 하도록 이끄는 것은 정말 힘든 일이다. 치료사는 온정적이고 신뢰할 수 있는 사람이어야 하지만 동시에 단호할 줄 알아야 한다.

경험이 부족한 치료사 중에는 환자를 친절하게 대한다는 것이 지나쳐 환자가 두려움과 직면하는 것을 계속 회피하게 두는 경우도 있다. 그래서 치료 효과를 보지 못하기도 한다. 그러나 환자를 위하는 치료사들이 부모와 같은 마음이 되어 고통을 조금이라도 피하게 해 주려는 마음은 자연스러운 일이다. 그것을 어떻게 비난할 수 있을까?

우리 역시 아이를 위하는 부모로서 아이가 자전거를 타다 심하게 넘어지면 일어나서 곧장 다시 자전거에 오르지 않아도 된다고 말해 주지 않았던가. 부모는 넘어진 아이에게 다시 자전거 안장에 올라앉아 보라고 격려하다가도 아이가 반항하고 소리 지르면 내버려 두곤 한다.

누구나 갈등과 어려운 상황을 피하려고 노력하는 것은 당연하다. 그러나 노출 및 반응 방지, 즉 두려움에 맞서 극복할 수 있어야 치유의 과정으로 나아갈 수 있다. 다 그렇지는 않지만, 불안에 대한 인지 행동 치료가 더러 실패하는 이유는, 대부분 노출에 따른 반응을 제어하는 적절한 노출 및 반응 방지 치료를 동시에 진행하지 않았기 때문이다.

고맙게도 테드에게는 이런 일이 일어나지 않았다. 우리는 테드에게 불안한 생각이나 감정, 행동과 인지 행동 치료 사이의 연관성에 대한 이론을 설명한 후 함께 병원을 돌아다니며 그의 머리카락과 손톱 조각을 여기저기에 남겨 두었다.

처음에 테드는 기함氣陷 하면서 싫어하고 항의하며 버텼다. 그러나 우리는 천천히 그 일을 계속해 나갔다. 나는 테드가 두려움으로 인해 몸이 경직되어도 멈추게 하지 않았다. 대신, 테드 옆에서 있으면서 말을 걸어 주었다.

테드가 머리카락 한 올을 의자 위에 올려놓고 방에서 나가기까지 거의 한 시간이 걸렸다. 내가 옆에서 계속 응원하자 테드는 마침내 미리카락을 치우지 않고 방을 나가는 데 성공했다.

테드가 해야 하는 작업은 단순히 머리카락을 남겨 두는 것이 아니라, 자기 머리카락을 쳐다보고 거기 있다는 것을 확인하고서 다른 누군가가 그걸 볼 수 있게 남겨 두는 것이었다. 그리고 머리카락을 남겨 두어도 그 어떤 나쁜 일이 일어나지 않는다는 것을 몸으로 경험해야 했다. 이어지는 세션들에서도 우리는 이 일을 몇 번씩 반복했다.

테드의 수행은 점차 쉬우면서 빨라졌고, 자부심을 느꼈다. 여세를 몰아 우리는 다음 단계로 넘어갔다. 테드의 허락을 구해 나는 화이트보드에 커다랗게 '테드 제이컵스는 소아 성애자다'라는 문장을 쓰고는, 테드와 함께 앉아서 그걸 바라보았다.

잠시 후, 우리는 병원 직원들을 불러 그 문장을 읽게 하고, 화이트보드를 그대로 둔 채 진료실에서 나왔다. 테드는 런던의 병원 직원들이 자기 이름을 소아 성애자와 연결해 생각한다는 사실을 되새기면서 글래스고로 가는 기차를 탔다. 이번에도 '아무런' 나쁜 일은 일어나지 않았다.

몇 주가 지나자 테드의 상태는 눈에 띄게 좋아졌다. 우리는 지역 정신 건강 센터에 테드와 그의 가족 그리고 학교를 지원할 방법에 대해 조언해 주고, 테드에게 안전하다는 믿음을 심어 주었다. 그로부터 몇 주 후에 테드는 학교로 돌아갔다. 테드가 마주한 난관은 자신의 가치와 아이덴티티에 충실하다 보니 지척에 존재하는 또래 집단의 가치와 충돌하면서 빚어지게 된 것이다.

그는 자신이 가족에게 소속되어 있다는 것을 확신하고 있어서 마음이 안정되어 있었으며, 이 때문에 아이덴티티도 강했다. 그러나 그것이 빌미가 되어 그에게는 자신이 사는 동네의 무리에 '소속되지 않음'이라는 딱지가 붙게 되었다. 그러다가 결국 신체적으로 위험한 지경에 다다르자 극도의 불안에 시달리게 되었다.

안타깝게도 강력한 가족 단위에서의 사랑과 소속감은 어린이가 안전한 자아감을 형성하고, 성장하는 데 중요하고 필요하지만, 그것만으로 어린이를 더 넓은 세상에서 소외와 거부로부터 보호해 주기에는 충분치 않다. 지금도 매일같이 많은 어린이와 10대들이 소속되기를 강요받고 험한 꼴을 당할 수 있다는 갱단으로부터의 위협은 그들의 정체성과 미래를 송두리째 바치는 희생물이 된다.

오기로 시작한 생활

나는 언제나 우리 가족에 속해 있음을 느끼며 살았지만, 어릴 때 이민을 가서 내가 처한 환경에는 적응하지 못할 때도 있었다.

1980년대에 스완지에 있는 새 학교에 처음 들어갔을 때, 나는 영어나 웨일스어를 한 마디도 하지 못했다. 처음 런던으로 옮겨 갔을 때, 일 년 동안 거친 지역 학교에 다녔는데, 그때도 살아남기 위해 간단한 말 외에는 하지 않았다. 그리고 나름대로 살아남기 위해 아이들을 상대할 때는 아주 세게 나갔다.

나중에 부유한 교외 지역의 초등학교로 옮긴 후에도 사정은 달라지지 않았다. 친한 친구들 모두 중산층이었기 때문에 부모님이 차로 등교를 시켜 주지만, 나는 대중교통을 이용해 혼자 등교하거나 음악 개인 교습을 받지 않는 것 등이 눈에 띌 수밖에 없었다. 그리고 이것은 오랜 시간이 지난 뒤에 내가 의료계에 맞지 않는다는 느낌으로 이어졌다.

10대 시절, 나는 의학 공부를 하고 싶다고 생각해 본 적이 한 번도 없었다. 제일 잘하고 가장 좋아했던 과목은 미술이었다. 안타깝게도 내가 의학을 공부하게 된 것은 아픈 사람을 치유하고 싶다는 내적 소명에 따랐다기보다는 타이완의 둘째 고모에게서 걸려 온 전화가 결정적 영향을 끼쳤다고 말하고 싶다.

고모는 손위 사촌이 시험에서 최고의 성공을 거둔 것을 자랑하셨다. 사촌은 원래 엔지니어가 되는 것이 꿈이었는데, 국가시험을 너무 잘 봐서 타이완 최고의 의대에 입학 허가를 받았다. 누가 봐도 거절할 일이 아니었다. 결국 사촌은 꿈을 접고 광석에서 철을 추출하는 일 대신에 자궁에서 태아를 나오게 하는 훈련에 돌입했다. 지금 그는 타이완의 유명 산부인과 의사로서 타이베이 臺北 의 부유한 사람들과 유명인들의 아기가 세상에 나올 수 있게 돕고 있다.

외가 쪽 친척들이 일제히 사촌의 천재성에 대해 너무 심하게, 너무 오래 칭찬했기 때문에 나로서는 툴툴거리며 이렇게 말할 수밖에 없었다.

"흥. 나도 그 정도는 할 수 있어!"

여러 해 동안 훈련하며 사람 목숨이 걸린 직업을 선택해 시작하는 계기로 고귀하다고는 볼 수 없지만, 시작은 오기와도 같았다. 당시 내가 오만했다는 건 제쳐 두고, 우리 가족과 학교의 기대는 아주 명확했다. '똑똑한 어린이는 케임브리지 대학에서 의학을 공부한다'라는 것이었다.

되돌아보면 처음부터 내 인생은 다른 사람들의 인정과 승인을 구하는 것으로 점철되어 있었던 셈이다.

1990년대 중반에 케임브리지에서 의학 공부를 시작할 때만 해도 의사가 되는 일에 어떤 일이 뒤따르는지 아는 것이 거의 없었다. 의대에서 배우는 생리학은 힘들었고, 생화학은 악몽이었다. 그러나 이것들은 큰 문제가 아니었다.

정작 의학에 어떤 일이 뒤따르는지에 대한 현실을 깨닫게 된 것은, 인체 해부 시간에 온몸의 털을 민 노부인의 시체를 올린 운반대

옆에 섰을 때였다. 그때 처음으로 이 일이 나와 맞지 않을 수 있다는 생각이 들었다.

처음의 긴장은 약간의 허세와 함께 어찌어찌 넘겼지만, 그때 이미 나처럼 예민한 성정性情을 지닌 사람이 체액과 거의 접촉하지 않고도 전 의과 대학 과정을 통과할 수 있는 방법을 알게 되었다. 또, 쥐나 개구리를 절단하는 일을 도맡아 줄 사람과 팀을 짜고, 인체 해부 때는 기꺼이 메스를 드는 미래의 외과 의사들 뒤로 슬그머니 물러나면 된다는 것을 터득했다.

그러나 아기의 해부를 쳐다봐야 하는 것은 불행히도 피할 수 없는 일이었고, 무서울수록 '강하게 나가라'는 무언의 압박도 아무 소용이 없었다. 그렇게 억지로 하는 것은 자신이 하는 일에서 더 멀어지게 할 뿐이었다. 더구나 나를 질리게 한 '근막筋膜 싸움'도 있었다.

지금 생각하면 마음 아픈 기억인 근막 싸움은 해부학 수업의 필수적인 부분이었다. 공공연하다면 그렇고 아니라면 아닌 정도의 미묘한 선에서 해부해 낸 인체의 조직을, 함께 해부하는 동료들에게 튕겨 보내기 경쟁을 벌이는 것이었다. 그러니 이 나라에서 가장 뛰어난 수련의와 의대 교수 중 일부는 18살의 미성년일 때 사람의 장기를 무기로 싸움질하면서 의학을 시작한 사람들인 셈이다.

무엇보다 내 속을 뒤집은 것은 해부용 트롤리trolley 끝에 있는 플라스틱 통 안이 들여다보일 때였다. 거기에는 한때 기뻐하고, 고통스러워하고, 슬퍼하고, 웃었을 한 남자 또는 여자의 손, 가슴, 폐, 심장이 담겨 있었다.

이처럼 혈액과 담즙을 기피하는 성향, 즉, 몸을 고쳐야 할 물리적 대상이 아니라 사람으로 보는 '사소한 감상벽'은 내가 장차 수술 쪽으로는 가지 않게 될 거라는 신호나 마찬가지였다.

다행히 그 당시에는 모든 의대생의 더 깊은 통찰을 위해 자신이 선택한 분야 외에서 추가로 학사 학위를 따는 것이 의무였다. 부전공인 심리학 시험에서 초기에 두각을 나타낸 것을 계기로, 나는 실험 심리학으로 추가 학사 학위를 따기로 했다.

나의 학위 연구 프로젝트는 음악적 분위기로 유도되었을 때의 인지 과정을 조사하는 방식으로 진행되었다. 말하자면 친구들에게 행복한 음악과 슬픈 음악을 들려주고 기분이 어떻게 달라지는지를 관찰하는 것이었다. 피를 볼 일도 없고 심지어 재미있는 조사였다.

나는 케이크를 대접하겠다고 하면서 친구들을 참여하게 했는데, 그중 몇 명이 우쭐해지거나 절망적으로 비참한 반응을 보이자, 내 방에서 '환각을 일으키는 심리 실험을 한다'라는 소문이 금세 퍼졌다. 오히려 그때부터 학생들이 참여하고 싶다고 다투어 찾아오기 시작했으며, 자원하는 사람이 너무 많아서 실험은 일주일 만에 완료되었다. 지도 교수 말로는 기록상 가장 빠른 기간에 끝난 것이라고 했다.

의과 대학의 학업을 마무리할 때가 다가오자, 실습 기간에 적극적으로 참여한다는 '안수按手'를 충분히 하지 않았다는 것 때문에 자신감이 급격히 떨어졌다. 나는 궁여지책으로 남자친구인 앤드루를 구슬려 채혈과 전립선 검사를 했다. 남자친구가 남편이 되는 데는 다 그런 사정들이 있는 법이니까.

밀레니엄의 전환기, 나는 삶의 전환을 위한 아무런 준비도 없이 수련의가 되었다. 신입 수련의들은 말 그대로 병원에서 살았다. 눈을 뜨고 있는 모든 순간을 병원에서 보냈다고 해야 할 것이다. 병실 회진은 원래 아침 8시에 시작해야 했지만, 자문의 마음에 따라 7시로 바뀌는 것은 예사였고, 심지어 아무 때나 시작해서 우리는 소리 없는 아우성을 지르곤 했다.

수련의가 주말에 당번을 맡는다는 것은 토요일 아침 9시부터 월요일 정오까지 내내 일하고, 화요일 아침 8시에 평소처럼 병실 회진을 시작한다는 말이었다. 이것은 주 96시간을 일하는 수련의의 생활을 기록한 나의 일지가 증명하는 사실이었다. 나중에 이 일지는 후배 의사를 위해 더 합리적인 교대 근무 패턴으로 전환토록 하는 계기가 되었다. 우리 수련의들이 살아남는 유일한 방법은 서로의 역경에 얽매인 사람들과 동지애를 쌓는 것이었다.

수련의 중에 '라브'라는 이름의 이튼 출신인 예쁘장한 소년이 있었다. 종합 병원의 폐기물 처리실보다는 보트 경기장의 호화로운 관람석이 더 어울릴 것 같은 라브는 파랗게 질린 얼굴로 일주일 전, 주

말에 환자를 입원시키고는 환자 리스트에 올리는 것을 잊어버렸다고 고백했다. 그 때문에 환자는 병상에 누운 채 의사의 머리카락 한 올도 보지 못하고 일주일을 보냈다.

사실은 우리 중 누구라도 이런 실수를 할 수 있었기 때문에 우리 모두 그를 동정했다. 특히 나는 그도 나처럼 자신의 꿈이 아닌, 부모님의 야망에 따라 의과 대학에 왔을지도 모른다고 생각해서 더욱 남일 같지 않았고, 그도 나와 똑같은 위화감에 시달릴 수도 있다고 생각했다.

나는 그의 기분을 달래줄까 하는 마음에 잠이 부족한 상태에서 환자의 사망을 확인한답시고 옆방으로 잘못 들어갔던 실수담을 들려주었다. 동공 반사를 확인하기 위해 펜 전등을 켜고 환자의 눈꺼풀을 들어 올리려는 참에 시체가 벌떡 일어나더니 이렇게 말했다.

"안녕하시오, 의사 양반."

방을 잘못 들어갔다는 것을 알아차리기 전까지 나는 좀비가 나타났다고 생각해 세상의 종말이 오는 줄 알고 기절 직전 상태가 되었다.

우리는 기분을 북돋기 위해 이런저런 장난도 쳤다. 수련 과정을 끝내고 일반의가 된 척하면서 가공의 환자를 꾸며내어 환자 상태가 어떻고 하면서 논 것인데, 이를테면 가공의 '재스 휴'라는 환자가 항문에 커다란 종기가 난 사람이라 치고, 커다란 화이트보드에 이 예상 환자에 대해 이렇게 쓰는 것이다.

'휴 재스: 항문 종기.'

6년 동안의 케임브리지 의대 교육은 버릴 것이 거의 없었다. 시간이 지나면서 우리 모두 다양한 실습 기술에서 발전을 이룩했고, 환자들은 더 이상 여러 번 혈액 채취용 바늘을 꽂는 트라우마를 겪지 않아도 됐다.

나는 여전히 음경을 통해 방광으로 삽입하는 남성용 요도관을 제일 작은 것으로 삽입하는 소심함을 보이긴 했지만, 결국 이 일에도 능숙해졌다. 반면에 매력적인 금발을 자랑하는 친구 니콜라는 이 부분에서 실수를 반복해 환자들을 야릇하게 만들고는, '마취용 젤이 너무 미끄럽단 말이야!'라고 항변하곤 했다.

나는 수련의들 사이에서 기도나 명상할 때 외는 주문인 '만트라mantra'나 마찬가지인 '해 보는 거야!'를 외치며 흉부 배출관 삽입술을 마스터했고, 심지어 다른 사람들이 실패한 부위에서 동맥혈을 채취하는데 성공하여 '동맥혈 가스의 여왕'이라는 별명까지 얻었다. 그러나 생명을 구한다는 신념으로도 비인간적인 업무 시간과 잔인한 업무량을 이겨내기는 힘들었다. 물론 자신의 직접적인 행위가 사람의 생명을 구하는 결과로 이어지는 것을 목격하는 것은 대단한 만족감을 주었다.

지금도 기억나는 것은 격렬한 심방세동을 일으킨 50세의 스탠턴 부인을 관상동맥 질환 치료실에 입원시켜 놓고 내 사수 전공의를 미친 듯이 호출했던 일이다. 격렬한 심방세동은 심장 전방의 박동이 비정상적이면서 위험할 정도로 빨라져, 효율적으로 혈액을 펌프질 해 주지 못하기 때문에 즉시 치료하지 않으면 치명적일 수 있었다.

'전문의 선생님과 나는 지금 응급실에 묶여 있어요. 정신없이 바빠서 갈 수 없어요. 직접 화학적 심장 율동 정상화 시술을 하셔야 해요. 교과서에 적힌 대로만 하시면 됩니다.'

전공의는 이렇게 말하고 전화를 끊었다. 간호사가 약물과 주사기를 가져다주었고 나는 투여량을 확인하고 적어 넣었다. 이제 환자에게 천천히 약물을 주입하기만 하면 됐다. 나는 스탠턴 부인을 쳐다보지도 못한 채 말도 붙이지 못했다.

하긴, 무슨 말을 할 수 있었을까? 일단 시작해야 했다.

주사기에 계속 부드러운 압력을 가하자 심박수를 나타내는 화면 숫자에 놀라운 일이 일어났다. 처음에 170으로 위험한 세동을 나타내던 수치가 천천히 그러나 확실히 떨어졌다. 스탠턴 부인도 점차 안정되기 시작했다. 박동이 정상으로 돌아왔을 때쯤 자문의가 들어와 "당신은 방금 처음으로 생명을 구한 거예요."라고 말했다. 그제서야 나는 활짝 웃을 수 있었고, 하던 일을 계속했다.

그런데 사실 이것은 재능 있는 젊은이들을 의학계로 끌어들일 선전용으로나 쓸 법한 이야기다. 의사들은 생명을 구하지 못해서 속이 뒤틀리는 느낌과 영구히 장을 갉아먹는 듯한 죄책감에 대해서는 잘 말하지 않는다. 20년도 더 된 지난날 구하지 못했던 사람들을 나는 아직도 생생히 기억한다.

그날 밤도 응급실은 바빴다. 수련의가 된 지 고작 몇 달밖에 되지 않았지만, 나는 이미 진드기라는 평판을 얻고 있었다. 최하급 의사로서 내가 맡은 일은, 환자를 가장 먼저 만나 병력을 확인하여 접수하는 것이었다. 환자가 아침까지 버티기 힘들어 보인다고 생각되면 누구라도 긴급히 환자를 봐줄 수 있게 상급자를 괴롭혔기 때문에 그런 별명이 붙었다.

그날 교대하고 얼마 안 되었을 때, 노숙인 자선 단체에서 일하는 여성 한 분이 베벌리라는 노숙인을 데리고 들어왔다. 베벌리는 60대 후반이었는데 나이보다 훨씬 더 늙어 보였다.

그녀는 말이 없고 수줍음을 타서 자선 단체 직원에게만 말했다. 자선 단체 직원에 따르면 베벌리는 병원을 무서워해서 응급실에 오는 것을 완강히 거부했지만, 6개월 동안 계속 복통을 앓았기 때문에 겨우 설득해서 데려왔다고 했다. 장기간의 통증과 피로, 체중 감소 등의 증상으로 미루어 위암이 아닐까 하는 생각이 들었다.

나는 아주 통상적인 검사 몇 가지를 하고 활력 징후가 안정적인지 확인한 후 수액 두 팩을 처방했다. 그리고 기록지를 전공의가 검토할 수 있도록 트레이에 올려 두었다. 그 뒤 내가 베벌리를 만난 것은 그녀가 숨을 거둘 때였다. 그때는 교대가 끝날 무렵이었다.

나는 점점 더 많은 환자를 접수하느라 밤을 꼬박 새웠다. 이전의 교대 근무자들을 확인할 시간은 없었다.

아침 8시가 되자, 수련의가 응급실로 와서 새로 들어온 환자에 대한 기록을 검토했다. 그는 환자 목록을 보더니 내가 밤새 환자를 열한 명 진찰했다며 신기록을 세웠다고 말을 건넸다. 그런데 모처럼의 칭찬을 듣고서 기뻐할 새도 없이 우리가 서 있던 바로 옆 응급 병실에서 심정지를 알리는 긴급 사이렌 소리가 울렸다. 나는 의사 무리에 섞여 그 구역으로 달려갔다. 심정지가 온 사람이 베벌리일 수 있다는 공포감이 몰려왔다.

심폐 소생술 전담팀의 펌프질에 베벌리의 가슴이 오르락내리락하는 몇 분 동안 세상이 천천히 움직이는 것처럼 느껴졌다. 나는 그녀가 살아나기를 바라며 머릿속으로는 계속 내가 확인한 그녀의 증상에 대해 떠올렸다. '혈압이 얼마였더라? 혈액 검사 결과에서는 뭐가 나왔지? 그녀가 말한 것 중 내가 놓친 게 뭐였지? 나는 왜 다시 가서 그녀를 살펴보지 않았지?'

결국 사망이 선고되었다. 수석 전공의는 지난밤 내가 처방한 영양제 수액 옆에 매달린 빈 식염수 팩을 보고 '쯧쯧' 혀를 찼다. 전공의가 더 자세히 진찰하러 올 때까지의 초기 조치로 내가 처방한 수액 두 팩은 이미 다 들어간 지 오래였지만, 그날 밤은 너무 바빠서 전공의 중 누구도 그녀를 보러 올 수 없었다.

베벌리의 부검에는 나도 참여했다. 그녀의 사인은 소화성 궤양 천공이었다. 동료들은 위암과 위 천공의 증상이 비슷하다는 사실을 이야기하며 나를 위로했다. 많은 임상의가 같은 실수를 한다고 했다.

나도 베벌리가 살아 있는 모습을 마지막으로 본 사람이 내가 아니라는 것을 이성적으로는 알고 있다. 그러나 만약 내가 다시 그녀를 확인했더라면 어땠을까? 만약 간호사가 활력 징후에 변화가 생긴 것을 기록했더라면 어땠을까? 또 만약에….

의과 대학에서는 우리에게 많은 것들을 가르쳐 준다. 세포, 바이러스, 관절, 신경 전달 물질, 유전, 엑스레이 및 MRI, 병리학 슬라이드를 판독하는 방법 등. 또, 환자에게서 병력을 유도해 내는 방법, 가족에게 그들의 어머니가 죽어가고 있다는 사실을 전달하는 방법도 의과 대학에서 배우는 것들이다. 그러나 의과 대학에서 우리에게 가르쳐 주지 않는 것이 있다. 바로 우리 자신을 보호하는 방법이다. 환자와 알맞은 거리를 두는 방법, 그리고 불가피하게 일이 잘못되었을 때 고통을 다스리는 방법이다.

결국 우리는 환자와의 거리 두기에 관해서는 경험을 통해 알아간다. 하지만 나는 고통을 어떻게 해야 하는지는 어떤 식으로도 배운 적이 없다. 사실은 나처럼 책임감과 죄책감이 유난한 사람들은 의학이라고 하는 큰 게임에는 알맞지 않다고 하는 편이 맞을 것이다.

수련 기간의 막바지에 나는 의학을 그만둘 생각을 했다. 아마 여전히 베벌리의 죽음과 그 누구의 생사에 대해서도 다시는 책임을 지고 싶지 않다는 자책감에 힘들어하고 있었을 때여서 그랬을 것이다. 하지만 의사라는 직업이 한 번도 온전히 내 것으로 느껴진 적이 없었고, 병원은 내가 자연스럽게 소속되는 환경이 아니었다.

나는 아드레날린이 분출되는 순간을 위해 살고 싶지 않았고, 분초를 다투는 중대한 결정을 내리며 살고 싶지도 않았으며, 무엇보다도 신의 대리인 역할을 하고 싶은 마음이 전혀 없었다. 그러나 수련 기간이 끝남과 동시에 뜻하지 않게 어떤 환자의 이야기를 듣고 그 인생을 이해할 기회가 생겼는데, 그 일이 계기가 되어 정신 의학을 전공할 가능성에 대해 생각해 보게 되었다.

마음으로 들여다보다

루이즈 스펜서는 교육을 잘 받은 40대의 중산층 어머니였다. 그녀는 몸이 아프다고 했다. 그러나 내가 보기에 그녀는 딱히 어디가 불편한 것 같지 않았다. 자세를 바꿔 보라고 했을 때도 찡그리는 기색이 없었고, 아픈 사람들이 흔히 그러듯이 천천히 움직이지도 않았다.

배를 눌러 보니 유연했으며, 그렇다고 힘이 없지 않았다. 심각하게 잘못되었음을 의미하는 부기나 발적發赤도 눈에 띄지 않았다. 찌르거나 눌렀을 때 복근의 보호 긴장도 없었다. 그런데도 루이즈는 '여기저기 모두' 너무 아프다고 말했다.

많은 사람은 의사의 역할이 자신들에게서 잘못된 것을 찾아내는 것이라고 여긴다. 그러나 의과 대학을 다니면서 어느 순간, 나는 의사들이 훈련 받는 것은 이런 것이 아니라는 사실을 깨달았다. 우리가 배우는 것은 무엇이 잘못된 것은 아닌지 찾아내는 것이었다. 그중에서도 이미 알려진 의학적 상태의 목록을 숙지하고 환자를 관찰하고 증상을 참고로 하여 환자와 목록을 끼워 맞추는 것이 우리가 받는 주된 훈련이다.

증상과 맞는 병명이 없으면 배제의 원칙에 따라 믿을 수 없을 정도로 희귀하고 매우 심각한 문제가 있는 병일 수도 있다. 하지만 더 가능성이 높은 결론은, 의학적으로 아무 문제가 없다는 점이다.

루이즈 스펜서는 어느 쪽으로도 어려운 경우에 속했다. 음성 혈액 검사와 엑스레이, 대장 내시경과 CT 촬영 결과를 보면 아무래도 후자의 카테고리에 속한 것으로 보였기 때문이다. 그러나 그해에만 다섯 번째로 외과에 입원한 그녀는 여전히 복부 '여기저기 모두'에 대해 극심한 통증을 호소하고 있었다.

자문의 회진 시간 즈음, 루이즈 스펜서의 고통은 정신을 잃을 정도로 비참한 지경으로까지 치달았다. 자문의가 손으로 복부를 누르자, 그녀는 움찔하면서 숨을 헐떡거렸다. 외과의들은 메스의 날을 세웠다. 아무래도 그녀의 장 일부를 제거한 뒤, 통증이 완화되는지 지켜봐야 할까? 그 외에는 할 수 있는 게 없었다. 할 수 있는 모든 검사를 한 상태로, 그녀는 여전히 고통스러워했다.

나는 그녀의 진료 기록을 다시 들여다보았다. 그러자 지금까지 그녀가 매번 하룻밤의 짧은 입원을 되풀이했다는 사실이 눈에 띄었다.

그녀는 심한 통증으로 내원해서 점점 증가하는 침습성에 대해 장 검사를 받았으며, 통증 완화를 위한 진통제 페티딘pethidine 을 투여 받고, 결과가 음성으로 나오면 복합 진통제인 코코다몰co-codamol 을 처방 받은 후 귀가했다. 그리고 6주에서 8주 후, 그녀는 똑같은 증상으로 다시 병원을 찾았다.

나는 실험을 해 보기로 했다. 루이즈에게 "검사에서 아무것도 나오지 않았지만, 외과에서는 장 절제 수술을 할 계획이다. 그러면 체내 노폐물과 변을 배출하는 주머니인 결장루낭을 달아야 할 수도 있다."라고 말했다.

그녀는 겁에 질린 표정으로 나를 쳐다보았다. 나는 차라리 진통제를 좀 받아서 귀가하시는 건 어떻겠느냐고 물었다. 그녀는 세차게 고개를 끄덕이며 그렇게 하겠다고 했다. 그러면서 평소처럼 페티딘 주사를 맞고 코코다몰을 처방받아서 가면 통증이 한결 덜할 것 같다고 덧붙였다. 나는 페티딘과 코코다몰 약효가 너무 강한 것 같으니, 이번에는 다른 진통제를 처방하겠다고 대답했다. 그러자 그녀는 다른 진통제는 효과가 없다고 단호하게 말했다.

그녀의 목소리가 급박하고 절망적으로 변했다. 나는 페티딘을 사용해야 할 정도로 통증이 심하면 차라리 외과의들이 권하는 장 절제 술을 받는 편이 나을 거라고 말해 주었다.

"안 돼요!" 그녀가 외쳤다. 그녀는 수술은 필요 없다고 했다. 그녀 에게 필요한 것은 페티딘뿐이었다.

결국 아편 중독에 대해 논의가 시작되었고, 나는 그녀를 징신과에 의뢰했다. 그리고 루이즈와의 이 경험이 내 생각을 바꾼 계기가 되었 다. 내가 환자의 몸을 촉진하는 것보다 그들의 이야기를 듣고 이해하 는 것이 더 자연스럽다는 생각을 처음으로 하게 되었다. 이 일이라면 잘할 수 있을 것 같았다.

나는 6년 동안 의과 대학에서 공부하고 1년 동안 내과 의사와 외 과 의사 생활을 했지만, 내 꿈이 무엇인지 제대로 알지 못한 채 부모님 과 학교 선생님들의 꿈을 대신 좇았다. 그래서 늘 조금은 어정쩡한 느 낌이었다. 이윽고 나는 정신 의학과에서 내가 속할 곳을 찾기로 했다.

소속감의 결핍 인정하기

지니와 테드처럼 나는 의과 대학에서 경험한 '섞이지 않는 느낌' 을 억눌러 보려고 했다. 내가 택한 진로에 익숙해져서 잘 섞이는 법 을 배울 수 있기를 바랐고, 그렇게 되기 위해 애썼다. 부모님이 의사 인 딸을 그토록 원하시는데, 이미 시작한 일이 싫다고 굳이 소란 피 울 건 뭐란 말인가?

그렇게 한동안은 내 감정을 혼자만 간직하고 일을 계속했다. 그러나 고맙게도 나는 계속 불행할 이유가 없다는 사실을 확인하는 기회가 생겼다. 나뿐만 아니라 누구든 일이 옳지 않게 되어 가고 있다고 느끼는 자신의 감정을 인정하고 상황을 인식할 때, 비로소 개선할 수 있는 능력을 개발한다. 그때서야 변화를 생각해 볼 수 있기 때문이다.

시도하고 적용하기

우리가 가고 있는 길이 우리가 알고 있는 유일한 길일 때, 진로를 바꾸는 것을 생각하기가 어려울 수 있다. 그러나 가던 길을 계속 가는 것이 옳다고 느껴지지 않으면, 결국은 그게 직업이든 유대 관계든 그 길이 우리를 행복하게 해 주지는 않는다. 10년이나 20년 후, 같은 상황이 되었을 때를 생각해 보고, 그 상황이 두렵다고 느껴지면 용기를 내어 진로를 바꿀 필요가 있다는 말이다. 길게 볼 때 인생은 살아가는 것이지, 견디는 것이 아니기 때문이다. 또한 이것이 정신 건강을 위하는 길이기도 하다.

불행할 때는 우리가 미처 자각하지 못하는 순간에도 삶은 위축되기 시작한다. 정신 에너지를 온통 상황을 견디는 데만 소모하기 때문에 나아가지 못한 채 사회적 관계, 활동, 흥미와 영역이 모두 축소된다. 그러나 긍정적 변화를 통해 우리는 다시 회복할 수 있다. 성장하고 뻗어나가기 시작하는 것이다. 개중에는 다시 성장하는 순간이 되어서야 그동안 자신이 얼마나 무거운 짐을 짊어지고 있었던가 깨닫는 이도 많다.

일이 잘 풀리지 않으면 다른 일을 시도해 보자. 그게 무엇이든 시작은 작을 수 있지만, 첫걸음으로는 충분하다. 만약 자신이 의도한 것 이상의 책임, 사회 참여 또는 일을 떠맡고는 '예'라고 대답하는 성향이라면, '아니요'라는 말을 반복하라. 반대로 새로운 것을 시도할 때마다 매번 꺼리는 사람이라면 몇 가지 추가적인 위험을 감수하고서라도 때때로 '예'라고 말하는 버릇을 들여라.

자신에게 무엇이 중요한지 우선순위를 정하고 인생에 다양한 매개 변수를 적용하라. 이것이 왜 중요한가 하면, 새로운 경험을 하거나 새로운 관계를 맺을 수 있는 길을 열어 주기 때문이다. 만약 당신의 인생에서 일이 잘 풀리지 않는다고 하면, 나는 늘 같은 격려를 해 줄 것이다.

'다른 각도에서 접근하고 시도해 보라. 실패 또는 부담스러운 기대에 대한 두려움의 제약에서 벗어나라.'

이렇게 자문해 보자.

만약 아무도 나를 보고 있지 않고, 누구도 나를 판단하지 않는다면 나는 인생을 어떻게 살 것인가? 잘못됐다고 느낄 때, 거절하는 용기가 있어야 옳은 것을 찾는다. 우리가 찾는 것은, 단지 우리를 참고 받아들이는 곳이 아닌 진정으로 소속될 수 있는 곳이다.

3 ─────────────── 비위 맞추기:

사회적 압력과
불건전한 관계

나도 해당할까?

아래 진술 중에서 동의하는 내용이 있는가?

- 다른 사람에게 호감을 얻고 인정받는 것이 중요하다.
- 나는 필요 이상으로 사과한다.
- 나는 다른 사람에게 잘해 줘야 한다고 느낀다.
- '아니오'라고 말하는 것이 어렵다.

여러분이 나처럼 힘차게 고개를 끄덕이고 있다면 '남의 비위를 맞추는 사람 '피플 플리저 people pleaser'일 확률이 있다. 심리학적으로 말하면 사회적 의존성, 즉 소시오트로피 sociotropy 검사에서 점수가 높게 나오는 사람을 뜻한다.

미국의 정신 의학자인 에런 템킨 벡 Aaron Temkin Beck 은 소시오트로피를 '다른 이와 긍정적 교류를 맺기 위한 투자'라고 설명했는데, 이는 기본적으로 이러한 성격 유형을 가진 사람들이 사회적 피드백에 의존하여 만족과 지지를 얻는다는 것을 의미[9]한다.

이런 사람들은 진료실에서도 자신의 문제를 되도록 축소하고, 의사가 듣고 싶어 할 만한 답을 내놓기 때문에 의사들은 비교적 쉽게 이런 성향의 사람들을 간파한다. 이들에게는 의사에게서 인정받는 것도 중요한 부분이기 때문이다. 그런데 이런 사람들은 애매한 질문을 하면 곤란해 하는 경우가 있다.

어떻게 해야 상대가 좋아할 만한 '제대로 된' 반응을 할 수 있는지 예측하지 못했기 때문인데, 그건 이들에게는 '좋은 환자'가 되고 싶어 하는 욕망이 있다는 의미다.

아마 경험이 부족한 수련의 시절의 나라면, 분명 이런 환자들의 증상을 대수롭지 않게 여겨 대부분 집으로 돌려보냈을 것이다. 그러나 경험이 쌓이고 보니, 때로 이들 '착한' 환자들이 가장 아슬아슬한 위험 상황에 놓여 있을 수 있다는 것을 알게 되었다.

연구에 따르면 소시오트로피가 높은 사람들이 집단 내에서의 위상이 전복될 정도로 사회적 유대 관계의 상실이나 스트레스의 위기 상황에 노출되면 불안이나 우울, 자해, 만성 통증, 섭식 문제 및 절망감이 급격히 증가하는 경향을 보인다. 이 그룹의 사람들은 잘 보이려고 애쓴 만큼 소속감의 결핍을 다른 사람보다 더 심하게 앓기 때문이다.

우리 대부분은 부모님, 선생님, 주변 어른들로부터 특정한 방식으로 행동하면서 환경에 적응해야 한다고 배운다. 예를 들면, 예의 바르게 굴고 함부로 행동하지 말 것, 여자아이들은 외모에 신경 써야 하고 남자아이들은 강해져야 한다는 것, 축구팀 아스널Arsenal 응원은 재미있는 일이고, 의사가 되는 것은 좋은 생각이라는 것 등이다.

당신이 스퍼스Spurs 팬인 경우를 제외하고 일반적으로 공유되는 이러한 가치의 진화는 사회를 결속시키고 질서를 유지하는 데 분명히 도움이 된다. 예의 바르게 굴며 함부로 행동하지 않도록 장려하는 것이 사회적 결속과 평화를 유지하는 데 얼마나 도움이 되는지는 누구나 쉽게 확인할 수 있다. 그러나 현대의 눈으로 보면 이런 전통적인 가치들이 종종 건강하지 못하고 파괴적으로 나타나기도 한다. 특히 남의 비위를 맞추는 피플 플리저들에게는 아주 위험할 수 있다.

'넌 뚱뚱하고 못생겼어'

이 세상 속 다양한 사회에서 권장되는 '이상적인' 치수와 체형을 추구하는 것을 예로 들어 보자.

무엇보다도 이상적인 몸은 특별한 집단에 속할 수 있는 멤버십을 약속해 준다. 즉 '아름다운' 사람들이라는 집단에 속할 수 있다는 약속이다. 게다가 여기에는 인생의 온갖 좋은 것들, 즉 성공과 부 그리고 결정적으로 사랑이 함께할 것이라는 핑크빛 미래도 포함되어 있다.

이에 반해 '뚱뚱하고 못생겼다'라는 개념은 '탐탁하지 않다', '사랑받을 자격이 없다'라는 말로 번역된다. 이것은 양성 모두에게 똑같이 적용되지만, 유독 여성들에게 더 그렇다. 아득한 옛날부터 문명은 암묵적이면서 명시적이기도 한 메시지를 여성에게 주입하는 형태로 발전해 왔다. 삶에서 여성이 맡은 역할은 결혼해서, 아기를 낳고, 가족을 부양하며, 무엇보다도 이 모든 일을 하는 내내 아름답게 보여야 한다는 메시지다. 그리고 사회 전반에서 이런 메시지가 받아들여지면서 여성은 세대를 이어 내려오면서 교육, 직업, 참정권 그리고 그 외 수많은 형태의 권력에서 배제되었다.

역사를 통틀어 보아도 여성의 성공이 육체적 매력에 무시하기 어려울 정도로 크게 의존해 온 것은 슬프지만 사실이다. 한 번도 다른 사람의 비위를 맞추기 위해 옷을 입은 적이 없다고 말하는 여성은 단언컨대 없을 것이다.

사실 코로나바이러스 감염증-19 봉쇄가 우리에게 보여 준 것이 있다면, 우리 중 누구도 다른 사람의 시선만 아니라면 코로나 이전에 직장에 입고 나가던 옷들은 고르지 않았을 것이다. 이 부분은 남성과 여성 모두 마찬가지지만 평등은 여기까지다. 왜냐하면 하이힐, 화장, 머리 손질 등을 포함해서 여성의 옷차림에는 사회적 기대에 부응하기 위해 비용과 고통, 시간과 노력이 훨씬 더 많이 들기 때문이다.

남성 CEO들이 운동복 상의와 반바지 차림으로 출근하는 추세가 늘고 있지만, 나는 아직 여성 CEO들이 배기 티셔츠와 레깅스를 입고 출근하는 모습을 본 적이 없다. 여성이 머리를 단정하게 다듬지 않은 채 총리직에 입후보하면 과연 성공할 수 있을까?

투표, 교육 그리고 일자리 면에서 영국의 젠더 평등은 꽤 진전을 이루었다. 그러나 전통적인 메시지의 핵심이라 할 여성은 결혼하고, 아이를 생산하며, 양육하고, 외모를 가꾸어야 한다는 부분은 이보다 훨씬 느리게 변화하고 있다. 내가 어릴 적에 사랑해 마지않았던 젊은 페미니스트이자, 여성 주인공인 앤과 앤디는 이름에 공통적으로 'e'가 들어가는데, 이들이 딱 알맞은 페미니즘의 전형이 아니라는 것을 깨닫고 충격을 받았던 기억이 있다.

한 명은 최고의 지성을 자랑했으며, 다른 한 명은 재활용할 수 있는 옷이나 의류 소재 등에 디자인과 활용성을 더해 가치를 높이는 '업사이클링upcycling'에 재능이 있었지만, 전자는 일곱 번이나 임신하는 삶을 살며, 후자는 분홍빛 드레스를 입고 부유한 소년에게 키스함으로써 꿈을 이룬다. 어느 모로 보나 현대적인 롤 모델이라고는 할 수 없다. 물론 지금은 디즈니 공주들도 새들에게 노래하고 키스해 줄 사람을 기다리는 것 이상의 일을 하지만, 대부분 사이즈가 66이 넘는 옷을 입거나 여드름투성이의 얼굴을 하고 있지는 않다.

여전히 우리는 여성의 성격, 유머, 성취보다는 외모, 헤어스타일, 옷차림을 훨씬 더 많이 집중해서 본다. 남자아이들과 성인 남성들도 이런 편견에 시달리는 것은 사실이지만, 그 범위와 정도는 여성에 비할 바가 아니다.

나는 이처럼 특정 신체 사이즈에 맞추는 일에 엄청난 가치를 두는 문화의 영향에 생각이 미칠 때면 섭식 장애 병동에서 일했던 때를 떠올리곤 한다.

섭식 장애 병동

섭식 장애 병동은 성인 병동이지만 청소년 병동을 방불케 했다. 침실과 환자가 꾸미는 공동 공간은 분홍색 위주로 꾸며졌고, '영원한 친구' 캐릭터가 그려진 이불 세트가 놓였으며, 벽에는 말이 그려진 포스터와 동안의 리어나도 디캐프리오 사진이 줄줄이 붙어 있었다.

신경성 무식욕증 또는 거식증은 여성으로서의 책임감에 대한 두려움 그리고 순진무구한 유년으로의 퇴행과 관련되어 있다는 정신분석 이론이 있다. 당시 나는 이 이론을 확신하지는 않았지만, 병동의 장식을 보면 분명히 그런 측면이 있어 보였다. 나는 섭식 장애를 아주 잘 이해할 수 있으리라고 여겨 이 병동을 택했다. 그도 그럴 것이 여자치고 다이어트를 해본 적이 없거나 자기 몸에 불만족하지 않은 사람은 거의 없으니까.

그러나 내 생각은 완전한 오산이었다. 내가 배치된 병동이 워낙 유명해서였을 수 있겠지만 사례들이 너무 극단적이어서 나로서는 도저히 이해되지 않는 환자가 너무 많았다.

대략 20년 전, 섭식 장애에 대한 정보가 지금처럼 널리 알려지지 않아서 많은 사람이 이 병을 심각한 정신 건강 질환으로 보지 않고, '다이어트에 실패한 것' 정도로 여길 때였다. 이 병동에서 나는 비로소 섭식 장애와 관련된 심리적 이상이 심각한 우울증이나 다른 정신 질환만큼 심각하고 위험하다는 것을 이해하게 되었다.

병동 생활에 익숙해지는 데는 시간이 좀 걸렸다. 그곳의 의사와 간호사들은 단합과 화합을 기르기 위해 환자와 함께 식사할 것을 권장했다. 그리스식 샐러드나 모로코식 쿠스쿠스, 싱싱한 생선과 채소 등 식사는 건강하고 맛있었다. 다른 병동과 직원 식당에서 제공되는 갈색의 더부룩한 식사와는 하늘과 땅 차이였다.

그러나 함께 식사하는 일은 쉽지 않았다. 식사 시간마다 직원과 환자 사이에는 심각한 불안이 감돌았고, 언제 충돌과 공격이 발생할지 몰라 매 순간 조마조마했다.

한번은 식당 쪽에서 피가 얼어붙는 듯한 날카로운 비명이 들렸다. 나는 두려움 속에서 책상을 박차고 달려가면서 경비원을 불러야 하나 갈등했다.

비명이 들린 곳으로 가 보니, 새로 입원한 환자 한 명이 자신에게 처방된 콩으로 조리한 후무스hummus 한 숟가락을 보고 비명을 지르고 있었다. 그제야 나는 칼로리가 풍부한 후무스가 이 환자에게는 악몽처럼 느껴진다는 것을 알게 되었다. 그런 식의 공포가 병동의 환자들 사이에서 만연했다.

환자들은 식탁 아래쪽을 검사 받은 다음에야 잠긴 식당에서 나갈 수 있었다. 먹었다고 우기면서 후무스를 반죽처럼 식탁 아래쪽에 발라 놓는 일이 자주 있었기 때문이다. 가혹하게 들릴 수 있겠지만, 칼로리를 섭취하도록 하는 것만이 신경성 무식욕증 환자의 생명을 구하는 방법이다. 입원 전에 이 환자 중 대부분은 종일 방울토마토 두 개로 연명하던 사람들이었다.

모든 환자가 자신에게 처방된 음식을 남김없이 먹을 때까지 간호직원들과 환자 모두 식당 밖으로 나가지 못했다. 다행히 의사들은 이규칙에서 제외됐지만, 같은 병실의 동지들은 대개 음식을 먹을 수 있게 격려하고 응원해 주면서 함께 식당을 나가는 전략을 선택했다.

새로 입원해서 저항이 센 환자들은 더 힘들어했다. 그들은 거식증을 호소하며 먹을 수 없다고 완강하게 버텼다. 결국 식당이 여전히 잠긴 채로 점심시간이 지나고 저녁이 가까워지면 여기저기서 좌절감이 터져 나왔다.

동료에 대한 응원은 식사를 거부하는 고독한 비순응자를 향한 신랄한 비난과 정서적 공감, 맹렬한 독설로 바뀌었다. 간호 직원들은 어떻게든 이 상황을 치료적으로 관리하면서, 동료들의 강력한 압력을 이용해 환자들에게 음식을 먹게 하는 것이 또 다른 희생자를 만드는 방향으로 바뀔 위험이 있는지 저울질하고, 그것이 장기적으로 병동의 역학에 어떤 작용을 할지 파악해야 했다.

결국 계속해서 버티는 완강한 풋내기 '뉴비 newbie'들에게는 튜브를 통해 강제로 음식을 투여했다. 간호 직원들은 이 달갑지 않은 임무를 매일매일 완수해 냈다. 정말이지 그들은 재능 있고, 경험 많고, 친절하면서도 놀라울 정도로 강인한 사람들이었다. 때로 잔인해 보이기도 하지만 그게 생명을 구하는 일이었기 때문에 그들은 그 일을 해야 했다. 앞서 말한 것처럼 무식욕증은 사소한 질병과는 거리가 멀다. 입원한 모든 환자는 죽음의 경계에 서 있기 때문이다.

엘리너 같은 환자들은 입원했을 때 저체중이어서 복도를 걷기는 커녕, 어떻게 살아 있는지도 의심스러울 정도였다. 그녀는 이미 내과 병동에서 일 년 동안 입원해 있었는데, 음식물을 넣어 주는 콧줄을 계속해서 뜯어내는 바람에 결국 양쪽 콧속을 나누는 중간막인 비중격 nasal septum 이 절단된 상태였다. 그 후 병원에서는 그녀가 튜브를 빼낼 수 없도록 양팔을 석고로 깁스했다. 이것이 그녀의 임박한 죽음을 막기 위한 유일한 수단이었기 때문이다.

그런데 이 다소 충격적인 억제 조치는 임시로 취해진 것이었지만, 예상과는 달리 몇 달 동안 이어졌다. 엘리너의 병증이 나을 기미가 보이지 않았기 때문이다. 그래서 다른 방법을 시도해야 했다.

강제로 음식을 투여하거나 동료들의 압력을 받게 하는 것이 야만적으로 들릴지 몰라도 무기력하게 숨만 쉬거나 굶어 죽는 것보다는 나았다. 그러나 그녀의 상태가 너무 나빠서 이마저도 듣지 않았기 때문에 결국 그녀는 정신 건강법에 따라 강제 억류되었다. 즉 그녀는 자신의 의사에 반해서 강제로 병동에 남아 치료를 받아야 했다. 그것이 그녀에게 남은 유일한 희망이었다.

내가 섭식 장애 병동의 수련을 끝내고 다른 병동으로 옮길 무렵, 그녀는 체중이 늘었다. 그러나 이번에는 툭하면 손목을 긋고 병동의 욕실을 피바다로 만드는 자해 행위를 반복하고 있었다. 믿기 어렵겠지만, 이것이 정신 건강의 측면에서 나아진 것이었다. 이런 식으로 자해하다 보면 몇 개월 뒤나 몇 년 뒤에 사망하겠지만, 엘리너가 처음에 보여 주었던 굶주림의 상태를 그대로 두면 며칠 안에 사망할 것이 확실했기 때문이다. 이러한 것들은 엄연히 우리가 정신 건강 문제를 관리하면서 가장 힘든 상태인 환자의 개선 정도를 측정하는 데 사용하는 변수 중 일부다.

영국의 국민 보건 서비스인 NHS 디지털 데이터에 따르면, 영국에서는 매년 섭식 장애로 병원에 입원하는 사람이 2만 명에 이르는 것을 알 수 있다. 체중 감소가 경미하든 심각하든 상관없이 신경성 무식욕증의 근본 원인[10]은 같다. 바로 '소속되기' 위해 이상적인 체중을 갖고자 하는 욕망이다.

사실 이것은 근본적인 문제의 한 측면에 불과하며, 필연적으로 유전과 환경의 영향을 받는다. 그러나 많은 사람이 특정한 체중 또는 신체 이미지가 자신을 구원해 주고, 마법처럼 다른 사람들 또는 자기 자신에게 '받아들여지는' 느낌을 줄 것이라는 피상적인 생각에 사로잡힌다. 물론 이것은 환상이다. 소속되지 못한다고 느끼게 되는 진짜 이유는 더 깊은 데 있기 때문이다. 자신이 모자란 사람이라는 느낌, 좌절감, 죄책감, 분노, 갈등, 외로움, 배신감, 자기혐오, 무력감 그리고 궁극적으로 절망감과 자포자기가 그것들이다.

19세의 소피가 바로 그 예에 해당했다.

피상적인 수준에서 단순하게 정리하면, 아름다워야 하며 특정 신체 유형을 지니는 것이 자신이 선택한 직업 세계에서 필수적이라는 믿음을 확고히 한 어느 아역 배우의 경우라고 할 수 있다. 그녀의 부모가 이런 믿음을 더 강화시키는 역할을 했다.

어머니는 어린 시절에 무대에 섰던 경험이 있어서 소피에게 티 없이 깨끗한 외모와 상냥한 미소의 중요성을 계속해서 주입한 것이다. 적게 먹고 꾸준히 다이어트를 하는 것은 직업의 필수 요건이었다.

첫 영화의 저녁 시사회 행사에서 그녀에게 디자이너가 만든 드레스 협찬이 들어왔다. 이런 상황에서 굶는 것은 단순히 드레스를 잘 소화하는 것 이상의 가치가 있어 보였다. 그녀의 연기를 극찬하는 기사와 인터뷰가 이어졌고, 그녀는 놀라면서도 기뻐하는 리액션을 판에 박힌 것처럼 연출했다. 이제는 할리우드에서 역할 제안이 들어오기를 기다리면 됐다.

그러나 영화업계는 변덕이 심하고 냉혹했다. 몇 군데서 오디션 제안이 들어왔지만, 결과는 실망스러웠으며, 결국 그녀는 다니던 학교의 학생 신분으로 돌아가야 했다.

한순간 영국 영화계의 라이징 스타였던 그녀는 사회학을 전공하는 학생이 되어 있었다. 소피는 거부당했다는 사실을 견디기 힘들었으며, 다이어트는 신경성 무식욕증으로 넘어갔다. 그러나 깊이 파고들수록 소피에게 더 심각한 자존감 문제가 있다는 점이 분명히 드러났다.

그녀는 어린 시절에 부모와 함께 놀아 본 적이 없었다. 그녀가 기억하는 어린 시절은 풀 먹인 드레스를 입고 부모의 파티에 나가서 귀여운 인형 노릇을 하다 한바탕 찬사와 호들갑이 끝나면 서둘러 파티장에서 '비켜 주느라' 자러 가야 했던 일의 연속이었다.

그녀는 부모에게 긍정적인 관심을 받으려면 상황에 따라 '어른스럽고' 상냥하게 굴거나 눈에 띄지 않아야 한다는 것을 빠르게 터득했다. 꽤 오랫동안 이 상황은 그럭저럭 유지되었다. 그녀는 사람들을 만족시키는 일에 익숙해져서 그런 것이 '행복'이라고 생각했다. 이 단계에서는 그녀가 상황을 좋게 받아들였기 때문에 높은 사회 의존성과 완벽주의 기질에 의한 불안 그리고 유전적 우울 성향이 문제가 되지 않았다.

그러다가 10대 때 인생이 힘들어지자, 소피는 가족들이 너무 냉담하다고 생각하게 되었다. 영화 산업에서 거절당한 일에도 공감해 주는 것 같지 않았다.

더 큰 문제는 부모가 이혼해서 새로운 삶을 모색하게 되었을 때도 소피에게 어린 시절에 심어 주었던 것처럼 '어른스럽게' 순응하는 태도를 보여 주기를 기대했다는 점이다.

그녀의 아버지는 해외에서 중요한 다큐멘터리를 촬영 중이었고, 어머니는 새로운 파트너와의 생활에 점점 더 많은 시간을 할애했다.

"네 아버지가 떠난 뒤로 내가 얼마나 외로웠는지 너도 알잖아…. 나한테는 이 시간이 절실해."

"오늘 밤엔 혼자 있어도 괜찮겠지, 소피?"

피플 플리저들은 이런 식의 미묘하고도 의도치 않은 정서적 위압을 이겨 낼 재간이 없다. 피플 플리저들은 자신의 가치가 다른 이들의 가치에 고정되어 있어 이런 식의 정서적 불가용성을 대단히 끔찍한 것으로 받아들인다. 또한 높은 사회적 의존성과 거부당하는 느낌의 조합은 불안과 우울을 부추긴다.

소피는 마른 몸을 감추기 위해 배기 점퍼를 입고 다녔다. 그래서 소피의 부모도, 소피 자신도 처음에는 소피의 건강이 악화되고 있다는 것을 알아차리지 못했다. 뭘 하고 다니든 부모가 신경 쓰지 않는 것은 행운이라는 동료들의 말에서 짐작할 수 있듯이, 그녀는 온갖 파티장을 돌아다니며 술이란 술은 다 마셨고, 기분 전환용 약물을 내키는 대로 먹을 수 있었다.

그러나 그녀는 그런 것이 행운이라는 생각이 들지 않았다. 피상적인 친구 관계와 일시적인 '즐거운 시간'이 당장은 성공적인 대처 방법으로 보여도 장기적으로는 해로울 뿐 아니라 소속감과 친밀한 개인적 연결의 결핍을 강화할 뿐이었다.

소피는 자신도 완전히 이해하지는 못한 감정에 압도되었으며, 통제 불능에 빠졌다. 그녀는 그것들을 마주 보기보다는 무감각해지려 애썼다. 처음에는 술이, 이후 점차로 굶주림이 그녀를 잠식해 나갔다.

만약 소피가 당시에 자신의 감정을 분석할 수 있었다면 부모나 자기 자신과의 갈등을 인정했을지 모른다. 그녀에게는 부모의 마음에 들고 싶어 하는 의식적인 욕망 아래에 그들을 벌주고 싶어 하는 무의식적인 욕망이 숨어 있었다.

그녀는 자기 연민과 자기혐오가 뒤섞인 채 고통스러워했다. 그러면서도 자신은 비난받아 마땅하다고 생각했다. 결국 소피의 어머니는 딸의 어깨뼈가 심하게 도드라진 것을 발견했다. 어머니가 소스라

치듯 놀라자 소피는 알게 모르게 따뜻함을 느꼈다. 소피의 어머니는 자신이 딸에게 상처를 주었다는 것을 알게 되었다. 가족이 모두 모였고, 아버지는 이스탄불에서 전화를 걸었다.

"사랑하는 딸아! 어찌된 일이야?"

그가 묻자 소피가 간절함을 담아 말했다.

"집에 오시는 거예요?"

그러나 그의 현실적인 답변은 소피에게는 또 다른 거절의 칼날이 되었다.

"그럼, 물론 가고 말고. 이번 영화가 끝나는 대로 갈게. 몇 주 후에 갈게."

아무튼 소피로서는 섭식 제한으로 자기 몸을 통제할 수 있게 되었으며, 가족들에게도 한껏 통제력을 행사하게 된 셈이었다. 그녀는 처음으로 인생에서 무언가가 자신의 의지로 된다는 만족을 얻었다. 그러나 오래되지 않아 체중 감소가 통제력을 벗어나 악순환의 고리로 접어들었으며, 심지어 그녀가 이 자기혐오의 굴레를 벗어나고 싶어도 그럴 수 없었다. 자양분을 박탈당한 그녀의 몸은 작용을 멈추고 물리적으로 음식을 거부했다.

그러는 동안 수척해진 나머지 부전을 일으킨 뇌는 조금만 더 살을 뺄 수 있으면 성공과 성취감이 손에 잡힐 것이라면서, 그 정도로는 충분치 않다는 메시지를 그녀에게 속살거렸다.

내가 소피를 만났을 때는 거식증이 심한 상태였다. 섭식 장애로 입원한 대부분의 젊은 여성들처럼 그녀의 치료는 주로 칼로리 섭취에 맞춰져 있었다.

우리 병동은 거식증의 극단적인 사례만 입원할 수 있었다. 대부분은 신장이 164cm에 몸무게가 33kg 미만인 경우에 해당하는 체질량 지수body mass index, BMI 12로 입원한 상태였다. 이처럼 체질량 지수가 낮을 때는 뇌가 적절히 작동하지 않으므로 심리적인 치료는 무의미했다. 따라서 체중을 늘려 서서히 몸을 회복시키는 게 우리가 치료를 시작할 수 있는 유일한 선택지였다.

소피가 개인 면담 진료에서 가족에 대해 솔직하게 털어놓자, 그간 소피가 정서적으로 방치되었다는 점을 알게 되었다. 이 사실은 소피가 치료 받을 때 가족 치료 역시 중요한 관건으로 떠올랐다.

그러나 그녀의 부모에게 우선 사항은 직업이나 사교에 관한 일정이었으며, 이 일정을 미룬 채 치료 스케줄을 잡아서 그들을 치료에 참여시키는 것은 상상할 수 없을 정도로 힘들었다. 나는 소피에게서 들은 이야기를 그 부모에게서 들은 이야기와 비교할 수 있기를 간절히 바랐다. 부모들 역시 힘들게 싸웠을 것이 분명했기 때문이다.

그들은 소피가 있는 병동을 찾아오는 일이 거의 없었고, 나는 끝내 그들에게서 이야기를 듣지 못했다. 결국 나는 다시 살을 찌우기 위해 안간힘을 쓰며 홀로 싸우는 소피에게만 공감할 수밖에 없었다.

빈곤, 알코올 중독, 약물 남용, 가정 폭력 등 흔히 떠올리는 부정적인 상황 때문에 정서적 가용성이 제한된 부모에게서 방치되었을 때, 자녀가 받는 상처의 심각성에 대해 우리는 잘 알고 있다. 그러나 알고 그런 것이든 혹은 모르고 그런 것이든 일과 건강, 개인적인 문제 때문에 정서적 가용성이 제한된 부모에게서 방치되는 것 역시 자녀에게 상처를 준다. 둘 중 어느 쪽의 상처가 더 심각할까? 사실은 똑같다. 나는 수년에 걸쳐 그 사실을 확인했다.

모자라다, 쓸모없다, 창피하다, 신뢰를 망가뜨렸다 등의 감정을 지닌 채 애증을 느끼는 아이들의 경험은 그들 자신을 보호하고자 채택하는 극복 전략과 정확하게 일치한다. 이 아이들은 자신들이 우선순위가 아닌, 후순위라는 감각을 체득하기 때문에 스스로 '충분치 않다'라거나 '사랑과 관심을 받을 자격이 없다'라는 결론을 내려 버린다. 즉 소속되지 않았다고 느끼는 것이다. 그런데 이런 식의 방치는 꼭 '사랑의 결핍' 때문만은 아니다. 많은 경우에 부지불식간에 일어나곤 한다.

앞에서도 말했듯이 나도 한 사람의 부모로서 아이를 기르는 것이 세상에서 가장 힘든 일이라는 것을 잘 안다. 성인 정신 의학과 실습에서 느낀 것은 어른들도 셀 수 없이 다양한 인생의 문제를 안고 살아간다는 것이었다. 그래도 나는 아동 정신 의학자로서 우리가 부모가 되는 방식이 우리 아이들에게 긍정적이든 부정적이든 장기적 영향을 미친다는 사실을 지적할 수밖에 없다.

다른 사람의 비위를 맞추어 그들에게 '완벽'한 사람이 되고 싶어 하는 욕망, 또는 그 정도는 아니더라도 최소한 기분 좋은 사람, 호감 가는 사람이 되고 싶어 하는 욕망은 섭식 장애가 있는 여성들의 공통된 특질이다.

그들은 스스로 얼마나 고통스럽든, 얼마나 해롭든 다른 사람들을 만족시키기 위해서라면 자신을 왜곡시키는 것도 서슴지 않는다. 갈등을 회피하기 위해, 더 나쁘게는 거절을 회피하기 위해 자신의 필요를 다른 사람의 의지에 복종시킨다. 그들은 다른 사람들과 어울리고, 가족, 친구, 동반자 또는 고용인이 되기 위해 그리고 소속되기 위해서는 반드시 이렇게 해야만 한다고 느낀다. 그래야 소속될 수 있다고 믿는다.

그러나 승인을 얻기 위해 자신이 아닌 다른 사람이 되고, 완벽해야 하는 필요에 끝없이 시달리며, 다른 사람을 위해 자신의 의견을 억누르는 것은 커다란 영혼의 대가를 치러야 하는 일이다. 우리가 매일의 일상을, 자신을 거스르고 취소하는 일로 보내면 정말로 진정한 소속감을 찾을 수 있을까?

소속되기 위한 자기애의 희생

어떤 이들은 한 집단이나 가족, 로맨틱한 관계 속에 있는 것만으로도 아무 데도 속하지 않은 것보다는 더 안전하다고 여긴다. 심지어 그 관계가 제대로 작동하지 않거나 불만족스러울 때조차도 말이다.

그들은 소속되고, 타인이 바라는 사람이 되고 싶은 욕망이 너무 강해서 기꺼이 자신의 의견, 필요, 야망, 자유를 희생하여 타협한다. 그렇게 해서라도 갈등을 회피하고 관계를 지속하고 싶어 하는 것이다.

때때로 치료사들은 이런 사람들에게 '손안에 든 새 한 마리가 수풀 속에 있는 새 두 마리보다 낫다'라는 속담에 단서가 붙는다는 사실을 알려 주는 역할을 한다. 그 단서란 바로 '손안에 든 새가 당신의 팔을 쪼아대면 그게 어떤 새든 놔 주고 두 손을 지키는 편이 낫다'라는 뜻이다.

남성성의 해악

여성의 웰빙이 인생이라는 극장에서 유순한 배역을 맡아 부정적인 영향을 받는다면, 많은 남성의 정신 건강은 끊임없이 '영웅' 역할을 강요받아 생기는 부담감으로 정신 건강에 악영향을 받는다. 너무 판에 박힌 고정 관념 아니냐고 할 수 있겠지만, 성별의 기준을 따르라는 압력은 사회에 뿌리 박혀 있다. 그래서 생계를 책임져야 한다, 재정적으로 성공해야 한다, 사회적 지위를 가져야 한다, 영화에 나오는 가라테 스타일인 미야기 도Miyagi-do 나 코브라 카이 Cobra-Kai 가 되어야 한다며, 전통적 가라테인 미야기 도보다 거센 가상의 가라테 스타일인 코브라가 낫다는 등 추정적인 기대가 많은 남성에게 극단적인 해를 입힌다. 이것이 어느 정도로 해로운가 하면, 때로는 생명을 위협할 정도다.

이것은 소속되기 위해 '강한' 페르소나를 가져야 한다고 부추기기 때문에 나약함이 거부되고, 결정적으로 도움을 청하는 것에 대한 깊은 저항을 체화하게 된다. 만약 당신 주변의 남성이 길을 잘못 들었을 때 방향을 물어보는 것조차 하지 않는다면, 그들이 치료를 요청할 가능성이 있을까?

양극성 장애

육체적으로나 지적으로 지배력은 있어야 한다는 문화적, 사회적 압력이 남성들에게 가해지지만, 이에 대해 언급하는 사람은 거의 없다. 아마도 그것이 그들이 역사를 통틀어 권력을 유지할 수 있었던 유일한 방법이기 때문일 것이다.

정치, 타블로이드 신문, 학계 그리고 이와 관련된 트위터 세계 등 무자비한 문화를 형성하고 있는 남성 지배의 직업 영역에서 남성들은 경쟁자와 적대자들을 잔인하게 괴롭히고, 지적 우월성을 과시하며, 비겁한 조롱을 일삼음으로써 자신의 권위를 확보하라고 부추겨진다.

의회에서 진행하는 토론만 지켜봐도 쉽게 이해할 수 있다. 합리적인 논점들 사이사이에 반드시 개인적 공격이 포함된다. 이런 식의 관행은 지배적인 남성이 활동하는 환경에도 해를 끼칠 뿐 아니라 지배력을 행사하는 남성에게도 나쁜 영향을 미친다. 사람들에게 시먼스라는 이름으로 알려지기를 바란 48세의 제프리 교수가 바로 이 문화의 희생자였다.

제프리의 아이덴티티는 정치 분야의 성공적인 학자로서 지적인 엘리트 집단의 구성원이라는 것에 자긍심이 있었다. 그의 특기는 매력과 위트를 잘 버무려 자신보다 학문적으로 열등한 사람을 비판적으로 조롱하는 것이었는데, 매번 아주 성공적이었다. 그러던 그가 발을 헛디디는 일이 생겼다. 그의 정치적 판단에 결함이 있었다는 것이 가장 화려하고 공공연한 방식으로 밝혀진 것이다. 그는 한순간에 동료들의 조롱과 비웃음을 살 일을 두려워해야 하는 처지가 되었다. 당연하지 않은가? 역할이 바뀌었다면 그가 조롱하는 사람들의 대열에서 맨 앞을 차지했을테니 말이다.

그동안 그가 속한 정치학계에서 쌓아 둔 사회적 위치가 발밑에서부터 흔들리고 있었다. 평판과 사회적 지위가 쇠퇴하고 있다는 생각은 제프리에게 심각한 양극성 장애bipolar depression 를 촉발했다.

내가 제프리를 만난 것은, 그가 평생 모은 돈을 지역의 사립 정신병원에 모두 써 버린 후에도 아무런 효과가 없어 우리 쪽 우울증 입원 병동으로 전원했을 때였다.

나는 간호사와 함께 구글에서 그가 쓴 책을 검색해 보았다.

저자 소개에 나오는 그는 지적이고 매력적인 사람이었다. 제프리는 윈체스터와 옥스퍼드를 졸업했으며, 그의 말에 따르면, 10대 때 아버지가 돌아가시고 잠깐 조증躁症을 보인 적이 있지만, 최근에 잘못된 정치적 판단으로 인한 재앙 수준의 붕괴를 겪기 전에는 아무런 문제가 없었다. 그러나 우리 병원에 왔을 때쯤, 그는 청소하는 사람조차 들이지 않은 채 더러워진 병실에서 잠만 잘 정도로 24시간 내내 가라앉아 있었다.

병원 직원들에게 무례하게 굴면서 밖으로는 나오지도 않으려 했기 때문에 매일 같이 어둡고 냄새나는 그의 병실로 찾아가 상담을 진행해야 했다. 그의 거친 행실과 상황이 양극성 장애 때문인 것은 알았지만, 상태가 좋았을 때의 그의 모습을 본 적이 없어 처음에는 상태의 심각성 정도를 가늠하기가 어려웠다.

종종 그는 내가 가도 아는 체하지 않았다. 일주일에 한 차례 약물 수준을 검사하는 채혈에도 응하지 않고, 침대에서 나오려고도 하지 않았다. 다른 처방이 필요했다. 약물을 리튬으로 바꿔 보기로 했다. 그랬더니 변화가 눈에 띄기 시작해 서서히 예전의 명료하고 역동적이며 단정하고 카리스마 넘치는 사람이 되었다.

처음에는 눅눅한 파자마 차림으로 침대에서 일어나 앉더니, 다음에는 침대에서 일어나 실내복을 걸쳤다. 날이 갈수록 그는 외모에 신경을 쓰기 시작했으며, 어느새 리넨 정장 차림으로 돌아와 있었다. 이제 그는 내 얼굴을 바라보면서 나와 대화할 수 있게 되었다.

그는 처음에는 자기 문제에 대해서만 말하더니, 나중에는 나의 일과와 관심사에 대해 질문하기 시작했다. 그는 인지 행동 치료를 추가로 받게 되었으며, 마침내 퇴원해서 외래 진료를 받을 수 있을 정도가 되었다.

이 책을 쓰는 동안, 인터넷으로 시먼스 교수를 검색해 보았는데, 2013년에 50대의 나이로 세상을 떠났다는 사실을 알게 되어 안타까웠다.

그는 퇴원한 후 이혼하고 가족을 떠나 말년을 혼자 해외에서 지냈다고 했다. 우울증에서 회복한 이후의 그의 인생에 정신 건강 문제가 영향을 끼쳤는지, 그 정도가 어느 수준이었는지 알 수는 없다. 그러나 심각한 정신 건강 문제를 완전히 극복하는 것은 길고 힘든 싸움이다. 그리고 자주 간과되지만, 빈약한 정신적 웰빙이 신체의 병과 똑같이 생명을 단축한다는 것은 분명한 사실이다.

기사에는 사인이 '암'이라고 적혀 있었다. 눈길이 간 것은 저자 소개란에 10년 전, 그가 '잠깐 질병을 앓았다'라고 적힌 대목이었다. 심지어 우리가 그를 치료한 병명인 양극성 장애라는 단어도 빠져 있었다. 사망 기사에서 이 세부 사항을 제외함으로써, 지적이고 성공한 남자에게는 정신 건강에 아무런 문제가 없다는 신화는 아무런 타격을 입지 않고 영속화되는 셈이었다. 이 허위에 따른 수치심의 부담은 고스란히 다음 세대의 남성들에게 떠넘긴 채로 말이다.

완벽한 가족

불행히도 남성의 권력과 성공은 너무 깊숙하게 연결되어 있다. 그래서 이들은 인생에서 지배와 통제의 감각을 상실하면, 절망한 나머지 마구잡이로 레드라인을 넘는 경우들이 생긴다. 뒤이어 올 '나약함'이 자신을 파괴하는 것을 막아 보려는 것이다. 나는 전형적인 모범 가족으로 보이는 파인 씨 집안에서 이런 종류의 남성적인 반격을 목격했다.

파인 씨네 가족은 우리가 진행하는 조사 연구에 추천 받아 참여하게 되었는데, 가벼운 정신 건강 문제가 있는 어린이들에게 간단한 전화 심리 치료를 제공하는 것이었다.

파인 씨에게는 두 아이가 있었다. 13세인 이선과 9세인 엘리자였다. 학교 선생님들이 엘리자에게 가벼운 불안증이 있다는 사실을 발견했고, 그 때문에 이 가족이 우리가 진행하는 연구에 적합할지 모른다고 판단하게 된 것이다.

사실 엘리자의 불안 증상은 지역 아동 정신 건강 센터에 의뢰하는 것이 적절한가를 고민할 정도로 경미했지만, 그렇기에 오히려 우리가 제공하는 기본적인 전화 상담 지원 서비스에 알맞은 대상일 수 있었다. 그런데 이는 우리가 완전히 잘못 판단한 것이었다.

전화 상담하면서 엘리자가 불안해하는 이유 중 하나가 가정 폭력 때문이라는 사실을 알아냈다. 남편이 옆방에 있어서 크게 말할 수 없다며 속삭이듯 파인 부인이 전화상으로 털어놓은 내용이다. 나는 경찰의 도움을 받겠냐고 물었지만, 그녀는 그럴 필요 없다고 고집스럽게 말했다. 적어도 남편이 아이들에게 폭력을 쓴 적은 없다고 했다. 하지만 가정 폭력이 있다면, 이 가족은 사회 복지 서비스를 받아야만 했다. 문제는 파인 씨의 동의가 있어야 진행할 수 있다는 것이었다. 그래서 나는 파인 씨와 통화를 원했다.

전화상으로 알아낸 것에 따르면, 파인 씨는 5년 전쯤에 정리 해고 되었다. 그가 주부로서 바통을 이어받았고, 덕분에 그의 아내는 마케팅 분야에서 승승장구했다.

처음에 파인 씨는 과로와 괴롭힘에 시달리던 직장에서 벗어나자, 휴식을 즐기면서 자녀들과의 시간을 즐겼다. 그러나 시간이 지나면서 그는 자녀들에게 자기 존재가 너무 당연하게 받아들여지고 있고, 성공한 아내 앞에서 무기력해지는 것 같다고 느끼기 시작했다. 결혼 생활에서의 권력 상실은 관계의 정체성에도 영향을 미쳤으며, 그는 인생의 목표가 사라진 느낌에 시달렸다. 결국 파인 씨는 아내와의 다툼이 잦아졌고, 그럴 때마다 자신이 처한 상황에 대한 환멸 때문에 분노를 마구 쏟아냈다. 때로는 한때 자신이 휘둘렀던 경제 권력을 대신해 육체 권력을 내세우고 싶다는 강렬한 욕구를 느끼기도 했다.

그는 목에 올가미가 채워져 목을 조이는 것 같다고 느꼈고 그걸 끊어내기 위해서는 싸워야 했다. 가족과 가정을 뒤로하고 떠나고 싶었지만, 아내에게 경제적으로 의존하고 있어서 그것도 불가능했다.

그러나 파인 부인의 설명은 반대였다. 그녀는 남편에게 아이들을 맡길 수 있어서 직장에서 약진할 수 있었으며, 덕분에 가계를 책임질 수 있었다고 했다. 그가 집안일을 도맡지 않았다면, 그녀는 승진에 필요한 장시간 동안 근무를 할 수 없었을 터였다. 하지만 13세인 이선은 아버지의 설렁설렁한 양육 방식에 화가 나 있었다.

"아버지는 밥을 해 주기는 하지만 그게 다예요."라고 이선은 말했다. 이선은 아버지에게 몸으로 대들기도 하고 일부러 가정 내에서의 아버지의 권위를 업신여기기도 했다.

그는 두어 해만 지나면 자기가 아버지와 대등하게 맞서고 싸워이길 수 있으리라고 생각했다. 그리고 그런 생각이 아버지를 거스를 수 있다는 자신감을 부추겼다. 그러는 사이 엘리자는 잠을 청하려고 엄청 애를 쓰면서도 부모가 갈라서게 될까 봐 두려워하고 있었다.

파인 부인은 자기가 가정 폭력을 폭로한 것을 남편에게 알리고 싶지 않아 했으며, 내가 비밀을 지켜 주기를 바랐다. 그러나 파인 씨가 느끼는 좌절감에 관해 대화한 후 나는 불행한 결혼과 가정 내의 다툼이 자녀들에게 미치는 영향을 고려하면, 사회 복지 기관에 도움을 청하는 것이 가족 모두에게 유익한 일이 될 거라고 그를 설득했다.

그러나 안타깝게도 이런 종류의 의뢰가 언제나 성공적인 것은 아니다. 사회 복지 기관에서 파인 부인에게 연락했을 때, 그녀는 이혼할 예정이어서 그 전에 가족이 함께 여름휴가를 다녀오고 싶다고 대답했다. 그러니 그때까지 미뤄 달라고 했다. 그들은 이미 마요르카에 있는 별장까지 예약해 둔 상태였다.

사회 복지 기관에서는 그들의 여름휴가가 끝날 때까지 기다렸다가 다시 연락했다. 복지 기관에서는 지원을 제공했고, 아이들은 상담을 받았다. 그러나 내가 나중에 사회 복지사를 통해 이 가족의 사례를 다시 살펴보았을 때, 사회 복지사의 대답은 그다지 낙관적이지 않았다. 아마 파인 부인은 가정 폭력을 신고하지도 않을 것이며, 남편을 떠나는 일도 없을 것이라고 했다.

이는 많은 가정에서 발생하는 슬픈 현실이다. 그들은 자신의 감정 그리고 닫힌 문 뒤에서 벌어지는 온갖 어두운 일들을 감춘 채 별일 없다고 자신을 다독이고 설득하면서 일상을 이어나간다. 십중팔구, 파인 부부의 친구와 친척들은 이들을 완벽한 현대 가족이라고 생각할 것이다.

이들은 마요르카에서 함박웃음을 지으며 매력적이고 풍요로운 가족 휴가를 보내는 사진들을 인스타그램에 올렸고, 많은 사람이 감탄하면서 '좋아요'를 눌렀다. 이들에게는 소속감을 겉치레로 유지하는 것이 뭔가가 영원히 망가졌다는 것을 인정하기보다 쉬웠을 것이다.

완벽한 딸

흔히 이민자들이 그렇듯이 내 부모님도 자식들이 경제적으로 독립된 인생을 살 수 있기를 간절히 바랐다. 그래서 이민자라고 하는 지위의 불확실성과 그들이 겪은 인종 차별은 그들이 능력의 구체적인 증명인 학위와 재정적 안정성을 제공하는 직업인 의학과 공학에 중점을 두었다는 것을 의미했다.

부모님은 나와 언니들에게 A 레벨Advanced-levels 을 선택하라고 했다. 수학, 화학, 생물 또는 물리가 선택 과목이었는데, 언니들은 둘 다 수학과 화학, 물리를 골랐다. 주어진 환경 내에서는 나름 반항아였던 나는 수학, 화학, 생물에 AS 레벨Advanced Subsidiary Level 에서도 예술과 디자인을 추가해 여가 시간에 이 과목들을 공부했다.

A 레벨 시험 전날, 어머니가 나를 한쪽으로 데려가더니 단단히 당부하셨다. 언니들이 간발의 차로 시험에서 떨어져 케임브리지 학생이 될 수 없으니, 이제 케임브리지 학생이 될 마지막 희망은 나밖에 없다는 것이었다.

나는 부모님의 기대에 걸맞게 케임브리지에 지원해 의학을 공부하게 되었다. 부모님이 원하던 대로 된 셈이었으며, 겉보기에 나는 '완벽한 딸' 체크리스트에서 모든 항목을 채운 딸이었다. 그러나 의사가 된 첫해 중 전공 진료 과목을 결정하는 순간에, 나는 부모님의 뜻을 따르지 않았다. 부모님의 꿈을 위해 일반 의학을 전공하는 삶을 살 수 없다는 생각에서였다. 나는 정신 의학을 택하기로 했다.

많은 사람이 정신과 의사에 대해 익숙하지 않으니 여기서 짚고 넘어가겠다. 정신과는 소아 청소년과, 신경과, 소화기과 등과 마찬가지로, 기본적인 의학 학위가 필요한 전문 진료 과목 중 하나다. 정신과의 수련도 다른 전문 진료 과목의 수련이나 당직 호출과 똑같은 패턴이다.

수련 기간은 최소 6~8년이며 이 기간은, 내가 수련의였던 시절에 인턴이라고 부른 '코어 트레이닝'과 예전으로 치면 전공의에 해당하는 '스페셜티 트레이닝'으로 나뉜다. 이렇게 중간중간 수많은 시험을 통과해 수련을 마친 사람에 한해서 전문의 '시니어 닥터senior doctor'라는 이름을 달 수 있다. 이들은 수련의가 되기도 하고 준(準)전문의associate specialists가 되기도 한다.

수련의 자리는 제한되어 있어서 경쟁이 치열하기 때문에 많은 의사가 주니어 닥터, 즉 수련의로 일하는 기간을 늘려 연구를 수행하면서 수련의가 될 기회를 만들려고 애쓴다. 이 말은 신경과나 외과, 정신과를 비롯해 어느 분야에서나 전문의 수련에 돌입한 사람들을 포함해 수많은 의사가 부양해야 할 가족이 있는 30대에도 여전히 주니어 닥터에 머물고 있다는 의미가 된다. 실제로는 그들을 어느 모로나 주니어라고 볼 수 없는데도 말이다.

처음에 정신 의학을 선택했을 때, 나는 내심 영화 〈굿 윌 헌팅〉에 나온 로빈 윌리엄스의 모습을 꿈꾸었다. 편안한 카디건 차림으로 병동이 아닌 빅토리아 시대 거실과 비슷한 진료실에 앉아서 문제를 겪는 청소년들에게 심리 치료의 형태로 현명한 조언을 해 주는 모습이다. 그러나 이것이 현실이 되지 않으리라는 것이 곧 명백해졌다.

처음 의료계 생활을 시작했을 때도 힘들었지만, 정신과에서의 초기 경험은 그보다 훨씬 더 힘들었다. 다른 과에서는 당직일 때 긴급 호출을 받아도 주로 가슴 통증과 호흡 장애가 발생했다는 것을 예상 가능한 수준이었지만, 정신과에서는 무슨 일이 일어날지 가늠하는 것이 아예 불가능했다. 내 친구는 첫 호출을 받았을 때, 전라 상태로 정신을 놓은 신사를 택시에 태워 진료실로 데려오는 임무를 맡았고, 나는 문이 잠긴 병동에서 화재가 발생해 환자들을 대피시키는 일을 한 적도 있었다. 더욱이 '자기 결정적'인 환자들이 적극적으로 죽음을 시도하거나 혹은 죽음을 피하고자 다른 걸 우선시할 때는 위험한 곳에서 대피시킨다는 건 결코 쉬운 일이 아니었다.

우리가 본 환자의 절반은 자해와 약물 과다 복용으로 입원을 절실히 원하는 사람들이었다. 그러나 우리는 그들 중 많은 사람을 돌려보내야 했다. 그리고 나머지 절반은 본인의 의사와 상관없이 정신병원에 머물러야 하는 사람들이었다.

앞선 환자들과 달리 이들은 병원에서 탈출하려고 안간힘을 썼다. 일반 병동에서 발생하는 응급 호출은 환자의 생사를 가름하는 결정을 해야 할 때가 생기지만, 정신과의 호출은 도저히 선택할 수 없는 과제의 연속이었다.

입원이 정말 필요한 환자들을 가급적 돌려보내지 않으려고 노력해야 했지만, 병상이 워낙 부족해서 돌려보내야 하는 사람은 줄지 않았고 그 와중에 어떤 환자들은 강제로 입원시켜야 했기 때문이다. 우리는 늘 '혹시 지금 이 환자를 내보내 주면 오늘 밤 심하게 다치거나 자살하지는 않을까?' '이 환자가 나가서 오늘 밤 다른 사람을 해치면 어떻게 하지?'라는 고민을 해야 했다.

더욱이 우리는 모두를 도울 수 있기를 바라면서 최선을 다해 노력했지만, 환자나 환자의 가족이 듣고 싶지 않은 소식을 전해야 할 때도 많았다. 지금도 뚜렷이 기억나는 것은 리즈와 그녀의 오빠인 잭에 관한 사건이었다.

잭은 리즈가 더러운 아파트에서 반쯤 의식을 잃은 채, 자신이 눈 소변 웅덩이 위에 누워 있는 것을 발견하곤 응급실로 데려왔다. 리즈는 2주 전, 알코올 해독 프로그램을 끝내고 집으로 돌아왔다가 다시 알코올에 빠진 상태였다. 나는 리즈에게 병상을 내줄 수 없다는 소식을 전해야 했다. 그녀는 인사불성으로 취해 있었지만, 당장은 입원해야 할 정도의 정신 건강 문제가 아니었다. 또, 그녀가 최근까지 알코올 중독 재활 센터의 치료를 온전히 마쳤고, 치료 효과가 미비해도 일정 기간은 알코올 중독으로 다시 입원시킬 수 없었다. 내가 할 수 있는 일은 그녀의 상태가 재발했다는 것을 알코올 중독 재활 센터에 알려 그쪽에서 외래 치료를 받을 수 있게 해 주는 것 정도였다. 그러나 잭은 받아들일 수 없어 했다.

그 상황에서 그에게 내가 해 줄 수 있는 게 아무것도 없다고 어떻게 말했어야 할까? 여동생을 더러운 아파트로 다시 데려다 놓을 수밖에 없다는 말을 어떤 식으로 꺼내야 했을까?

리즈는 누가 봐도 괜찮지 않았다. 사정이 너무 딱했다. 그러나 그게 내가 할 일이었고, 규정은 규정이었다. 입·퇴원 담당관 역시 '입원시킬 수 없다'라고 단호하게 말했다.

잭은 병원 비품들을 쓰러뜨리며 내게 달려들었다. 그리고 욕설을 퍼부었다. 리즈가 '그러지 마, 잭. 그분 잘못이 아니야. 내가 자초한 거야!'라며 잭을 말렸지만, 소용없었다. 나는 비상 버튼을 눌렀다. 경비원 두 명이 와서 잭을 응급실에서 끌어냈다. 끌려가면서 잭이 지르는 고함이 복도에 울려 퍼졌다.

"나쁜 년! 내가 꼭 대가를 치르게 할 거야!!!"

악의에 가득 찬 그는 나를 노려보았다. 나는 정신을 다잡고 리즈에게 사과한 후 그곳을 벗어났다. 응급실 자문의가 괜찮냐고 물었다. 순간 어찌할 수 없이 몸이 떨리더니, 간신히 참고 있던 울음이 터져 나왔다. 그리고 곧이어 호출기가 울렸다. 내게는 아직 봐야 할 환자들이 남아 있었다. 나는 눈물을 닦고 이를 악물며 '괜찮습니다'라고 응급실 자문의에게 말한 후 응급실로 돌아갔다.

처음으로 다른 사람이 내 이름을 기억하여 철자로 쓰는 게 불가능할 정도로 '괴상해서' 다행이라고 생각했다. 잭이 나를 찾아내서 협박할 수 없을 것 같았다.

정신과 수련 기간에 좋았던 점은 친구를 사귈 수 있었다는 것이다. 열일곱 명의 주니어 닥터가 나와 함께 시작했는데, 모두 나보다 의사가 될 준비를 더 많이 한 것 같았고, 더 강인해 보였다. 그 친구들은 '정신 의학자는 대개 두 무리로 나뉘는데, 조현병, 양극성 장애 등의 정신병에 관심이 있는 이들과 불안, 우울 등 신경증에 관심이 있는 이들이다'라고 말했다. 나는 누가 뭐래도 신경증 무리에 속할 텐데, 따지고 보니 내가 애초에 피와 담즙을 두려워했던 것만큼 충돌과 공격에도 두려움을 지니고 있어서 그런 것이었다.

임상 경험이 부족했던 초창기에 하우스잡 house job, 즉 본격적으로 의사 업무를 하기 전에 약 일 년 정도 임상 경험을 쌓는 일을 마치고 잠시 남아프리카공화국의 케이프타운에서 10대들의 정신 건강에 관한 역학 조사를 이끈 적이 있다. 학생들로 구성된 설문 조사팀은 교장실이 총탄의 흔적으로 뒤덮인 가장 가난한 흑인 거주 지역에서부터 교장실이 이탈리아산 대리석으로 꾸며져 남아프리카공화국 태생의 백인 아프리카너 Afrikaner 가 다니는 최고급 사립 학교에 이르기까지 웨스턴케이프 전역의 여러 학교에 설문지를 돌렸다.

이때가 20년 전인데, 남아프리카공화국의 극단적 인종 차별 정책인 아파르트헤이트 Apartheid 가 끝난 지 얼마 되지 않은 때여서 여전히 폭력과 경제적 불평등이 나라 전체에 만연했다. 그야말로 외상 후 스트레스 장애와 일반적인 정신 건강 문제의 온상이었다.

내가 수집한 데이터는 국립 학교의 정신 건강 프로그램 개발에 기여할 예정이었는데, 정신 건강 자원이 제한된 남아프리카공화국 같은 나라에서는 그 프로그램이 어린이의 정신 건강 문제를 해결하는 가장 경제적인 방법으로 여겨졌다.

케이프타운에 머무르는 동안 친구의 사촌이 로드메모리얼에서 자신의 입에 총을 대고 자살하는 일이 있었는데, 그 일을 계기로 남아프리카공화국에서 일어난 자살에 대한 자료를 검토해 볼 기회가 생겼다.

내가 짐작한 대로 젊은 백인 남성의 자살률이 급증했고, 이것은 세계적인 추세이기도 했다. 그러나 남아프리카공화국의 경우 백인이 했던 인종 차별에 대해 백인이 느끼는 죄책감, '화이트 길트 white guilt'가 어느 정도 반영된 것으로 파악되었다. 이때 쓴 논문으로 나는 연구상을 받았다. 논문을 쓰면서 한 젊은 남성의 죽음과 그로 대표되는 젊은 남성들의 삶이 상실되는 과정이 세계적인 추세라는 것에 충격을 받았지만, 그나마 내 연구가 영향을 미칠 수 있을 거라는 생각에 위안이 되었다.

이 경험에 고무되어 청소년 우울증 전문의가 되겠다고 생각하게 된 나는 아동 정신 의학과 타운센드 교수를 찾아가 자문을 부탁드렸다. 그가 심리학과에서 유명한 여성 강사 한 분을 소개해 주었고, 함께 10대 우울증의 행동 유전학을 연구할 수 있게 되었다.

그녀가 사춘기 우울증을 앓고 있는 쌍둥이에 대한 데이터를 이용할 수 있게 도와줘서 새로운 통계 도구를 배우며 분석 작업에 착수했다.

나는 그녀의 도움을 받아 동료들의 심사를 받는 영향력 있는 학술지에 두 편의 논문을 발표했고, 남아프리카공화국에서 썼던 기존의 논문들도 함께 평가를 받아 29세에 우리 대학의 임상 강사가 되었다. 나쁘지 않았다. 처음으로 내 이름이 인쇄된 것을 보고 뿌듯했으며, 힘들게 노력한 결실을 보게 되었다는 사실에 자랑스러운 마음이 들었다. 나는 정신 의학을 학문적으로 연구하는 것이 집처럼 편안했다.

사실 내게는 학문적 수련 프로그램이 안식처나 마찬가지였다. 강의를 통해 지적 자극을 얻고 동료 수련자들과 토론하는 것이 정말 좋았다. 마치 대학으로 다시 돌아간 기분이었다.

사실은 눈에 들어오는 모든 것에 관심을 둘 수 있고, 내가 알게 된 정보를 곧장 환자들을 위해 사용할 수 있다는 점에서는 대학 때보다 더 좋았다.

우리는 함께 정신 의학 이론을 배웠다. 마음, 뇌, 약물과 심리 치료의 작동 원리, 유전학의 중요성, 환경과 삶의 경험이 어떻게 유전자 발현과 뇌의 발달을 변화시킬 수 있는지에 관한 것들이 일률적으로 타고난 것이거나 그렇게 길러지는 것이 아니라 둘의 복잡한 상호 작용이라는 것도 배웠다.

고된 한 주를 마감하고 나면, 우리 주니어 정신과 의사들은 '해와 비둘기' 술집에 모여 앉아 그 주의 사건 사고와 재미있었던 일들을 대해 이야기를 주고 받았다. 그럴 때면 우리보다 한두 해 선배인 주니어 의사들이 귀에 쏙 들어오는 조언을 들려주기도 했다. 기사 작위를 받은 교수에게 발탁된 어밀리아, 수련의 협회 Junior Doctors' Committee, JDOC 회장인 프리야, 사교적이어서 JDOC의 이벤트를 도맡아 진행하는 아일랜드 사람인 조니가 그들이었다. 우리가 제자리를 찾아가는 동안 그들이 우리의 영혼 안내자가 되어 주었다.

그렇게 개인적으로 끌린다고 생각하는 것을 추구하다 보니 어느덧 나는 배우고, 일하고, 연구하고, 가르치는 매일의 행위들을 즐길 수 있게 되었다. 게다가 내 주변엔 같은 생각을 하는 사람으로 가득했다. 강한 사회적 양심을 지니고 있으면서 한쪽 발은 과학에, 다른 쪽 발은 예술에 담그고 살아가는 사람들 말이다. 비로소 나는 나의 '부족部族'을 찾은 느낌이었다. 마치 세상이 내 것 같았다.

물론 부모님은 나만큼 행복하지 않았다. 부모님은 몇 년 동안 지치지도 않는지 소아과나 신경과로 바꾸라고 나를 설득했다. 나중에 알게 된 사실인데, 이런 일들이 정신과 의사 집안에서는 아주 흔한 일이라고 했다. 정신과 의사를 이류라고 보는 의사가 많고, 심지어 '진정한 의사'가 아니라고 여기는 경우들이 꽤 있기 때문이라는 것이다. 정신 건강에 대한 편견이 너무 심각한 수준이어서 환자들은 환자들대로 지원 프로그램의 공적 기금을 쓰면서도 시간만 허비하고, 도움을 주고자 하는 의사들은 연구 기금을 허비한다는 소리나 듣는다고 했다. 게다가 결정적으로 의사들 사이에서도 동등한 존재로 보는 존중감이 없다고 했다.

얼마 후, 나는 내 부모님이 케임브리지까지 나온 자랑스러운 딸이 결국 정신과 의사밖에 되지 못했다는 것을 창피하게 생각해 동료들에게 말하지 않았다는 것을 알게 되었다. 그분들이 생각하는 의사의 이미지는 깨끗한 진료실과 살균 소독된 수술실이지, 경찰서 유치장이나 잠긴 병동이 아니었다. 부모님이 친구들에게 말한 내 직업은 신경과 의사였다.

부모님이 나의 직업 선택을 받아들이기 시작한 것은 그로부터 여러 해가 지난 후 전문의 수련을 마치면서 내가 최종적으로 신경 정신과를 택했을 때였다. '신경'이라는 말이 앞에 붙자 뭔가 더 영예스러워 보인다고 여겼는지, 적어도 남들에게 딸이 신경 정신과 전문의라고 말할 수 있게 된 것이다. 평범한 외과의보다는 신경 외과의가 더 매력이 있고, 해부학보다는 신경 해부학이 더 똑똑한 과목처럼 느껴지니까 그랬을지도 모른다. 혹은 어쩌면 부모님도 결국 내가 선택한 일을 즐긴다는 것을 알게 되셨을 테고, 아무리 강권해도 내가 진로를 바꾸지 않으리라는 것을 이해하게 되신 것일 수도 있다.

이유가 어찌됐든, 결국 부모님이 친구들에게 진짜 내 직업을 이야기하는 것을 듣게 되니 좋았다. 다시 한편이 된 기분이었다. 그러나 좀 당황스럽기도 했다. 그건 다 자란 어른이 되어서까지 '완벽한 딸'이 되어 사람들의 비위를 맞추고 싶어 하는 욕망이 여전히 내 가슴속에서 뛰고 있다는 뜻이기도 했기 때문이다.

나는 피플 플리저인가?

만약 당신이 다른 이의 기분을 맞추는 사람이라는 것을 알게 됐다면, 그것만으로도 웰빙의 증진을 향한 첫발을 내디딘 것이다. 그렇다면 이제부터는 삶의 다양한 영역에 걸쳐 자신이 하는 일에 대해 생각해 볼 때다.

'당신이 하는 일은 자신을 위한 것인가, 다른 사람을 위한 것인가?'

즉, 이런 것이다. 자신이 원해서 법이나 의학을 공부하는 건가? 원해서 아찔하게 뾰족한 힐을 신는가? 원해서 누가 나를 건드리는 걸 내버려 두는가? 원해서 야근하는가? 원해서 다수를 위해 손해를 보는가? 원해서 결혼하고 아이를 갖는가?

만약 당신이 부모, 친구, 동반자의 기분을 맞추려고 무언가를 하고 있다면, 두려워하지 말고 그렇다고 이야기해야 한다. 사랑하는 부모나 동반자가 당신의 안녕을 바라지만, 자신들이 당신에게 어떤 식으로 영향을 미치는지 모를 때가 많으므로 오히려 피드백을 받아서 다행이라고 생각할 수 있다. 그들은 당신에 대해 알아야 당신의 관점에서 보는 노력을 할 수 있고, 서로 변화를 모색할 수 있게 되며, 타협을 위한 협상도 할 수 있다. 그렇지 않고 만약 당신이 맺고 있는 관계가 사랑과 염려가 배제된 관계라면 아예 전면적인 재평가가 이루어져야 한다.

나에게 '아니오'라고 말할 수 있는 권한 주기

우리는 가끔 다른 사람들을 위해 사심 없이 무언가를 해야 할 때가 있다. 그러나 중요한 것은 자신이 무엇을, 왜 하고 있는지를 알아야 한다. 또, 자신의 필요와 자아 존중감을 훼손시키면서까지 그 일을 해서는 안 된다. 그래서 우리의 '오케이'가 당연시되거나 우리가 이용당하는 일은 절대로 없어야 한다. 때로 사람들의 부당한 요구에 '아니오'라는 말을 하다 보면 불화가 일어나기도 한다. 그러나 명심할 것은 내가 불편해도 그것을 참고 다른 사람들을 만족시키기 위해 하는 일들은 우리의 안녕을 손상하게 되며, 진정으로 소속되는 일에도 장애가 될 뿐이다.

'아니오'라고 말하는 것은 실패 또는 혼자 남는 것을 두려워하는 스스로와 맞닥뜨리는 일이지만 궁극적으로는 자기 존중으로 이어진다. 심지어 우리가 생각보다 강하고, 회복하는 힘도 크다는 사실을 발견하는 계기가 되기도 한다.

피플 플리저들을 지원하라

피플 플리저들은 다른 사람들을 기분 좋게 해 주고 싶어서 내심 동의하지 않을 때도 아무 말 않고 그냥 하자는 대로 하기 때문에 그 사실을 알아차리기가 쉽지 않다. 그런데도 가족, 친구, 직원 중에 피플 플리저가 있다는 것을 알았다면, 우리가 그 사람들의 정신적 안녕에 영향을 끼칠 수 있음을 명심할 필요가 있다. 그 사람들이 우리 기분을 맞춰 주느라 기꺼이 이런저런 일을 요구해도 되는 것은 아니다. 예를 들면, 대학 입학을 위해 재수를 하거나, 요구에 응해 잠자리를 가지거나, 직장을 그만두거나, 야근을 하는 일 등을 한다고 해서 그것에 대해 요구해도 되는 것은 아니라는 것이다. 물론, 그렇게 하라고 내버려 두는 것도 안 된다.

내 남편은 친정어머니가 아이들을 돌봐 주실 거라고 생각해서 툭하면 둘이서 주말 나들이를 하자고 한다. 물론 어머니는 내가 부탁하면 언제든 '예스'라고 대답하는 자애로운 할머니지만, 나는 정말 필요할 때가 아니고는 부탁하지 않으려고 조심한다. 이것은 내 책임이기 때문이다.

피플 플리저인 자녀가 있으면, 부모는 기대 이상의 성과를 거뒀다고 해서 과도하게 칭찬하는 일은 자제해야 한다. 그 칭찬이 남의 기분을 맞추려는 성향을 오히려 부추길 수 있기 때문이다.

아무리 재능이 출중해도 아이들은 번아웃에 대한 면역이 없다. 흔히 번아웃은 성인에게 찾아오는 것이라고 생각할 수 있지만, 사실은 자신의 한계를 가늠하거나 환경을 통제할 능력이 없는 아이들이 번아웃에 더 취약하다. 아이들이 자신을 너무 몰아붙이지 않도록 과잉 성취보다는 균형을 중요시하고, 우선순위를 정하는 일이 필요하다는 점을 일깨워 주는 것이 부모의 책임이다.

피플 플리저와 사는 이들은 순응적인 배우자와의 생활에 만족하면서, 상황을 바꿀 생각을 하지 않는다. 그들은 이렇게 말할지도 모르겠다.

'그 사람이 행복하지 않다고 생각하는 줄 몰랐어. 그렇게 부부 관계, 육아, 퇴사, 집안 일 등이 하기 싫었으면 그렇다고 말을 했겠지, 그렇지 않니?'

마찬가지로 피플 플리저를 직원으로 둔 고용주는 아주 행복해하며 이 '자발적 착취'에 가담하곤 한다. 그러나 피플 플리저의 파트너나 고용주는 관계에서 주로 약자인 피플 플리저가 거리낌 없이 자기 생각을 이야기하거나 뭔가를 요구하기 힘들어 한다는 점을 이해할 필요가 있다.

적극적으로 항의하지 않는다는 것은 동의한다는 뜻이 아니다. 거기에는 뿌리 깊은 무력감과 두려움이 반영되어 있다. 그러므로 나는 피플 플리저의 파트너와 고용주들에게 이렇게 간청하고 싶다.

'부디 묻거나 따지지 말고 그저 권력과 부담의 균형을 생각해서 행동하라.'

나는 주변의 많은 남성들에게 '독수리가 그렇게 멋있다면서 왜 새장에 가두려 하죠?'라는 질문을 해 보고 싶지만, 웬만해선 하지 않는다. 그들은 믿을 수 없을 만큼 지적이며 능력도 뛰어나 회사의 중역 자리에까지 오른 성공한 여성과 결혼하고 싶어 한다. 그러나 그들 중 많은 수가 이런 유형의 여성들에게 끌려도 일단 결혼하면 일부는 태도가 달라져 아내가 일을 그만두고 전업주부가 되길 원하거나 심지어 집에 들어앉으라고 적극적으로 권할 때도 있다.

미국 드라마 〈위기의 주부들Desperate Housewives〉 패러디를 보면, 항우울제와 진통제를 달고 사는 여성들이 등장하지만, 내가 루이즈 스펜서에게 배웠듯 현실은 드라마만큼 재미있지 않았다. 물론 길들여지는 것에 만족해하는 독수리들도 있다. 그러나 내가 아는 많은 독수리는 높이 날며, 자유를 만끽하고 싶어 하지만 그렇게 하지 못한다. 남편의 비위를 맞추고 싶은 욕망, 사회에서 부과한 모성적 의무감, 가족에 소속돼야 할 필요성 등이 가로막기 때문이다.

물론 많은 남성도 돈을 더 많이 벌어오라며 지위 중심적인 아내들의 강한 압박에 시달린다. 덕분에 헌신적인 아버지들이 생기 없는 샐러리맨으로 전락하는 경우가 많다. 이런 상황들이 위기의 주부와 회사원들뿐 아니라 그들이 양육하는 아이들의 정신 건강까지 망가뜨리게 된다.

마찬가지로 직장에서 권력의 균형을 잡는 위치에 있는 사람은 동료나 직원들과 좋은 관계를 형성할 수 있게 신경 써야 한다. 상사들은 흔히 직장에서 웰빙을 우선순위로 하면 야망이 부족하다거나 일의 능률이 저하되는 지름길이 될까 우려하지만, 그렇지 않다. 가장 성공한 사업가들은 삶의 여러 방면에서 관계가 가장 중요하다는 것을 깨닫기 마련이다. 행복한 직원일수록 자기 일에 충실하고 더 생산적이며, 행복한 고객이 충성스럽고 더 많은 비즈니스를 가져오며, 행복한 가정생활을 하는 직원이 직장에 번영을 가져온다.

관계의 우선순위 정하기

오늘날 우리가 사는 세상은 일, 돈, 성취, 경쟁, 상, 지위 같은 것이 마구 돌아가는 다람쥐 쳇바퀴나 마찬가지다. 그리고 그 쳇바퀴 속에서 우리는 자신을 너무 쉽게 소비한다. 그러나 나의 경우 인생을 되돌아보면, 힘든 시기를 극복하게 한 것은 언제나 주변 사람들과의 관계였다.

임종의 순간을 맞이한 이에게 인생에서 가장 의미 있었던 게 무엇이었느냐고 물으면, 예외 없이 살면서 만났던 사람들에 대해 말할 것이다. 미국 9·11테러 당시에 트윈 타워에 있었던 사람들, 대화재가 덮친 영국 그렌펠 타워에 있었던 사람들은 임박한 죽음 앞에서 사랑하는 사람들을 불렀다. 그 순간에 파워 포인트로 작성한 문서를 상사에게 황급하게 이메일을 보내거나 은행 계좌의 잔고를 확인하는 사람은 없을 것이다.

만약 살 수 있는 시간이 1분만 남았다고 한다면, 누구나 관계를 우선순위에 둔다. 그렇다면 시간이 우리 편일 때, 다른 우선순위가 뭐란 말인가? 모쪼록 지금보다 훨씬 더 관계를 더욱 소중히 여기기를 바란다.

이 말은 우리에게 중요한 사람들, 우리를 지지해 주는 사람들과의 관계를 키워 나가는 것만을 의미하지는 않는다. 여기에는 불건전한 관계를 제대로 인식하는 것도 포함되어 있다. 이를테면 친구와의 우정 속에서 '진정한 나'로 존재할 수 있는지 확인해 볼 필요가 있다. 내가 '나'일 수 없는 친구와의 피상적인 관계는 부담만 될 수 있기 때문이다.

만약 친구 앞에서 특정한 방식으로 행동해야 한다고 느끼고, 그 방식이 불편해서 친구에게 진짜 감정을 털어놓을 수 없다면 그 우정에 투자할 가치가 있는지 살펴봐야 한다. 더욱이 우정은 상호적이어야 한다. 누군가에게 계속 주기만 하고, 결코 보답받지 못할 것이라고 느낄 때, 그 느낌을 상대에게 털어놓고 말할 수 있는지 생각해 보라. 솔직하게 말할 수 없겠다 싶으면 관계의 우선순위를 다시 평가해 봐아 한다.

반대의 경우도 마찬가지다. 주변 친구들이 당신에게 엄청난 지지를 보내는데 그 친구들에게 아무런 문제가 없는 것 같으면, 혹시 당신이 친구들을 이용하고 있는 게 아닌지 생각해 봐야 한다. 관심과 지지의 중심에 서는 것은 기분 좋은 일이 될 수 있지만, 장기적으로 보면 남을 이용하는 일이 계속 잘 되는 경우가 없다. 대개 유대 관계에서든 인생 그 자체에서든 기쁨은 '내어 주는 것'에서 온다.

소속감 역시 받는 것뿐 아니라 베푸는 것에서 온다. 남을 받아들이거나 지지해 주지 않으면서 내가 받아들여지고 지지받기를 기대할 순 없다. 그러므로 주변 사람들이 끊임없이 당신을 판단한다는 느낌이 들면, 당신 자신이 남을 판단하는 경향이 있지 않은지 생각해 봐야 한다. 주고받는 것은 서로 맞물려 있을 때가 많다.

가족의 유대 관계가 최우선

상상하기는 싫지만, 한때 우리의 우상이자 무적이었던 부모님이 노쇠해져 보살펴야 하거나 너무나 황망하게 우리 인생에서 사라지는 순간이 머잖아 올 것이다. 코로나바이러스 감염증-19 팬데믹을 겪으면서 뼈저리게 느꼈듯이 우리 삶은 정말 취약하다. 그러니 할 수 있는 동안 가족의 유대 관계를 최우선으로 삼아 나중에 후회할 일을 만들지 않도록 노력하라.

가교를 만들자

불행히도 가족이 된다거나 로맨틱한 관계 혹은 동료가 되는 모든 유대 관계가 긍정적인 것은 아니다. 그러므로 관계나 상황이 건강하지 못할 때 상황을 인식하는 것이 중요하다. 지금 상황에서 아무것도 바뀌지 않은 채 시간만 흘렀을 때, 자신의 인생이 5년, 10년 후 어떤 모습일지 상상해 보면 도움이 될 수 있다. 그리고 미래의 자신이 되어 지금의 자신에게 편지를 써 보자. 자신에게 어떤 조언을 해줄 것인가?

이것은 동기 강화 치료에서 빌려 온 기법인데, 마음을 연마하여 변화가 필요한지 판단하게 하고 '아무것도 하지 않는 것'이 가져올 수 있는 잠재적인 부정적 결과를 생각하게 한다. 만약 마음이 변화의 필요성을 인식했다면 과감하게 다른 길을 찾아봐야 한다. 미지를 향해 몸을 던지는 것은 두려운 일이므로 이 일에는 큰 용기가 필요하다. 그러나 우리에게 또 다른, 좀 더 긍정적인 유대 관계가 있고 그 관계의 돈독함이 우리 뒤에 있다면 훨씬 쉬울 것이다. 이 관계가 우리로 하여금 대처하고, 살아남아 다시 번영할 수 있게 해 줄 것이다.

뒤에 무언가를 남기고 떠나는 것이 두려운 이유 중에는 돌아오지 못할 수 있다는 미신이 자리 잡고 있다. 그러나 그 순간에는 느끼지 못할 수 있지만, 길은 돌고 돈다. 중요한 것은 가능한 순간에 다시 저 쪽으로 건너갈 수 있는 가교를 만들어 두는 것이다.

관계가 작동하지 않는다는 건 떠날 때가 되었다는 것이다. 그러나 이 과정에서 다른 이들을 함부로 대하고 창피를 줄 필요가 전혀 없다. 더 나은 선택은 항상 똑같다. 우리에게 무엇이 필요한지 상대가 알게 하고, 정직한 태도로 상대를 존중하고 인간적으로 대하며, 우리 자신도 그런 대접을 받고 싶다는 것을 알려 주는 것이다. 그래야 잘못된 결정을 하더라도 되돌아갈 수 있는 여지가 생긴다.

인생은 기회의 연속이다. 우리가 더 많은 가교를 만들어 언제든 건널 수 있게 열어 두면, 그것 자체가 우리를 위한 기회를 더 많이 만드는 것이다.

4 ─────────────────────── **외로움:**

고독과는 다른,
무리 속에서의 단절

사이코게리

내가 수련 기간에 겪어 보니 외로움이 어떤 결과를 초래하는지 예시로 들기에 '노인 정신 건강' 센터보다 더 적절한 곳이 없다. 물론 당시에는 아무도 그곳을 그렇게 부르지 않았지만, 정치적인 의미를 담은 표현인 '사이코게리 Psycho-gerrie '라는 부적절한 표현으로 그곳을 지칭하던 시대였다.

돌이켜 보면 그런 경멸적인 용어가 아무렇지도 않게 널리 사용되었다는 사실이 충격적이다. 이 말을 굳이 여기서 쓰는 이유는, 정신 건강 문제가 있는 사람들을 조롱하는 것보다 연민을 갖고, 언어를 수정하자는 의미이자 지난 20년 동안 우리가 얼마나 멀리 왔는지 스스로 돌아보는 것도 중요하다고 생각하기 때문이다.

나는 학창 시절에 요양원에서 미술 동아리를 운영했던 경험이 있어서 노인 정신 건강 병동에 파견되었을 때 그다지 낯설지 않았으며, 이내 익숙해졌다. 아침마다 화이트보드에는 가장 중요한 연도를 포함한 날짜를 큼직한 글씨로 썼고, 직원들은 늘 평소보다 '두 배 이상 큰 목소리'로 말했다.

내가 맡은 병동은 인원이 많았는데, 주로 아프리카계 카리브인이었고, 간호 직원들 역시 대부분 아프리카계 카리브인들로 구성되어 있었다. 그래서 병동에는 자연스럽게 그들 특유의 바이브가 배어 있었다. 베라 린의 부드러운 곡조가 스피커를 타고 흘러나오다가 곧이어 밥 말리의 레게 비트가 울려 퍼지곤 했다. 사람들은 느릿하게 엉덩이를 흔드는 춤과 경쾌하게 발을 놀리는 춤을 번갈아 추었다. 점심은 주로 스튜, 밥, 질경이를 곁들인 완두콩 요리 같은 것들을 가져다 함께 나누어 먹었다.

병동의 정규 활동은 늘 빙고 게임을 하는 그룹과 지난 시절을 되새기는 향수 그룹으로 나뉘어 진행되었다. 향수 그룹에서는 매일 똑같은 토론이 이루어졌다. 참가자들이 자기가 전날에도 토론에 참여했고, 그때도 그 전날과 똑같은 말을 했다는 것을 매일 잊어버리기 때문이었다.

나는 미용사가 와서 모두를 백만장자가 된 기분으로 만들어 주는 날을 제일 좋아했다. 이렇게 그들이 원하는 것을 들어주고 사회적 상호 작용을 하는 것이 이 사람들에게는 가장 중요했다. 환자들과 이야기를 나뉘 보면 입원하기 전에 일정 기간 사회적으로 고립된 채 지낸 사람들이 많다는 것을 알 수 있었는데, 이것이 그들의 정신적 건강 악화에 영향을 미쳤음이 분명했다.

70대 환자인 더글러스는 은퇴 이후 심각한 임상적 우울증을 앓고 있었다. 그의 상태는 먹지도 마시지도 않을 정도로 우울증이 깊어져 신체 건강에까지 영향을 주고 있었다. 그의 우울증은 형태학적 신체 변화에 대한 망상적 감정과 관련이 있었다. 정신 분석가는 이러한 증상을 소외감과 소속감 결여의 징후로 해석할 수 있다고 했다.

더글러스는 자신이 이질적인 존재이고, 몸이 변형되어 달라지고 있어 정상적인 인간 사회에 더는 어울릴 수가 없다고 믿었다. 그의 주요 관심사이자 심각한 우울증 증상은 날이 갈수록 팔은 길어지고, 다리는 짧아진다는 절대적인 믿음이었다. 이런 증상은 한 번도 접하지 못한 것이어서 나는 이것에 '티클 씨 증후군(Mr. Tickle syndrome)'이라는 이름을 붙였다.

더글러스 씨는 나와 만날 때마다 자기 팔이 너무 길어져서 주체할 수가 없다고 했다. 침상에 앉아서 팔을 위로 뻗으면 천장을 쓸고 다닐 정도이고, 옆으로 뻗으면 침실의 양쪽 벽에 닿는다고 우겼다. 둘 다 사실이 아닌 것은 당연했다.

그는 또 다리가 너무 짧아져서 바닥에 닿지 않는다고도 했는데, 그가 그 말을 하는 동안 바둑판무늬 슬리퍼를 신은 그의 발은 병원의 리놀륨 재질 바닥에 딱 붙어 있었다. 그는 자신에게 왜 이런 일이 생겼는지 설명해 주지 않았지만, 이대로 지낼 수는 없다고 말했다. 적어도 그는 우울감을 인정하고 치료 받을 의향이 있었다. 그는 "당신에게도 이런 일이 생기면 우울하지 않겠소?"라고 말하곤 했다.

'속하지 않음'이 어떤 느낌인지 겪어 보지 않은 사람도 많다. 그런 사람들에게는 어떤 상황을 통해 상실감이 생기고, 시간이 지나면서 그것을 더 크게 느낀다. 한때 가졌던 소속감을 상실한 사람들에게는 늘 위화감을 느끼는 사람들과 달리 상실의 원인에 대한 분노와 고통스러운 기억, 과거에 대한 그리움이 더해진다.

코로나바이러스 감염증-19 팬데믹 이전에는 대개 노년이 되어서야 건강, 독립, 목적, 가족, 친구들이 점차 사라져 비참한 지경에 처하는 경험을 하기 마련이었다. 그러나 코로나바이러스가 창궐한 기간에 사회적 거리 두기와 격리 기간이 대대적으로 길어지면서 우리 대부분이 사회적 고립을 직접 경험했고, 그 때문에 발생하는 부정적인 감정도 인식하게 되었다.

조이에게는 브릭스턴의 단칸 월세방에서 홀로 살아가는 노년의 생활이 화려하고 역동적이었던 젊은 시절의 추억과 비교했을 때 상처가 되었을 것이다.

조이는 75세로, 키가 크고 호리호리한 아프리카계 카리브인 여성이었다. 그녀는 늘 커다랗고 두꺼운 렌즈로 된 안경을 쓰고, 능숙한 화장 실력으로 얼굴을 단장했다. 그러나 가장 인상적인 것은 머리에 쓴 파란색 비닐봉지였다. 조이는 그녀의 단칸방에서 일어나는 여러 가지 수상한 일에 대해 내게 이야기했다.

이상한 사람들이 그녀가 수집한 술병 미니어처들을 꺼내 마시고는 물건을 이리저리 옮겨 놓았다는 것이다. 처음에 그녀는 매달 방문하는 성가신 조카들을 탓했다. 그녀가 잘 지내는지 확인하는 명목으로 찾아온다고는 하지만, 사실은 얼마 남지 않는 돈을 차지하기 위해서라는 걸 알고 있다고 했다.

그러나 점차 그녀는 밤에 그림자를 보게 됐고, 낯선 남자들이 말하는 것을 들었다. 그중에서도 최악인 것은 낯선 이들이 그녀가 잠들기를 기다려 그녀의 몸에 뭔가를 했다는 점이었다. 그녀의 머리에 금속판을 이식했다는 것인데, 그것 때문에 그들은 언제든지 그녀의 뇌에서 생각을 훔칠 수 있게 되었다고 했다. 그녀는 증명해 보인다면서 자신의 이마를 두드렸다.

"소리가 들리죠? 바로 거기예요. 금속판 소리가 들리잖아요."

그녀는 비닐이 생각의 이동을 막아 준다고 믿고 있었다. 그것이 그녀가 머리에 파란 비닐봉지를 쓴 이유였다.

조이에게 일어난 최근의 사건들은 온통 기상천외했지만, 그녀의 젊은 시절 이야기들은 매혹적이었다.

그녀는 여덟 명의 카리브인 미인이 찍힌 사진 한 장을 보여 주었다. 실크 가운을 입고 4인치 높이의 힐을 신은 미인들은 넓은 챙모자와 연미복 차림의 젊은 영국 연예인 남성 한 명을 둘러싸고 있었다.

그녀가 여러 미인 중 한 명을 가리켰는데, 놀랍게도 얼굴 생김이 틀림없는 그녀였다. 그녀는 한때 '미스 카리브해' 출신이었다. 당연히 그녀는 요트를 타고 다니며 가장 화려한 파티만 골라 참석하면서 샴페인의 나날을 보냈다. 그리고 사진 속의 남자와 결혼했다.

"여기를 보세요. 이때만 해도 그는 어렸어요."

그러나 그가 유명해지면서 둘의 관계는 지속되지 않았다.

조이는 눈부신 젊음의 세상에서 브릭스턴의 작은 아파트에 다다르기까지 그녀가 그려 낸 삶의 궤적은 인생의 극적 변화를 여실히 보여 주고 있었다.

이것이 그녀의 정체성과 정신 건강에 어떤 영향을 미쳤을까? 아마 아름다움이 감퇴하고 기회가 감소하는 것에서 시작했을 것이다. 이것이 극에 이르면서 그녀는 사회적으로 고립되고, 알코올 중독과 편집증으로 이어졌다.

나는 그녀가 50세가 넘도록 간직하며 집착하는 사진 한 장의 역할에 대해 생각해 보았다. 그 사진은 그녀의 전성기이자 평생의 사랑이었을 것이다. 그녀는 그 어린 남자, 즉 남편의 성을 그대로 쓰고 있었다. 남편이었던 사람이 두 번 결혼할 동안 그녀는 내내 독신이었다.

우리가 할 일은 조이가 새로운 삶을 시작할 수 있게 돕는 것이었다. 우리는 그녀의 이마에 있는 금속판을 제거하여 비닐봉지를 쓸모없게 하는 것부터 시작했다. 이 치료는 수술 대신 매우 효과적인 항정신병 약물 치료를 이용해 몇 주 만에 해결했다.

그녀가 회복하자, 우리는 그녀의 '성가신 조카들'에게 연락했다. 20대 초반인 그들은 실제로는 조이의 손자뻘로 그녀에게 남은 유일한 혈육이었다. 그들이 병동으로 찾아와 "고모를 돕고 싶은데 저희를 받아주지 않으세요."라고 진지하게 말했다.

이제 편집증이 사라진 조이는 눈물을 글썽거리며 조카들의 도움에 고개를 끄덕였다.

"저도 돕겠습니다" 작업치료사_{occupational therapist}가 함께 그녀의 집을 치워 주었다. 조이가 몰래 탐닉하던 빈 술병 미니어처는 '파란 비닐봉지'에 담아서 내다 버렸다.

외로움은 고독과 다르며, 회사에 남아 시간을 보내는 것과도 다르다. 외로움은 '우리가 원하는 사회적 상호 작용의 양과 질', 그리고 '실제로 얻는 것' 사이의 단절을 의미한다. 외로움은 나이와 상관없이 생길 수 있으며, 누구에게나 일어날 수 있다.

외로움이 사람에게 미치는 부정적인 영향은 과장하기 어려울 만큼 심각하다. 혈압, 수면 부족, 치매, 우울증, 자살 충동 심지어 조기 사망 등의 신체적, 정신적 질병에까지 두루 관련된 것으로 알려져 있다.

외로움이 사망률에 미치는 영향에 대한 2010년 연구에서는 외로움의 영향이 비만의 2배, 대기 오염의 4배로 추정되기도 했다. 이 연구는 외로움이 공중 보건의의 주요 관심사로 떠오르는 계기가 되었다. 서구 사회의 경우 인구의 3분의 1이 외로움에 의해 영향을 받으며, 12명 중 1명은 심각한 영향을 받는 것[11]으로 나타났다.

과학자들 역시 외로움이 우리의 심리에 어떤 영향을 미칠 수 있는지 연구해 왔으며, 측정 가능한 영역에서 뇌 구조의 변화를 실제로 일으킨다는 사실을 밝혀냈다.

이것은 뇌가 우리를 둘러싼 환경을 이해하고 신체 반응을 조절하는 주요 기관이라는 것을 고려하면 놀랄 일도 아니다. 그러므로 이 결과는 결국 정신적, 신체적 안녕에 미치는 환경의 어마어마한 힘과 환경을 어떻게 해석하느냐하는 것의 엄청난 영향력을 입증[12]한 것일 뿐이다.

나만 혼자야

사회적 고립은 외로움의 유일한 원인이 아니다. 많은 이가 다른 사람들에게 둘러싸여 있을 때조차 외롭다고 느낀다. 그간 과학자들은 사람들의 사회적 접촉과 집단에 소속된 정도를 관찰해 외로움을 측정하곤 했지만, 이제 그들은 양보다 질이 우선임[13]을 안다. 얼마나 많은 집단의 구성원으로 활동하는지 혹은 사회적 상호 작용을 얼마나 많이 하는지보다 그 집단에 얼마나 잘 동화되는지가 더 중요하다는 것이다.

노래하고 춤추는 일에 열정을 지닌 사람이 학교의 풋볼팀이나 농구팀에 속해 있을 때를 생각해 보면 알 것이다. 미국 드라마 〈글리Glee〉나 〈하이스쿨 뮤지컬High School Musical〉의 등장인물들을 떠올려 보라.

또 이성애자로서 짝을 만나 가정을 꾸린 사람 중에 게이가 있을 수도 있다. 최근의 사례로는 TV 진행자인 필립 스코필드가 있다. 이처럼 우리는 수많은 사람을 알고 지내지만, 정작 누구도 나에 대해 알지 못한다고 생각하면서 살아간다. 그러다 주변 사람들 사이에서 진정한 자기, 또는 온전한 자아로 존재하지 않는다는 것을 깨닫게 되면 외로운 존재로 전락하며, 그 때문에 정신 건강 문제가 촉발될 수 있다.

미소 짓는 가면 뒤에 보이는 것

모드는 노인 정신 건강 센터의 외래 환자였다. 거리낌 없는 성격의 유대인 할머니인 모드는 다채로운 캐릭터의 소유자였다. 그녀는 작고 비좁은 진료실로 왕족처럼 우아하게 들어왔다. 보라색 머리에,

커다랗고 밝은 노란색 아크릴 안경을 쓰고, 아이섀도 색과 맞춘 선명한 녹색의 달랑거리는 귀걸이를 하고 있어서 못 보고 지나치기 어려운 스타일이었다.

모드는 대개 다른 노인 환자들과는 달리 활력과 자신감이 있었고, 생기발랄했다. 무엇 때문에 진료실을 찾아왔는지 의아할 정도였다. 나이 지긋한 숙녀지만 그녀는 생존이 아니라 번영하고 있었다.

"오늘은 무슨 일로 진료실에 오셨어요, 모드?" 나는 정말로 궁금해서 물었다.

"의사 선생님…" 그녀는 자못 심각하게 말했다.

"질 때문에 왔어요." 그녀는 이 말을 강조하기 위해 손동작까지 취해 보였다. 내가 '반짝반짝 작은 별'의 노래 시작 부분에서 하는 것과 같은 손동작이었다. 그녀는 연극적인 어조로 이렇게 덧붙였다. "그게 블링블링하기 시작했거든요."

모드의 다른 이력을 살펴보니, 정신적으로나 육체적으로 다른 질병의 징후는 없는 것 같았다. 그녀는 혼자 살았지만, 유대인 공동체 내에서 활발한 사교 활동을 하고 있었다. 내 견해로는 70대 여성이 화장과 장신구로 외모를 가꾸며 활발하게 사회생활을 할 정도면 잘 살고 있는 거였다.

그녀가 유대인 모임에 나가 몇 안 되는 동년배의 남성들을 놀라게 하면서 건방진 태도로 비꼬는 광경이 눈에 보이는 듯 했다. 아마 그녀는 지역 자선 모금 단체에서도 저돌적으로 임원 자리를 맡을 것이었다. 나는 그녀의 캐릭터를 그렇게 상정했다.

사실 그러지 말란 법이 없었다. 그녀 정도면 마음에 있는 소리를 거리낌 없이 할 수 있을 나이기도 했다.

그녀의 질에 나타난 증상은 '블링블링'보다는 진균 감염에 의한 '화끈화끈'에 가까웠다. 나는 그녀에게 지역 보건의를 만나 증상을 확인할 것을 권고하고, 만약을 위해 다시 한번 내 진료실에 올 수 있도록 약속을 잡았다.

그런데 이후의 진료에서 다른 증상들이 나타나기 시작했다.

모드는 질 증상이 개선되지 않았는데도 더는 신경 쓰지 않았다. 대신에 이국적인 춤을 추는 새로운 사회 활동을 시작했다. 진료실에 들어선 그녀가 난데없이 집시치마를 걷어 올리면서 새로 배운 기술을 내게 보여 줄 때까지도 나는 그녀가 새로운 사회 활동에 심취했다는 사실을 몰랐다. 엉덩이를 흔들고 배에 진동을 일으키는 그녀를 보면서, 그제야 나는 장소가 정신과 진료실이라는 점을 감안한다 해도 그녀가 평범한 상태가 아니라는 사실을 깨달았다.

그녀가 몸을 흔들며 나를 캐비닛 쪽으로 밀어붙여 혼이 빠지는 상황이 되어서야, 나는 무신경하게 그녀의 조증을 간과해 버린 나에 대해 화가 났다. 참으로 슬픈 일이었지만 모르는 사람이 보면 웃음이 터질 만한 상황이었다.

이튿날 나는 자문의에게 "외래 환자인 모드 씨가 걱정입니다."라고 말했다.

"그녀는 항상 극도로 괴짜처럼 굴고 부적절한 행동을 해요. 조증이 진행되는 것 같아요."

내가 그녀의 이력을 모두 들려주자, 자문의는 작업치료사에게 전화를 걸어 며칠 뒤 그녀의 집을 방문하는 일정을 잡았다. 조증으로 들떴다가 희열이 가시면 울증으로 침체가 시작되어 삶을 빨아들이기 때문이었다.

모드가 사는 아파트는 비위생적이었고, 어질러져 있었다. 한두 달 방치된 게 아닌 것 같았다. 접시가 쌓여 있고, 침대는 더러웠으며, 냉장고는 텅 비어 있었다. 작업치료사는 이웃집 쓰레기통을 뒤져 먹을 것을 찾는 모드를 발견했다.

내가 다소 과장되게 설명했던지, 작업치료사가 말하길, 생각보다는 모드의 몸집이 크지 않았다고 했다.

귀걸이와 화장, 화려한 옷은 온데간데없고, 생기발랄하지도 않았으며 성적인 과시도 없었다. 진짜 모드가 민낯을 드러낸 것이었다. 몇 개월 동안 찾아오는 사람 하나 없는 나이 든 여자, 자선 활동을 하러 가도 그럴 여력이 없다는 것을 느끼고 발길을 돌리는 신세. 녹색 아이섀도와 파격적인 장신구는 절망적인 외로움을 감추려 한 장치일 뿐이었다.

모드는 많은 시간을 사람들 속에서 지냈으며, 적극적으로 사회적 교류를 추구했다. 그러나 그녀의 사회생활은 대부분 피상적이었다. 그저 스치는 정도의 관계를 유지하는 사람들은 그녀가 실제로는 지독히 외로웠다는 것을 알아차리기란 어려웠을 것이다.

정작 필요한 사람들이 그녀에게는 없었다. 가까운 친구, 근처에 사는 가족, 이따금 그녀의 집에 들러서 그녀가 실제로 무얼 하며 지내는지 확인해 줄 사람이 없었다.

우리는 그녀를 양극성 장애로 진단했다. 아마 20대에 처음 발병했을 수 있지만, 따로 진단 받지 않은 채 남편 프랭크가 애정으로 지지해 준 덕분에 수십 년 동안 밝혀지지 않은 것으로 보였다.

프랭크가 세상을 떠난 후 10년 동안 모드는 평정을 유지하려 애썼지만, 든든한 바위처럼 자신을 지탱해 주던 남편 없이 생활하기 힘들었다.

그녀의 기분은 점점 종잡을 수 없어졌다. 그녀는 청구서에 찍힌 금액을 지불하고, 식료품을 사고, 집안 일을 하는 등의 일상적인 일을 감당할 수 없었고, 이러한 자기 방임이 그녀의 기분 장애를 악화시켰다.

우리는 모드를 보호 시설로 옮겨 회복하고 사회적 보살핌을 받게 했다.

그곳은 그녀가 여전히 활발하고 독립적이며 사교적으로 지낼 수 있으면서도 그녀의 질이 다시 '블링블링'해질 경우를 대비해 늘 지켜

보면서 도움의 손길을 내밀 사람이 있는 곳이니 말이다.

외로운 10대

노인 다음으로 외로움과 고립을 심각하게 겪는 것은 10대다. 청소년기는 정체성 형성이 중요한 과제로 떠오르며, 또래와의 관계를 통해 자기표현을 실험하고, 사회 계층을 두고 경쟁하는 것이 통과 의례인 시기이다. 사회 계층 경쟁에서 밀리면 당연한 수순으로 괴롭힘을 당하게 되는데, 최근에는 사이버 공간에서 특정인을 집단적으로 따돌리거나 욕설, 험담 등으로 집요하게 괴롭히는 '사이버 불링 cyber-bullying'이 또 하나의 10대의 외로움의 원인이 되고 있다.

코로나 팬데믹 봉쇄 기간에 10대가 사회적 고립과 외로움을 어떤 식으로 겪었는가에 대한 문헌 검토가 이루어졌는데, 결과는 우울증과 불안의 위험이 증가한 것으로 밝혀졌다. 가뜩이나 코로나바이러스의 여파로 아동 정신 건강 서비스에 대한 수요가 늘어난 상황에서 다시 대대적으로 수요가 증가할 것[14]이라는 두려운 전망도 나타났다.

실제로 내가 운영하는 투렛 Tourette, 즉 신경 장애로 인해 자신도 모르게 자꾸 몸을 움직이거나 욕설 비슷한 소리를 내는 증상을 치료하는 센터에도 10대 소녀들에 대한 진료 의뢰가 이미 두 배 늘었으며, 그들 중 다수가 일반적이지 않은, 즉 현란하기도 하고 과장되기도 한 틱 증상 Tic disorde 을 보인다. 이런 식의 틱은 투렛 증후군 Tourette's

^{syndrome} 움직임과는 다르며, 그보다는 기능적 틱 유사 행동일 가능성이 크다.

기능적 증상은 불안과 같은 심리적 요인에 의해 발생할 수 있다는 것을 기억할 것이다. 제1부에서 지니가 학업 실패에 대한 두려움 때문에 기능적 발작과 마비를 일으켰고, 스테프는 사회적 불안 때문에 기능적 퇴행을 겪었다.

2020년의 코로나바이러스 감염증-19로 말미암은 스트레스의 결과도 다르지 않다. 학교가 폐쇄되면서 발생한 사회적 고립과 교육의 불확실성은 감수성이 예민한 10대들, 특히 소녀들에게서 불수의적^{不隨意的} 움직임을 보이는 기능적 틱, 또는 틱 유사 발작을 대거 일으켰다. 특기할 만한 것은 소셜 미디어 플랫폼에서 투렛 증후군 환자 인플루언서들과 똑같은 틱 증상을 보이는 아이들이 꽤 있다는 것이다.

자연스럽게 틱톡 같은 소셜 미디어가 이런 현상을 일으키는 데 한몫한 것 아니냐는 우려가 뒤따랐다. 이런 사이트들이 폭발적인 인기를 끌어 틱 유사 증상을 가진 인플루언서들의 동영상이 입소문을 타고 퍼져나갔기 때문이다. 예를 들어 틱톡에서 해시태그 '#tourettes'는 25억 건의 조회 수를 기록했으며, 2021년 1월 한 달에만 조회 수가 두 배로 늘었다.

자료에는 10대들이 위와 같은 방식으로 노출함으로써 또래의 지지와 인정을 받는다고 대답한 것으로 보고되어 있지만, 이런 지지는 부주의하기 쉬워서 증상을 부추기거나 유지하는 부작용을 낳을 수 있으며, 나아가 취약한 개인들 사이에서 전염 가능성에 대한 문을 열어 주는 결과[15]가 될 수 있다.

당연히 부모들과 논평가들은 소셜 미디어가 아이들의 정신 건강에 미치는 잠재적인 영향에 대해 우려를 나타내고 있다. 이런 형태의 상호 작용이 아이들과 다른 사람의 대면 접촉을 줄이고, 의사소통과 공감 능력을 방해함으로써 실제 사회에서의 사회적 능력을 파괴한다고 믿는다. 그러면 결과적으로 아이들의 사회적 고립과 외로움이 가속화될 것이다.

이것들을 고민해야 할 중요한 문제인 이유는 지난 10년 동안, 즉 코로나바이러스 감염증-19가 발생하기 이전에도 아동의 우울증과 불안 수준이 꾸준히 상승[16]했기 때문이다. 그러나 모든 것이 그렇듯, 이 문제는 보는 것보다 더 복잡하다.

최근 들어 소셜 미디어를 이용하는 것 자체는 어린이에게 해롭지 않다는 증거들이 늘어나고 있는데, 틀린 말이 아니다. 사실상 소셜 미디어를 이용하는 것은 정신 건강상의 장단점 모두 연결되어 있다고 볼 수 있다. 즉 어느 한쪽으로 보기보다는 소셜 미디어가 기분을 반영하거나 강화하는 역할을 한다고 보는 것이 더 정확할 것이다. 좋은 자존감을 지닌 행복한 어린이는 소셜 미디어에서 지지와 확신을 얻을 것이고, 자존감이 낮고 기분이 가라앉은 어린이는 소셜 미디어를 정신 건강을 해치는 방향으로 이용되리라는 것이다.

이 주제에 대한 클로이 베리먼의 2018년 연구가 이를 뒷받침하는 증거가 될 수 있다. 베리먼은 자신감이 부족하고 소셜 미디어에서 자신과 또래를 비교하는 청소년이 우울증에 더 취약한 반면, 자기 자신을 솔직하게 드러낼 줄 아는 10대들은 소셜 미디어를 이용함으로써 웰빙 혜택을 받을 가능성이 높다는 사실을 발견[17]했다.

그녀의 연구에서 온라인을 이용하는 시간과 외로움 사이의 직접적인 연관 관계는 발견되지 않았지만, 부모와 자녀 사이의 좋은 유대 관계와 사회적 지지는 보호 요소가 된다는 사실이 드러났다. 이 연구가 내게 준 메시지는 취약한 10대들이 소셜 미디어를 사용하는 방식에 대해 세부적인 수준에서 더 많은 인식이 필요하다는 것이었다. 세상에 의해 거부당했다고 느끼는 아이들이 자신들에게 소속감을 제공하는 것처럼 보이는 온라인 커뮤니티에 이끌리는 것은 부정할 수 없는 사실이다. 거기에는 아이들이 내심 가장 관심을 두는 것들이 있을 수도, 그렇지 않을 수도 있다.

웹 사이트 중에는 정신 건강 문제에 대한 인식을 제고하는 것들이 있는가 하면 오락 목적으로 불건전한 묘사를 부추기는 것들도 있다. 마찬가지로 정신 건강을 지원하는 단체 중에도 구성원들이 온전히 생활하며 회복할 수 있게 힘을 주는 곳이 있는가 하면 구성원과 '소속된 이'들의 질병이 유지되는 것에 의존해 운영하는 곳도 있다.

게다가 슬픈 현실은 일부 온라인 그룹에서 취약한 젊은이들의 소속감에 대한 절실함을 이용하여 자해, 단식, 심지어 자살과 살인까지 조장하는 것이다. 물론 외로움이 10대와 노년층의 전유물인 것은 아니다. 이 연령층에 대한 연구가 제한적으로 이루어질 뿐이지만, 분명히 노동 연령의 성인들도 외로움을 겪는다.

최근에 내가 좋아하게 된 책 중 게일 허니맨의 《엘리너 올리펀트는 완전히 괜찮아Eleanor Oliphant is Completely Fine 》가 있다. 젊은 성인의 극심한 외로움을 면밀하게 관찰하여 묘사하는 책[18]인데, 내용이 어찌나 마음에 와닿든지 정신과 수련의 시절의 동료들이 곁에 있는 기분이었다.

조니를 처음 만났을 때, 그는 몸집이 보통보다 약간 크고 활달한 성격으로, 정신과 병동에서 수련의들을 위한 사교 행사를 도맡아 진행하는 사람이었다. 일 년 남짓, 그는 우리가 힘든 일과를 마치고 우르르 모여들었던 '해와 비둘기' 술집에서 함께 어울렸다.

그는 맥주잔을 한 손에 든 채 특유의 건조한 위트를 섞어 이런저런 이야기를 들려주곤 했다. 우리가 모두 다른 과의 전문의 수련 프로그램을 받느라 뿔뿔이 흩어졌을 때, 조니는 성인 정신과를 택했으며, 이후로는 그를 한 번도 만나지 못했다.

그로부터 몇 년 후, 아동 정신과에서 전문의 수련을 받고 있을 때, 병원에서 동료들에게 보낸 이메일에는 그의 장례식을 알리는 내용이 있었다. 내게 20이라는 숫자가 붙은 연령대는 죽어서는 안 되는 나이였고, 더구나 내가 아는 스무 살 즈음의 사람들은 더 그랬다.

나는 조니와 함께 성인 정신과를 택해 서로 연락하고 지냈을 것 같은 프리야에게 전화해서 '도대체 어떻게 된 일이냐'며 물었다. 그녀도 조니와 연락이 끊긴 상태였지만, 들은 말은 있다고 했다. 그가 자살했다는 것이다.

조니는 한동안 개인적인 인생의 여러 사건으로 힘들어했으며, 그 일이 약물과 알코올 문제로 발전했다. 엎친 데 덮친 격으로 환자 한 명이 컴플레인을 걸었다. 그는 활동 정지 상태에서 일반의학위원회General Medical Council에서 의료 행위의 적합성에 대해 조사를 받았다. 그로부터 몇 주일 후, 그가 아파트에서 목을 매단 것이 이웃에게 발견되었다.

나는 정신 건강 문제가 복잡하고 다원적이라는 것을 알고 있는 사람이다. 그런데도 조니의 죽음은 너무 의외였다. 나는 그에 대해 아는 것이 너무 없었다. 술집에서 본 조니는 밝고, 열성적이며, 사교적인 수련의였다. 또, 우리에게 조언해 주고 멋진 파티를 열어 주는 사람이기도 했다. 내가 조니에 대해 아는 것은 이 정도였다. 그런데도 그가 죽었다는 사실에 '우리 중 하나'를 빼앗겼다는 기분이 들어 그 충격이 컸다. 그를 크게 중요치 않은 주변 사람으로 여겼는데, 은연중에 그는 내게 인생의 형성기를 함께 한 '늘 거기 있는 사람'이었다.

그와 함께 '해와 비둘기'에서 보낸 저녁 시간을 되새기면서 문득 궁금한 생각이 들었다. 그가 보여 준 외향성, 친근함, 사치스러움 등은 진짜였을까? 혹은 그가 그렇게 되고 싶은 인물상에 대한 투영이었을까? 당시 우리는 항상 술집에서 만났으니 술을 마시는 것이 당연했는데, 그가 이미 기분과 음주 문제를 겪었던 것은 아닐까? 왜 프리야는 그와 연락이 끊겼을까? 그와 연락하는 사람이 있기는 했을까? 그는 늘 무리 속에서 혼자라는 느낌으로 지냈을까?

그의 죽음이 내게 충격적이고 망연자실케 한 또 다른 이유는 그가 정신과 의사라는 사실이었다. 우리는 같은 정신병원에서 일했다. 나는 수백만 명의 정신 건강을 돌보는 기관이 어떻게 해서 자기 직원의 문제를 파악하지 못하고 도움을 주지 못했는지 이해해 보려 고심했다. 그가 그렇게까지 비참한 지경에 빠질 때까지 문제를 털어놓을 만하다고 여긴 사람이 주변 의료진 중에서 한 명도 없었던 걸까?

우리는 환자들에게 가족, 학교, 고용주들에게 도움을 청하라고 조언한다. 그러나 정작 우리 사이에서는 그런 문화를 만들어 내지 못한 것 같았다. 만약 내가 무너지면 내가 속한 조직이 나를 돌봐 줄까?

어디에나 속한다는 것은 어디에도 속하지 않는 것

나는 모드와 조니가 활발한 사회생활을 하면서도 외로워한 것이 어느 정도 이해가 됐다.

90년대 중반 케임브리지에 입학했을 때의 일인데, 교직원과 학생들이 내 영어 실력이 너무 훌륭하다며 한마디씩 하는 재미있는 일이 벌어졌었다. 처음에는 정말 기분이 나빴다.

도대체 그들은 무슨 수로 내가 케임브리지에 들어왔다고 생각하는 거지? 내가 영어도 못 할 줄 알았다는 건가?

그런데 나중에 알고 보니, 그해에 입학한 학부생 120명 중 외국인을 제외하면, 내가 유일한 'BME' 소녀였다. 그러니 모두 내가 외국인 학생일 거라고 짐작했는데, 흠잡을 데 없는 억양을 구사하는 것을 보고 놀랐던 것이다.

영국의 대표적인 24개 대학 '러셀 그룹Russell Group'의 대학교들은 개인적으로 학비를 내는 BME 외국인 학생들을 받아들이면서 BME 입학에 관한 끔찍한 기록을 꾸준히 경신하고 있다. 대학 BME 통계 자료에 도움을 준 이 '돈줄'들은 온갖 홍보 자료에 동원된다.

내 절친 중 한 명이 혼혈 외국인 학생이었는데, 그 시절 우리 대학의 유일한 흑인이어서 언제나 대학 안내서의 표지와 중앙 면에 실렸다. 당시 케임브리지의 홍보물을 잘 살펴보면 어느 사진에나 일정한 소수의 흑인 학생들이 끼어 있는 것을 알 수 있을 것이다.

내가 케임브리지에서 보낸 기간의 통계에 따르면 영국의 대학 교육이 무료였던 시절, 영국 국적을 가진 자국 학생의 50%가 공립학교 출신이었고, 40%는 여성 그리고 5%는 소수 인종[19]이었다. 대충 계산

해 보면 나는 공립학교 출신의 여성이고 BME이면서 영국 국적인 대학생의 1%에 속하는 셈이었다. 나는 그 일 년 내내 대학 전체에서 이런 학생들 30명 중 1명이었으며, 따져보니 나 같은 사람이 대학별로 한 명꼴이었다. 그렇다 보니 나는 친구들 사이에서 좀 다르다는 느낌이 들었고, 대학이 불편한 곳이 되어 버린 때가 적지 않았다.

실제로 나는 툭하면 '할당량 채우기'라는 저속한 험담의 대상이 되곤 했다. 그러나 그들의 말과 달리 내 성적은 사립 학교에서 교육받은 백인 남성 친구들과 대등했으며 졸업 성적도 그들 대다수와 같았다.

고맙게도 내가 대학에 다닐 때는 수업료가 없었다. 그런데도 나는 케임브리지에서 경제적으로 곤란한 사람에게 주는 기금을 받는 대상에 속했다. 지금 내 부모님은 상당한 월급을 받고 계시지만 그때까지만 해도 경제적으로 힘들었기 때문이다.

나는 장학금으로도 모자라서 학자금 대출까지 받았으며, 시간이 나는 대로 아르바이트를 했다. 케임브리지는 강의 프로그램이 엄격해서 학기 중에는 아르바이트를 할 수 없었다. 대신에 크리스마스와 여름 방학 때는 풀타임으로 일했다.

처음에는 세탁소에서 일하다가 나중에는 더 적성에 맞는 의료 비서 자리를 찾았다. 덕분에 설사나 강직성 척수염 등의 철자를 제대로 익힐 수 있었다. 이렇게 해서 번 돈으로 생활비를 충당하고, 케임브리지에서 5월에 열리는 무도회인 메이볼May Balls 에 참석하는 사치를 누렸으며, 부다페스트, 부카레스트, 뉴욕, 샌프란시스코, 케이프타운 같은 흥미로운 곳으로 배낭여행을 다녔다.

그러나 나는 끝내 대학 내의 어떤 '패거리'에도 편안하게 섞이지 못했다. 술자리는 늘 금발의 백인들로 가득 차 있었고, 중국인 사회는 영화〈크레이지 리치 아시안Crazy Rich Asians 〉에 나오는 한량들로 가득 했으며, 어쩌다 초대에 응해 파티에 참석하기라도 하면 어김없이 나를 기독교로 개종시키려는 목적이 드러나곤 했다. 게다가 대학의 학생회 임원으로 선출되면서 내가 인구 통계학적과 견해 면에서도 소수라는 사실이 새삼스럽게 밝혀졌다.

내가 대학 LBGTQ+, 즉 레즈비언lesbian , 게이gay , 양성애자bisexual , 트랜스젠더transgender 성소수자queer 등의 사회에 대학 기금을 기부하는 것에 한 표를 던진 순간, 위원회 소속 임원들이 일제히 우리 대학에는 게이가 없다며 내 의견에 반대했다. 이어 내가 LBGTQ+ 학생들이 우리 인구의 약 10%를 차지했다는 당시의 통계를 인용했더니 회의장에 있던 10명의 임원들은 '그럼 당신 말은 우리 중 한 명은 게이라는 거네요?'라고 말하는 것처럼 표정이 변했다.

그럴 리가 없었다. 불행히도 이런 배경 속에서 내 외로운 목소리는 묻혔고, 발의는 통과되지 못했으며, 그 돈은 학생 술집에 배정되었다. 그때의 나는 그들에게 속하고 싶어 했을 뿐, 내 목소리를 내는 법을 채 배우지 못한 상태였다.

나는 나와 맞는 '부족' 찾기에 나섰다. 그러면서 케임브리지에 있는 모든 모임에 한 번씩은 참여했던 것 같다. 중국인 모임, 흑인과 아시아인 단체, 회비가 무려 100파운드나 하는 잘나신 토론 모임인 케임브리지 유니언, 나중에 내가 양성평등을 옹호하는 여성 간부회의 일원으로 참여한 케임브리지 학생 유니언, 〈케임브리지 아트 매거진Cambridge Arts Magazine〉 편집부, 도자기 모임, 대학 조정부, 풋볼팀, 네트볼 팀 그리고 배드민턴부까지.

덕분에 여러 곳에서 많은 친구를 사귈 수 있었지만, 6월의 메이위크May week가 다가오자, 초창기에 내가 학교에 적응하느라 용을 쓰던 과정을 형태만 바꿔 또다시 하고 있다는 사실을 깨달았다. 즉 나를 바꿔가며 타인에게 맞추는 것이었다.

그때 나는 하루에 네 군데의 파티에 초대를 받았다. 귀족 남성들의 음주 모임에서 연 가든파티가 오전 10시에 시작되었고, 페미니스트 친구들은 정오에 CUSU 가든파티에서 모였다. 흑인과 아시아인 모임은 오후 4시부터 스틸 드럼에다 바비큐 파티를 벌였고, 나는 친구 앤드루와 함께 옥스퍼드대학의 불링던 클럽에 해당하는 개인 회원제 클럽이자 부유한 회원이나 고급스러운 만찬, 질 나쁜 행동으로 유명한 '피트클럽' 행사에 참여해 늦게까지 있었다. 그러는 동안 나는 행사마다 틈틈이 필요한 복장을 하기 위해 집으로 달려갔다가 오는 일을 되풀이했는데, 문득 코츠월드 Cotswold 의 결혼식 복장에서 격자무늬 셔츠, 바틱 사롱 batik sarong, 힐과 미니스커트로 바꿔 입는 것이 얼마나 우스꽝스러운 시나리오인가 하는 생각이 들었다. 그제야 나는 '어디에나 속한다는 것은 실제로 어디에도 속하지 않는다'는 것을 깨달았다. 그렇지만 달리 어찌해야 할지를 알 수 없었다.

여러모로 앤드루는 내가 케임브리지에 속할 수 있게 해 주는 입장권 같은 역할을 했다. 4학년 때, 그를 만나고서 많은 것들이 제자리를 잡았다. 그는 남아프리카공화국 출신의 대학원생이었다. 금발에 189cm의 키, 사립 교육을 받은 그는 귀족 모임인 '라이엇 클럽 Riot Club' 회원으로 뽑힐 만한 사람이었다.

그는 케임브리지에 녹아드는 데 아무런 문제가 없었으며, 몇 달이 지나지 않아 피트 클럽 회원들과 친구가 되었을 뿐 아니라, 스포츠맨을 위한 회원 전용 사교 클럽 '호크스 클럽 Hawks' Club'에 입회하여 스포츠 팀의 전용 색상인 '케임브리지 블루 Cambridge Blue'를 획득했다.

그가 사귀는 친구들도 다들 비슷했다. 그들에게는 기득권이 있었고, 기득권자들은 그들을 환영했다. 그런 앤드루가 160cm도 안 되는 키의 중국계 이민자인 나에게서 어떤 매력을 느꼈을까?

앤드루의 친구 중에서 오스트레일리아인이자 럭비 선수인 크리스는 우리 관계를 전혀 이해하지 못했고, 앤드루가 나를 여자친구라고 소개하자 화들짝 놀랐다. 케임브리지에서 보낸 지난 3년 동안 이미 반복해 거절당해 왔던 내게는 익숙한 반응이었다.

당시 케임브리지의 인종 관계는 그야말로 복잡했다. 가깝게 지냈던 남자아이들이 인종 차이 때문에 그리고 다른 사람들의 시선이 신경 쓰여 나와 일정한 정도를 넘어서는 관계를 맺는 것을 꺼리는 일이 여러 번 있었다. 나는 그들이 자신의 부모에게 인사시키려 집으로 데려갈 만한 사람은 확실히 아니었다.

그러나 앤드루와 나는 서로를 알아보았다. 앤드루는 남아프리카공화국에서 있을 때, 친구들 사이에서 느꼈던 외로움에 대해 내게 들려주었다. 그곳 문화는 역사와 예술, 독서보다 스포츠를 훨씬 더 중요시했으며, 그는 외모 때문에 늘 운동 마니아, 즉 '작$_{jock}$'으로 취급을 당했다고 했다. 남아프리카공화국에서 그는 관심사와 견해를 거의 완전히 숨겼으며 자신을 드러낸 적이 없었다. 그저 그런 척했을 뿐이었다.

우리는 문화가 달랐지만, 할아버지가 초등학교 교장을 지냈다는 우연의 일치와 그로 인한 성장 배경 덕에 교육의 핵심 가치 그리고 아이들에 대한 애정을 공유했다. 나와 마찬가지로 그도 친구를 많이 사귀었지만, 절친한 친구를 만나지는 못했다. 우리 둘 다 한 번도 '우리 자신'이었던 적이 없었다.

남아프리카공화국 출신인 그는 사회적 불평등의 존재와 구조적 인종 차별이 가져올 수 있는 피해를 예리하게 인식하고 있었다. 그는 열네 살 때 아버지의 손에 이끌려 넬슨 만델라를 만나기도 했다. 만델라가 남아프리카공화국 대통령이 되기 전이었다. 그의 이런 경험들은 내가 인종 차별에 대해 질문했을 때, 가장 가까운 친구들을 포함해 다른 모든 이들이 내게 등을 돌린 것과는 다른 반응을 보여 주게 되는 것을 의미했다.

그는 나의 정당함을 인정해 주었다. 아주 다른 생김새를 한쪽으로 제쳐두고 나니, 우리 둘의 내면은 하나도 다르지 않았다. 그는 나를 통해 그동안 자신이 지닌 기득권 때문에 가까이 다가가지 못했던 예술과 민족적 전통, 사회 불평등의 현장에 발을 들여놓았고, 나는 그를 통해 기득권에 다가갔다. 우리는 서로의 절친한 친구가 되었다.

앤드루가 학업을 마치고 남아프리카공화국으로 돌아가야 해서 우리는 장기간의 이별을 하게 되었다. 내게는 힘든 시간이었다. 그는 영국으로 돌아오기 위해 애썼지만, 비자를 발급받기가 너무 어려웠다. 장거리 연애는 쉽지 않았다.

우리는 휴가를 늘 런던이나 요하네스버그에서 함께 보냈다. 그러다가 지루해지면 델리나 자카르타 공항에서 만나기도 했다. 줌 Zoom 이 없던 시절이어서 전화와 팩스를 주고받느라 지갑에는 국제 전화를 더 싸게 걸기 위해 신문 가판대에서 가져온 스크래치 카드들이 가득했다. 그 시절 내 곁에는 친구들과 가족이 있었지만 때때로 엄청나게 외로웠다는 것을 부인할 수는 없다.

타국의 공항에서 런던으로 되돌아오는 길은 끔찍했다. 비행기 안에서 도착할 때까지 내내 우는 것이 일상이어서 매번 옆자리 승객에게 미안한 마음이었다. 그것도 얌전하게 뺨으로 눈물을 떨구는 식의 울음이 아니라 헉헉거리고 코를 풀어대며 주체할 수 없이 흐느끼는 울음이었다.

사랑하는 사람을 언제 다시 만나게 될지 알 수 없고, 둘의 사랑이 어떻게 될지 모르며, 그 사람이 방황할 수도 있다는 생각에 견디기가 힘들었다. 그러나 나는 이를 앙다물고 버텨 나갔다.

어쩌면 그 3년 동안 앤드루가 곁에 없어서 그 엄혹한 시간을 견디고 내 인생을 정신 의학에 바칠 수 있었을지 모른다는 생각도 들었다. 나는 그저 먹고, 살고, 숨 쉬었다.

내 인생에서 이런 식의 외로움이 다시 추한 고개를 내민 것은 출산 휴가 동안이었다.

산모 교실에서 예비 산모들에게 임신과 출산에 대한 온갖 것을 배웠지만, 정작 자녀 양육이나 산모 자신의 안녕을 지켜 나가는 것에 대해서는 얼마나 정보가 빈약한지 놀라울 정도였다. 우리는 입덧과 회음부 절개에 대해 준비되어 있었으며, 출산의 고통이 어느 정도인지 귀가 따갑게 들었고, '산후 우울증'에 대해서도 충분히 이야기를 주고받았다.

그러나 그 누구도 이토록 어머니가 되는 일은 지독히 외로울 수 있다고 알려 주지 않았다. 그건 어쩌면 아기가 있는 여성을 축복받았다고 여기는 문화적 분위기에서 그런 주제를 입에 담는 게 금기시된 까닭이었을 수 있다. 아이를 가지고 가정을 이루는 것이 '모든 여성의 궁극적 목표'이며, 그것이야말로 내 자아실현의 근원이 되어야 했던 것[20]이다.

그러나 자아실현이고 뭐고, 살면서 내가 겪은 가장 외로웠던 순간을 꼽으라고 하면 누가 뭐래도 당시 우는 아기 옆에 퍼질러 앉아 엉엉 울던 그 순간들이었다. 산후 우울증에 대해서는 꽤 많은 연구가 이루어졌다. 그러나 어린 자녀를 둔 어머니의 사회적 고립과 외로움을 알아채고 도와줄 수 있는 연구는 여전히 빈약하다. 더 광범위한 연구와 조치가 이루어져야 이런 상황이 더 심각한 정신 건강 문제로 발전되지 않도록 막을 수 있을 것이다.

다른 이들을 찾아내는 일

의미 있는 유대 관계가 삶의 본질이라면, 그런 관계가 많을수록 인생이 충만하고 역경에 더 강하며 탄력적으로 대처할 수 있게 된다. 폭넓은 사회적 유대와 훌륭한 개인적 지원이 더 높은 수준의 스트레스를 견디는 데 도움이 된다는 연구 결과들이 이를 뒷받침한다.

그러나 우리가 일반적으로 훌륭하고 지지가 되는 우정을 유지하는 데 나름대로 성공했다고 해도 상황은 바뀔 수 있고, 집이나 직장을 옮길 때 또다시 다른 관계를 수립해야 할 수도 있다. 새로운 관계를 수립하는 일은 쉽지 않은 도전이다. 이런 상황이 닥칠 때 훨씬 쉽게 넘길 수 있는 한 가지 방법은 태도를 바꾸는 것이다. 거절당할까 봐 두려워하기보다는 모든 사람을 잠재적인 친구로 보기 시작하는 것이다.

되돌아보면 유치원과 초등학교 입학 안내 행사에서만큼 친구를 사귀는 것이 쉬웠던 적은 없었다. 아주 어릴 때라 우리 삶에서 필연적으로 생성되는 심적 장애, 불안, 부정적인 심리가 아직은 발달하지 않아서일 것이다. 그때 우리는 유치원의 같은 반에 있는 모두를 놀이 친구로 여기고 그들이 우리를 좋아해 주리라는 생각으로 자연스럽게 행동했다. 유치원에서 친구를 사귄다는 것은 함께 놀고 웃는 것이었기 때문이다.

마찬가지로 우리가 모든 사람을 잠재적인 친구로 여기며, 그들 또는 우리가 '잘못된' 인종, 사회 계층, 지적 수준, 사회적 위치 등이 있다는 이유로 괜한 우려를 하지 않으면 친구를 사귀는 일이 훨씬 더 쉬워진다. 즉 차이에 초점을 맞추지 말고 다른 사람들과 자신의 공통점을 찾는 것이다. 이런 식으로 생각하면 어느새 자신이 생각했던 것보다 훨씬 더 많은 사람과 관계를 맺을 수 있다는 것을 깨닫게 될 것이다.

다른 사람들을 판단하거나 추정하는 것을 줄이면, 우리 자신도 평가 받고 있다는 생각이 줄어든다. 마음을 열면 겉보기에 아주 다르다고 느꼈던 사람들이 우리 생각 이상으로 깊숙한 데서는 같은 마음을 지니고 있다는 사실에 놀라게 될 것이다. 이런 태도가 없었다면, 나는 결코 남편 앤드루를 알지 못했을 것이다. 사람들이 쉽게 내게 잘못된 정치적 발언을 할 정도로 겉보기에 우리 둘은 아주 달랐기 때문이다.

"두 사람이 어떻게 커플이 됐죠? 당신은 찢어진 눈을 가졌고, 그는 눈이 동그랗잖아요?"와 같은 말들이었다. 그때 "눈 모양은 상관없죠. 우린 마음과 뜻이 같으니까요."라고 대답했어야 했는데 그러지 못했다. 안타깝게도 최고의 맞장구는 그 순간이 지나고 나서 다시 생각할 때 비로소 떠오르기 마련이다.

지금껏 사귄 내 친구들이라고 하면 우선 직장 동료들이 있다. 직장에서 문제가 생겼을 때 극복할 수 있도록 도와준 것은 주로 이들이었다. 내가 경험하는 일들의 미묘한 뉘앙스를 제일 잘 이해하는 사람들이기 때문이다. 또한 '영국의 의사 엄마들 Physician Mums Group UK'이라는 훌륭한 소셜 미디어 그룹도 있다. 이 그룹은 누군가의 어머니이기도 한 약 2만 명으로 구성되어 있는데, 이 그룹을 통해 내 문제와 직결된 많은 사람을 알게 되었다. 이 가상의 낯선 사람들로부터 얻은 지원은 말 그대로 생명을 구하는 것이었다. 그리고 즉석 의료 조언은 보너스였다. 소셜 미디어의 폐해에 대한 뉴스가 많지만, 그만큼 혜택도 많다는 것을 알 수 있는 기회였다. 어떤 문제에 대해서든 인터넷에는 누군가가 이미 비슷한 일을 겪어 기꺼이 지원을 제공할 가능성이 매우 높은 사람들이 있기 마련이다.

돌보미의 외로움과 정신 건강 문제

코로나바이러스 팬데믹이 새롭게 드러낸 것 중 하나는 우리 사회에서 돌보미 또는 간병인들의 힘듦과 그들이 맡은 역할의 중요성이다. 여기에는 장애가 있는 자녀를 돌보는 부모, 부모를 돌보는 어린 자녀와 성인 자녀, 배우자, 동반자를 돌보는 다른 한쪽의 배우자, 동반자들이 포함된다.

돌봄 노동은 대개 육체적으로 벅차며, 끝이 없고, 감사받지 못하는 일이기 때문에 유독 외로움에 취약해지기 쉽다. 무엇보다 돌봄은 하루도 쉬지 않고 사랑하는 이의 몸과 마음, 영혼의 상실을 고통스럽게 되새겨야 하는 일이다.

영국의 사회 복지는 1990년대에 제도가 마련되었으며 점차 지역 사회를 기반으로 발전했다. 나는 이런 변화가 긍정적이라고 생각한다. 대부분 고령자들은 선택할 수만 있다면 자신이 속한 지역 사회의 일원으로 남아 살던 집에서 가능한 한 오래 있고 싶을 것이다. 그러나 정치적 의지와 자금이 없이는 좋은 아이디어라 해도 악몽으로 변할 수 있다.

그 결과, 최근 들어 노인과 장애인을 돌보는 부담이 별다른 지원도 없는 채로 가족에게게만 떠맡겨지는 일이 너무 많다. 사실상 현재의 사회 정책은 가족 손에서 비공식적으로 이루어지는 가정 돌봄에 대부분 의존하고 있으며, 그런데도 대가도 없이 자기 돈을 쓰면서 사회에 많은 공헌을 하는 이들 가족 돌보미들의 요구는 대부분 무시[21]당한다.

이 문제를 생각하면 나는 어린 시절 만났던 우리 속 소년을 떠올리지 않을 수 없다. 가족들이 전문적인 기술이나 자원을 지원 받지 못한 채 그저 자기가 할 수 있는 한 최선을 다해 사랑하는 사람들을 돌보도록 남겨지고 있는 것을 보면 우리 사회가 내가 상상했던 것보다 최후의 수단을 쓰는 전략에 가까워지고 있는 게 아닌가 하는 생각이 든다.

우리 모두 언젠가는 늙는다. 이것이 바로 돌보미들이 자신의 외로움과 정신 건강 문제의 희생양이 되지 않게 재정적 여유와 정서적 지원을 받아야 하는 이유다. 만약 여러분 중에 돌보미로 일하거나 내가 말한 감정 중 관련된 것이 있다고 느끼면 어떻게 해서든 자신의 웰빙을 위한 규칙적인 시간을 마련하라. 친구와 외출한다거나 영화관 나들이를 가는 것도 좋다.

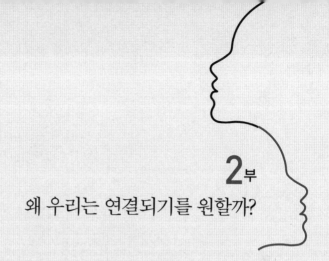

2부
왜 우리는 연결되기를 원할까?

5 ─────────── 뇌 배선:

남들과 달라서 생기는 신경 다양성과 신경 발달 장애

세상을 경험하는 방식

코로나바이러스 감염증으로 인해 봉쇄가 이루어지는 동안, 우리는 자기 자신과 가족에 대해 많은 것을 알게 되었다. 나는 일주일 내내 낮에는 컴퓨터 앞에 꼼짝하지 않고 일하고, 밤에는 넷플릭스 시청을 즐겼지만, 남편은 그렇지 않았다. 그는 하루에 적어도 한 차례는 밖으로 나가야 하는 사람이어서 달리기를 하거나 마트에서 한두 가지 물건을 사는 것이 그에게는 위안거리였다.

내 환자들 사이에서도 비슷한 변화가 나타났다. 학교라는 곳의 사회적 측면을 싫어했던 어린이들은 집에 있는 시간을 온전히 즐기면서 불안 증상이 완화되었는가 하면, 어떤 어린이들은 친구들과 떨어지게 된 것이 못내 아쉬워서 절망의 눈물을 흘렸다. 무슨 의미냐 하면, 다른 이와의 연결은 기본적인 인간의 욕구지만, 어느 정도 많은 연결이 필요한지 그리고 연결을 얼마나 잘하는지는 사람에 따라 천차만별이다.

최근 동료들과 함께했던 크리스마스 파티를 떠올려 보라. 중앙에 나서서 좌중을 이끄는 사회적 엘리트들을 추릴 수 있을 것이고, 한쪽으로 비켜 서서 음료를 홀짝거리는 '벽의 꽃'들이 누구였는지도 기억날 것이다. 그리고 눈에 잘 띄지 않는 사람들도 있었을 것이다. 밖으로 나가 담배를 피우는 사람, 화장실에 들어가 시간을 때우는 사람, 아프다는 핑계를 대고 집에 간 사람 등. 그런데 이렇게 각자에게 내재된 사회적 능력이 다른 형태로 나타나는 것은 네 살 된 아이들의 생일 파티에 가도 똑같다. 나는 두 아이의 엄마라서 이런 파티에 몇 번 따라가 본 적이 있다.

생일을 맞은 꼬마 주변에 몰려들어 게임과 놀이에 적극적으로 참여하는 아이들이 있는가 하면 부모 무릎 위에 앉아만 있는 아이들도 있고, 옆방 탁자 아래에 숨어서 우는 아이들, 벽에 있는 콘센트만 들여다보는 아이들이 있다. 그리고 의도적으로 초대받지 못했거나 아예 잊힌 아이들도 있다.

사회적으로 적응이 덜 된 사람들은 종종 세상을 다른 방식으로 경험한다. 그들의 뇌는 다르게 연결되어 있어 사회 규범에 대한 인식이 부족하다.

사실 우리 대부분에게는 사회 규범에 순응하는 욕구가 유전적으로 내장되어 있고, 심지어 우리가 그것을 하고 있다는 것조차 깨닫지 못할 때도 많다.

아주 어릴 때부터 우리는 무엇을 하는지도 모르면서 다른 사람을 따라 하는 것을 빠르게 배운다. 때로는 마음 깊숙이 동의하지 않을 때도 다른 사람을 따른다. 누가 그러라고 하지 않아도 그렇게 해야 한다는 것을 은연중에 아는 것이다.

심리학자 무자퍼 샤리프, 솔로몬 애쉬, 아서 제니스가 20세기 초중반에 실시했던 일련의 고전적인 실험에 따르면, 사람들은 자기가 독립적인 사람이라고 믿어 의심치 않을 때조차 '집단 사고'로 기우는 경향을 지니고 있다고 했다. 그들이 시도한 실험은 항아리에 든 콩의 개수를 어림짐작한다거나 끈의 길이를 알아맞히는 식의 임의적인 작업에 대해 질문했을 때 개개인의 순응성을 평가하는 것이었다. 실험 참가자들은 자신들과 반대 견해를 내놓은 집단의 응답을 전해 듣고서 다시 실험에 임했으며, 대부분 반대 집단의 견해에 일치하는 방향으로 자신의 견해를 수정했다.

그러나 이런 식의 집단 사고 정신에 덜 민감한 사람들이 항상 있기 마련이다. 이들은 순응의 의미나 목적을 인식하지 못한다. 이런 사람들은 다른 사람이 인식하지 못하는 것들 즉 소리, 냄새, 배경의 세부 사항 등에 잘 적응하고, 대부분 사람이 기본적으로 알아채는 것들에는 무지한 채로 지낸다.

한편으로 비순응자는 존경 받는 긍정적인 위치가 될 수 있다. 이를테면 동료들의 압박에 덜 취약해지며, 다른 이들에게 휘둘리지 않고 개인적 목표와 대상에 더 집중할 수 있다. 그러나 종합적으로 보면 사회적으로 유능한 사람에게 보상을 주는 사회에서 비순응자들은 자신이 남과 다르고, 비정상적이라고 느끼거나 따돌림을 당한다고 느낄 수 있다. 마치 어디에도 소속되지 않은 것처럼 느낄 수 있다는 것이다.

자폐증에 관한 '색안경' 벗기

정신 건강 분야에서 고군분투하는 사람 중 자신이 '자폐 스펙트럼 장애' 테스트를 하면, 그 결과가 현대적 기준을 충족한다는 사실에 놀랄 사람이 많을 것이다.

ASD 정의가 새로 마련되고 지적 장애에서 분리되면서 60명 중 1명꼴로 유병률 인정 수준이 높아졌기 때문이다. 상위권 대학과 세간의 이목을 끄는 직업에 속한 사람 중에도 많은 수가 ASD의 진단 기준을 충족할 것[23]으로 보인다.

ASD가 있는 사람들은 남다른 욕구가 있을 수 있다. 예를 들어 우리에게는 익숙한 소리와 냄새라지만, ASD가 있는 사람들에게는 압도적으로 밀어닥치는 느낌을 줄 수 있다. 또한 이들은 좀 더 판에 박힌 일상과 덜 감정적인 자극을 원하거나 사회적 신호를 읽어 정서를 표현하는 일을 남들보다 어려워할 수 있다.

일부 사람들은 백신이나 희귀 감염을 ASD의 원인으로 꼽지만, 현실에서 이 병리는 말 그대로 가정과 훨씬 더 가까이 있다. 전체 정신건강 문제 중에서 자폐증은 유전적일 확률이 높으며, 일부 쌍생아 연구에서는 유전적으로 일란성인 쌍생아에게서 약 90%가 일치했다.

중등도와 중증 형태의 ASD, 그리고 이 장애와 관련된 지적 장애 및 언어 부족은 대개 유아기에 소아 청소년과 의사에 의해 발견되곤 한다. 그러나 경미한 형태의 ASD나 지능에 문제가 없는 ASD는 어릴 때 발견하기 쉽지 않으며, 이런 경우 청소년이나 성인이 되어 정서 문제나 행동 문제를 일으킨 후에야 뒤늦게 정신과에 보내질 수 있다. 이렇게 되는 것은 청소년기에서 성인이 될 때까지 관계의 필요성과 사회적 불문율의 복잡성이 기하급수적으로 증대하면서 혼란과 고통을 일으키기 때문이다. 예컨대 다른 사람의 눈짓이 '이리 와'인지 '꺼져'인지를 우리에게 분명하게 일러 주는 사람은 없지만, 우리는 대부분 그 둘의 차이를 그냥 알게 된다.

그러나 이런 것들을 포함하여 다양한 사회적 신호를 탐지할 수 있는 레이더가 '꺼진 상태'라면 어떨까? 아마 온갖 곤란한 오해와 산더미 같은 스트레스를 유발하게 될 것이다. 이런 식으로 고군분투하는 사람들은 최선을 다해 노력해도 결국 자신들이 또 뭔가를 잘못 이해하고 있음을 깨닫는 결과가 되고 만다. 또한 여전히 이해되지 않는 환경에 어떻게든 순응하려고 끊임없이 자기 행동을 감시하고 교정하다 보면, 결국 정신 건강에 해를 입고 불안이나 우울증에 빠지기 쉽다.

크리슈가 이런 경우였다.

크리슈는 열네 살이 되어서야 아버지와의 갈등 상황에서 문제가 있다는 것이 드러났다. 그를 가르친 선생님들 누구도 문제를 알아차리지 못했다. 그들의 눈에 크리슈는 품행이 좋고, 친한 친구 두 명과 함께 '행복하게' 학교생활을 하는 아이였다. 사실 선생님들은 많은 학생을 담당하는 데다 문제를 들고 찾아오는 아이들만으로도 너무 바빴다. 그러니 일부러 찾아와 걱정거리를 털어놓지 않으면 '행복하게' 학교생활을 하는 아이로 여기는 경향이 있었다.

그러나 선생님들의 생각과 달리 크리슈는 얼마 전부터 자기와 친구들이 '사회적으로 거절 당한다'고 생각했다. 특히 럭비팀 녀석들은 자신들을 툭하면 조롱거리로 삼았다. 그는 아무 이유 없이 사물함에 떠밀려 들어가 웃음거리가 되는 것에 익숙해져 있었다. 그 결과, 그는 학교에서 또래들에게 무심해졌다. 심지어 친한 친구들에게까지 그랬다. 모두가 유치하고 하찮게 생각되었다.

크리슈의 부모도 아들의 사회적 상호 작용에 관해 걱정하기 시작했다. 그러나 크리슈에게 다른 사람들과 관련된 문제가 있다는 것을 눈치채는 정도로 그쳤으며, 아들이 큰 문제를 일으킨 적은 없었기 때문에 더 깊이 파고들지 않았다. 그들에게 크리슈는 뭐가 어찌 되었든 사랑하는 아들일 뿐이었다.

어릴 때부터 크리슈는 장난감을 주면 가지고 놀기보다는 낱낱이 분해했고, 냉장고 자석으로 난해한 기하학적 형상을 만들곤 했다. 부모들은 크리슈의 여동생은 전혀 그렇지 않아 크리슈의 이런 '엉뚱함'이 평범하지 않다고 여겼지만, 그때도 문제가 생기지는 않았다. 그들은 그저 아들의 이런 특성은 지능이 높은 아이들의 특징이라고만 여겼다.

검사 결과, 크리슈의 지능은 149였고, 잠깐 약한 수준의 분노를 폭발시킨 적이 있지만, 초등학교를 순조롭게 졸업했다.

그러나 최근 들어 크리슈는 학교에 다니는 것이 시간 낭비라는 느낌에 사로잡히기 시작했다. 점점 더 강하게 등교 거부를 해서 어떻게든 학교에 보내려는 아버지와의 몸싸움으로 번지는 지경까지 이르게 되었다. 가족들은 충격을 받았지만, 크리슈는 매번 지적인 어휘로 되받아쳤다. 그들로서는 크리슈를 설득하기 위해 애써보는 수밖에 없었다.

학교에 다니는 것이 사회화에 도움이 된다고 가족들이 말하면 그는 사회화를 위해 '꼭 다른 사람과 엮일 필요는 없다'라고 대답했다. 학문적인 느낌을 주는 어휘를 구사하는 그와 논쟁을 벌이는 것이 가족들에게는 고역이었다.

크리슈는 정치학을 공부하고 싶어 했으며, 학교에 다니지 않고 집에서도 광대한 인터넷 자원들을 이용해 관심사를 추구할 수 있다는 생각을 고집했다. 그는 이런 부분에 대해 학위를 받을 수 있는 수준으로 조사하면서 보냈다. 그러면서 더더욱 학교에서 시켜서 공부하는 과목들에 대해서는 '쓸모없다'라고 생각했다.

그러던 어느 날, 크리슈는 아버지와 심한 말다툼을 하게 되었다.

열한 살 난 여동생이 크리슈의 차례가 되었는데도 플레이스테이션을 내려놓지 않은 게 문제의 발단이었다. 크리슈는 동생의 손목을 비틀어 플레이스테이션을 빼앗았고, 동생을 거실 반대쪽으로 패대기쳤다.

크리슈의 말에 따르면, 아버지에게 '완벽하게 정당한 이유'를 설명하려 했는데도 자신의 말을 들어 보지도 않고 자기를 향해 '무지막지하게' 소리를 질러댔다고 했다.

그는 동생에게 플레이스테이션에서 떨어지라고 요청했으며, 그렇지 않으면 어떻게 하겠다는 말까지 똑똑히 했는데도 동생이 말을 듣지 않았다고 했다. 크리슈의 생각에 여동생은 그의 정당한 요구에 응하지 않았으니, 그 결과도 달게 받아야 했다.

크리슈는 아버지가 자신에게만 부당하게 행동한다고 느꼈으며 그런 것이 처음이 아니라고 생각했다. 그는 가뜩이나 자신이 가족 사이에서 항상 불공정한 대우를 받는다고 느꼈는데, 이 소동으로 그런 느낌이 더욱 커졌다.

그의 부모는 늘 '민주적인 방식'을 내세웠지만, 그건 사고방식이 같은 자신들과 여동생에게만 해당하는 것이었다. 특히 '영화의 밤'과 가족 모임을 중요시해서 억지로 참석해야 하는 일은 그에게는 지루하고 끔찍하게 고통스러웠다. 매번 가족 투표를 할 때도 그랬지만, 그의 의견은 한 번도 고려된 적이 없었다. 크리슈는 자신이 뛰어난 능력과 자격을 지녔지만, 도저히 이해되지 않은 많은 부분이 벽처럼 가로놓여 있다는 느낌을 받았다.

크리슈는 아버지에게서 꾸지람을 들은 후, 마음을 가라앉히겠다면서 밖으로 뛰쳐나갔다. 그러나 걱정이 된 그의 아버지가 따라 나갔을 때, 그는 교복 넥타이로 뜰에 있는 배나무에 목을 매단 채 정신을 잃고 있었다.

그 시점부터 모든 것이 바뀌었다. 크리슈는 '사회에서 자취를 감추고 싶다'라는 오랜 속내를 털어놓고 자신을 '잉여 剩餘'라고 불렀다.

가족의 충격은 이루 말할 수 없었다. 그는 지금껏 내내 '마지못해 그런 척' 시늉을 하며 살았고, 무엇이든 아무런 목적이 없는 것 같다고 했다. 결국 크리스는 지역의 아동 정신 건강 의료진에게 진찰을 받았다. 그 결과, 우울증이 확인되었고 자폐증 검사를 받아 보라는 진단이 내려졌다.

20년 전이라면 아마 크리슈는 자폐증 진단을 받지 않았을 것이다. 어쩌면 지금도 지능이 높은 자폐증 아동을 많이 접해 보지 않은 의료진이라면 그의 증상을 놓치고 단순히 우울증 한 가지만 보고했을 수도 있다. 그랬더라면 그는 우울증 치료를 받고 회복되더라도 여전히 자신이 다르다는 느낌, 호감 가지 않는 사람, '문제 있는' 사람이라는 느낌을 지닌 채 살아야 했을 것이다. 또한 자신이 '속하지 않는' 것에 대해 계속해서 자책하며 살아야 했을지도 모른다. 지능이 아무리 높아도 현실 세계에서 그가 제대로 기능하며 살기는 아주 어려웠을 것이다.

전통적으로 자폐증은 지적 장애와 관련이 있는 것으로 생각되었다. 지능이 보존되는 자폐 증상을 지닌 사람들에게 아스퍼거 증후군Asperger's syndrome 또는 고기능 자폐증이라는 용어를 쓴 것도 그런 이유다. 그러나 더 최근에는 결국 자폐증이 모두 동일한 상태의 다른 버전이라는 결론이 나온 상태다.

빅데이터와 어떤 변종이 특정 형질과 연관되어 있는지를 알아보기 위한 관찰 연구 'GWASgenome-wide-association studies'를 이용할 수 있게 되면서 자폐증의 유전학 연구가 활성화되었고, 자폐증의 유전적 기반이 생각했던 것보다 훨씬 더 복잡하고 증상의 스펙트럼이 훨씬 더 넓다는 것이 밝혀진 것이다.

이제 자폐증은 모든 수준의 지능을 가진 사람들에게 영향을 미칠 수 있다는 인식에 따라 아스퍼거 증후군 또는 고기능 자폐증이라는 용어는 폐기되었다. 게다가 경미한 형태의 자폐증에서 나타나는 특징의 일부가 유전적 혜택을 주는 경우도 있다는 사실이 널리 알려졌다. 규칙과 루틴을 지키는 성향 덕분에 세부 사항에 집중하고, 특정 관심사에 지속적으로 주의를 기울이는 능력이 생기는 것, 자동 반사적으로 감정적인 반응을 하기보다는 이성에 따라 행동하는 것 등이 그런 예다.

정도에서 좀 벗어난 표현이지만, 같은 탐정이라도 '셜록 홈스'가 저 유명한 '마플 양'보다 한 수 위인 것은, '마플 양'은 감정으로 고통받는 존재이기 때문이라는 말이 있다. 그렇더라도 증상의 다양성과 중증도의 역치가 일상생활의 기능을 손상하는 수준에 도달하면, 예를 들어 사람을 압도할 정도의 불안과 우울한 기분을 유발하는 경우라면 자폐증에 대한 임상 진단을 받아야 한다. 그래야 그가 자아를 인식할 수 있게 돕고 추가적인 정신 건강 장애에 굴복하지 않도록 막을 수 있다.

크리슈의 우울증을 효과적으로 치료하기 위해서는 자폐증의 맥락에서 볼 필요가 있었다. 그에게 항우울제보다 더 필요한 것은 자기 자신을 이해하고 다른 사람들에게서 이해받는 것이었기 때문이다. 그에게는 소속되거나, 소속되지 못하더라도 왜 그렇게 된 건지 이해하고 받아들이는 것이 중요했다.

자폐 진단을 받음으로써 크리슈의 가족과 학교는 그의 지능이 뛰어난 것과 상관없이 그에게 특정 영역에 약점이 있으며, 그에 관해서는 지지와 이해가 필요하다는 것을 이해할 수 있게 되었다. 크리슈에게는 가족과 사회의 일상적인 루틴들이 모두 적응하기 힘든 것들이었고, 사는 내내 자기 몸과 마음을 숙여 다른 이들에게 순응하느라 악전고투를 할 수밖에 없었다.

그가 종종 좌절을 겪는 것도 어찌 보면 당연한 일이었다. 그러므로 자폐증을 지닌 사람이 혼자 애쓰며 이런 일방적인 타협을 유지해 나가도록 방치해서는 안된다. 가족과 학교가 자폐인들과 이야기를 나누어 상호 이해를 증진하고 모두를 위한 길을 찾기 위해 양해를 모색하는 것이 중요하다.

크리슈에게 무엇보다 중요했던 것은 자폐 진단을 받음으로써 비로소 자신의 행동에 대해 이해할 수 있게 된 것이었다. 자신이 단지 '잉여'의 '잘못된' 또는 '부적합'한 존재가 아니라 왜 그런지 과학적으로 설명할 수 있으며, 자신과 같은 사람들, 즉 같은 방식으로 사고하고, 똑같은 감정을 지니고서 똑같이 분투하는 사람이 많다는 것을 알게 되었다.

크리슈의 우울증을 개선하기 위해 의학적 지원이 필요한 것은 확실하지만, 그가 새로 얻은 자아 인식과 가족이 그를 있는 그대로 받아들이게 된 것이야말로 결국 그가 소속감을 느낄 수 있게 하는 힘이 되었다. 이 소속감이 그의 인생 전망을 더 나은 방향으로 전환하는 중요한 시작점이 될 것이다.

ASD는 의사, 특히 긴 단어를 좋아하는 사람들이 일반적으로 '신경 발달 장애'라고 부르는 다양한 뇌 발달의 한 예다. 다른 일반적인 신경 발달 장애로 '주의력 결핍 과잉 행동 장애'를 들 수 있다. 이 장애는 집중력을 유지하기 위해 일반적인 사람보다 훨씬 더 큰 노력을 기울여야 하고, 생각 없이 행동하는 경향이 있으며, 가만히 있는 것을 힘들어 하는 사람들을 설명한다.

ASD와 ADHD는 모두 뇌 배선이 달라지는 것에서 생긴다. 대개 자궁 안, 또는 영아 초기에 뇌가 형성될 때 특유한 유전적 구성이나 태내 알코올 노출, 출생 시 신체 손상의 환경적 손상이 일어나는 것이 원인이다.

35년 전, 내가 어릴 때만 해도 신경 발달 장애 어린이의 진단은 보기 드문 사례였는데, 요즘은 흔한 일이 되었다.

ADHA 유병률은 약 5~7%로 20명 중 1명꼴이며, 앞서 말했듯이 ASD는 60명 중 1명꼴로 발생한다. 이 말은 전국 어느 학교에나 한 학급에 적어도 한 명 이상 자폐성 스펙트럼 장애 또는 ADHD를 지닌 어린이가 있을 수 있다[25]는 말과 같다.

중등도에서 중증의 자폐증 및 ADHD를 지닌 어린이 중 대부분은 삶에 어려움을 겪을 수 있으며, 이들의 경우에는 신경 발달 장애라고 하는 것이 적절하지만, 최근 들어서 경증의 ADHD 또는 ASD와 평균을 상회하는 범위의 지능을 가진 사람들 사이에서는 '신경 다양성 neurodiversity'이라는 개념이 선호되고 있다.

위에서 언급했듯이, 용어에 권한을 부여하고 정규화하는 작업은 경증의 ASD와 ADHD를 지닌 사람들이 지능이 높을 때 나타나는 이점에 대해 더 정확하게 반영하거나 이 증상을 정상적인 뇌 변이의 일부로 보는 폭넓은 시각을 제공할 수도 있다.

인간의 유전적 성질과 성격은 다양하다. 다행이지 않은가. 우리가 모두 똑같으면 세상은 끔찍하게 지루할 것이니 말이다. 그러나 지금보다 훨씬 더 나은 세상을 만드는 방법도 있다. 사회가 사회적 능력이 약하고 주의력이 떨어지는 사람들을, 천식이나 근시인 사람들을 대하듯이 편안하게 받아들이면 된다.

'이중맹검'의 매혹적인 반응

자폐증과 마찬가지로 ADHD 역시 개인의 사회적 상호 작용이나 소속감을 느끼는 능력에도 영향을 미친다.

ADHD를 지닌 사람들은 종종 사회적 약속을 잊어버리고, 다른 이의 말을 듣는 둥 마는 둥 조급해하며, 자신이 현명하게 구는지 해로운 행동을 하는지 고려해서 멈출 줄 모르고 계속 뭔가를 해 버린다.

그들 나름대로는 아무리 노력해도 소용없이 이런 일이 반복된다. 이런 행동들은 다른 이들의 속을 뒤집어 놓고, 좌절과 분노를 일으키며, 결국 비난으로 이어지는 결과가 되곤 한다.

'왜 그랬어? 도대체 뭐가 잘못된 거니, 응?' 이런 말들은 시간이 지나면서 내면화되어 '나한테는 뭔가 잘못된 게 있어'라는 식으로 깊숙이 자리 잡는다. 그러면 사람들이 모두 국외자局外者 처럼 느껴지고, 비난하는 이들에 대해 어떤 식으로든 '장난이 심하다', '나쁘다' 또는 그냥 '못됐다'는 깊은 느낌만 남게 된다.

나는 정신과 의사 수련을 마치고 아동 정신 의학 전문의를 따기 전에 몇 년 동안 학습 장애와 ADHD를 지닌 어린이들을 대상으로 흥분제의 의학적 사용을 검토하는 실험에 참여한 적이 있다.

그 당시만 해도 ADHD에 대해서는 부정적인 선입견들이 강했으며, 심지어 오늘날까지도 그런 선입견이 남아 있는 경우가 종종 있다. 말하자면, 아이가 그런 상태에 이른 것은 '부모가 잘못 키워서'라거나 '선생님이 태만해서'일 뿐, '진짜 장애가 아니다'라는 것이다.

개중에는 의사가 까다로운 어린이들에게 약물을 투여하려고 지어낸 장애 분류 표시일 뿐이라고 우기는 사람까지 있다. 그들이 그렇게 주장하는 근거는 '우리 때는 그런 게 있지도 않았다'라는 것이다. 이런 식으로 생각하는 사람들은 극도의 ADHD를 지닌 아이와 오래 있어 본 적이 없는 사람일 가능성이 크다.

당시의 다른 많은 이들과 마찬가지로 나도 임상의로서 어린이에게 약물을 처방하는 것에 대해 걱정이 많았다. 그러나 그런 걱정은 사실에 기반한 것이라기보다 직감적인 본능에서 비롯된 것이었으며, 나 자신이 그걸 알고 있었기 때문에 비용 대비 편익이라는 관점에서 직접 확인해 보기 위해 약물 실험에 임했다.

'이중맹검' 무작위 위약 대조 시험에서는 기본적으로 의사가 나눠주는 약물이 진짜 약인지, 옥수수 전분으로 만든 가짜 약인지를 알려주지 않는다. 부모도 아이와 마찬가지로 깜깜이인 채로 진행된다. 왜냐하면, 이중맹검 즉, 더블 블라인드double-blind test 이기 때문이다. 흥분제(이 경우 메틸페니데이트Methylphenidate) 즉, 중추 신경과 교감 신경을 흥분시키는 작용을 하는 각성제로 식욕을 억제하는 암페타민amphetamin 이 어린이 ADHD 치료에 매우 효과적이라는 사실은 당시에도 이미 잘 알려져 있었다.

문제는 대부분의 대규모 임상 시험이, 지적 장애 아동이 ADHD에 걸릴 확률이 높다는 사실을 무시하고, 지적 장애 아동을 적극적으로 배제한 채 실시되었다는 점이었다. 그래서 우리 연구에서는 경도에서 중등도의 학습 난이도 범위에서 지능 검사를 마친 어린이만 받아들이는 방법으로 이 부분을 교정하려고 했다.

나는 그때 자루 같은 가방에 커다란 약국용 암페타민의 병들과 옥수수 알약을 넣고서 캔터베리에서 사우샘프턴까지 잉글랜드 남부를 누비고 다녔다. 그전까지는 중국인 얼간이였는데, 그때만큼은 약을 운반하는 갱단이 된 느낌이었던 것 같다.

나는 약제를 처방한 어린이들의 증상이 개선되었는지, 그리고 어떤 부작용이 나타났는지를 꼼꼼히 살펴 평가했다. 사례 조사가 끝날 무렵이면, 아이마다 투여된 약물을 확인할 수 있는 '언블라인드 unblinded'가 이루어지는데, 매번 그 결과는 매혹적이었다. 흥분제를 처방받아 복용한 환자들이야 두말할 것 없이 증상이 많이 개선[26]되었다.

그러나 알약을 복용하는 행위 자체가 부모와 교사들을 한쪽 방향으로 유도하여 실시한 대부분의 사례에서, 심지어 알약 성분이 순전히 옥수수 전분인 위약일 때조차 아이들이 개선되었다고 느끼는 점 또한 흥미로운 결과였다. 마찬가지로 위약을 복용한 아이의 가족들이 먹지도 않은 암페타민 부작용을 정기적으로 보고하는 것도 흥미로웠다.

많은 이들이 질병과 비슷한 증상을 일으키는 물질을 극소량만 사용해서 병을 치료하는 동종 요법 homeopathy 과 여러 '증거에 기반하지 않은 약물'에서 효과를 봤다거나 글루텐 혹은 언론에서 나쁘다고 하는 식품군들을 먹고, 실제로 병이 났다고 주장하는 것도 놀랄 일이 아니다. 이러니 내가 정신 의학에 매료되지 않을 수 없다. 몸에 대한 마음의 힘, 이것이야말로 내가 정신 의학을 하게 된 이유의 핵심이다.

그리고 내 기억에 가장 선명하게 남은 환자 중 한 명인 마크를 만난 것이 이때였다.

ADHD, 올바른 약물의 영향

지역 이동 주택 단지에 살던 마크는 아버지와 함께 남쪽 해안가의 주의력 결핍 과잉 행동 장애 진료실로 찾아왔다. 아버지는 심하게 마른 몸에 이가 듬성듬성 빠진 상태였고, 마크는 정확히 그 반대였다. 어머니는 무얼 하고 계시느냐고 묻자, 마크는 소리를 지르듯이 쩌렁쩌렁하게 대답했다.

"엄마는 짐승이에요, 짐승이라고요!"

혹시 마크 나름대로는 농담하는 건가 싶어서 다시 물어보았다.

"좋아. 그런데 엄마는 왜 너를 진료실에 데려올 수 없지?"

마크는 이런 어리석은 사람을 봤나 하는 표정을 지으며 한숨을 내쉬었다. 그러자 마크의 아버지가 말을 못 알아듣는 내 지적 능력을 배려하여 친절하게도 천천히 설명했다.

"아내는 몸집이 2인용 침대 만해요. 지난 8년 동안 침대에 매여 있었어요."

"아, 비만이시군요." 내가 말했다.

"내 말이 바로 그거예요. 끔찍한 짐승이라고요!" 마크가 꾸짖듯 말했다.

그러나 정작 마크야말로 임상적으로 비만이었다. 더구나 마크는 꽤 길게 평가 받는 동안 가만히 있지를 못했다. 그 아이는 진료실 안을 우리에 갇힌 곰처럼 이리저리 내달리더니 갑자기 밖으로 뛰쳐나가 접수대 앞에 세워둔 180cm가 넘는 높이의 화려한 크리스마스트리를 가지고 돌아왔다. 트리 뒤로 전구들이 쓸쓸하게 딸려 오고 있었다. 나는 눈도 깜짝하지 않았다. 그때쯤 나는 주의력 결핍 과잉 행동 장애 진료실에서는 어떤 일이든 생길 수 있다는 것을 이미 터득한 상태였다. 아마도 당시 내가 개발한 최고의 기술은 호기심 많은 환자들이 머리를 잡아당기고 의자를 밀치거나 주변을 온통 박살 낸 상태에서도 적절한 임상 기록을 계속 작성할 수 있었던 것이 아닐까 싶다.

마크는 우리가 연구 차원으로 다양한 학교에서 진행했던 IQ 검사에 참여했다. 우리가 폭넓게 IQ 검사를 진행한 것은 일반 학교에 다니는 상당수의 어린이가 지적 장애가 있으면서도 경제적인 이유로 검사나 확인을 받지 못했기 때문이다. 마크의 IQ는 62로 가벼운 지적 장애 범위에 속했다.

나는 마크를 12주 동안 몇 주에 한 번씩 만났으며, 그동안 아이는 별반 달라지지 않았다. 아마 마크는 그레이비소스 gravy sauce 를 농축시킨 것을 약물인 줄 알고 받아먹고 있었을 텐데, 그렇게 짐작하면서도 계속 시험에 참여하라고 가족을 향해 격려의 미소를 짓는 일을 해야 하는 연구자 입장이 싫어지는 순간이었다.

마침내 마크가 연구의 위약 그룹에 속했던 것이 맞았다는 것을 확인한 날, 나는 서둘러 아이에게 진짜 약을 처방했다. 연구의 오픈 라벨, 즉 약품이 무엇인지를 공개하고 진행하는 부분에서 우리는 최적의 투약 체계를 수립해 약을 처방했으며, 그 결과를 6개월과 일 년 후에 추적했다.

6개월 후, 마크는 행동이 가장 많이 좋아진 아이로 뽑혀 선생님께 상을 받았다는 이야기를 들려주었다. 약물 부작용인 식욕 억제 작용으로 살이 빠진데다 체육 수업에 전보다 더 많이 참여하여 즐길 수 있게 되었다. 나는 약을 끊어도 체중 감량을 유지할 수 있도록 이 기회에 식단을 바꿔야 한다고 조언했다. 그러나 모든 걸 떠나서 내가 누군가의 삶에 약간이나마 변화를 주었다는 것이 기쁘고 기운이 솟는 느낌이었다.

그런 뒤 일 년 후의 추적 결과를 보며, 나는 숨이 막힐 정도로 놀랐다. 내가 같은 아이를 보고 있는 게 맞나 하고 확인해야 했을 정도였다.

마크는 잘 다림질 한, 깃 달린 면 셔츠를 입고 있었다. 머리를 단정하게 자르고, 깨끗하게 씻었으며, 건강한 체중을 유지하고 있었다. 웃을 때면 얼굴에 주근깨가 가득 번졌다. 마크의 태도는 완전히 달라졌으며, 자존감도 마찬가지였다. 아이가 얌전하게 있는 것을 보니 변화가 한 눈에 보일 정도였다. 학과 성적도 많이 좋아졌고, 노력한 것에 대해 칭찬과 인정을 받게 되자, 그것이 마크에게 응원과 격려가 되었다.

다시 IQ 검사를 해 보았더니, 아니나 다를까, 지수가 8점 정도 높아진 것으로 나타났다. 이제 마크는 교실에서 누군가 하는 말을 듣고 어떤 행동을 해야 하는지 이해할 수 있었다. 자연스럽게 나쁜 행실도 멈추었다. 또 더 이상 체중은 친구들에게 조롱거리가 되지 않았다. 무엇보다 좋았던 것은 아이가 열정을 발견한 것이었다.

"난 학교 축구팀에 가입했어요. 전에는 항상 숨이 찼기 때문에 내가 축구를 잘하는지도 몰랐거든요."라고 마크가 말했다.

시험 연구 기간에 내가 확인한 것은 지적 장애를 지닌 어린이 전체 집단에서 ADHD 약물 치료가 효과를 보였다는 점이다. 한 소년은 IQ 지수가 15점이 훌쩍 뛰어올라 지적 장애의 범위를 완전히 벗어나기도 했다. 그렇다고 해서 약물 치료가 모든 이에게 똑같이 유효하다는 잘못된 인상을 심어 주려는 것은 아니다. 마크를 비롯한 일부 어린이에게는 그 효과가 인생을 바꿀 정도였지만, 다른 어린이 중에는 효과가 아주 미미했던 경우도 있었다. 또 120명의 환자 중 일부는 약물 부작용 때문에 시험에서 빠지기도 했다. 다만, 이들은 대부분 추가적인 ASD 진단을 받은 경우였으며, 나중에 하위 분석에서 ASD를 지닌 어린이들은 약물 부작용에 더 취약하다는 것이 밝혀졌다. 종합적으로, 우리가 진행한 연구 결과는 메틸페니데이트가 위약으로서 이점을 넘어 지적 장애 아동의 ADHD 치료에 유익하다는 것이었다. 또한 가족들 대다수가 임상 시험이 끝난 후에도 자녀들에게 약물 치료를 계속했다는 사실을 밝혀 둔다.

아동 신경 정신과 의사 되기

나는 내가 소속감을 찾는 문제에 대해 모든 것을 이해하고 있다고 생각했다. 그러나 그게 다가 아니었다. ADHD 임상 시험이 끝나갈 무렵, 내 지도 교수였던 분과 삶의 방식을 선택하는 문제로 이야기를 나눌 기회가 있었다.

그녀는 자기가 아동 신경 정신과를 전공하게 된 것이 개인적으로 엄청난 삶의 구원이 되었다고 했다. 자살, 자해 및 그에 따른 임상의 스트레스와 불안 위험이 높은 청소년 우울증을 전문으로 했더라면 가족을 꾸릴 수 없었을지도 모른다고 했다. 청소년 우울증 전문의의 책임감으로는 육아를 병행하지 못했으리라는 것이었다. 어쩌면 그녀가 나보다 내 정신 건강의 한계를 더 잘 알고 있었을지 모른다는 생각이 들었다. 나에게 최우선 목표는 언제나 엄마가 되는 것이었고, 조니의 자살로 인한 충격이 가시지 않은 상태였으므로 그녀의 조언은 충분히 고려할 만했다.

처음에 아동 신경 정신과 임상 수련을 시작했을 때는 꼭 학창 시절로 돌아간 듯한 기분이 들었다. 새롭고 멋진 내용들을 배우는 것이나 어린아이들에게 둘러싸인 것도 다 그랬다. 직장에서만이 아니라 내 개인의 인생에서도 마찬가지였다. 나는 커다란 갈색 눈과 장미 봉오리 같은 입술을 하고, 나를 빼닮은 완고한 성품을 내비치는 아름다운 여자 아기 몰리의 엄마가 되었다.

나는 부모가 되는 것이 인생의 야망 중 하나였는데, 내가 원한 일이라고 해서 쉽게 풀리는 것은 아니었다. 또한 2008년의 금융 위기 이후 긴축 재정이 이루어지는 영국에서 수련의로 일하는 것 역시 어렵기는 마찬가지였다. 쉬운 일은 없었다.

불순응과 직장에서의 소속감 상실

몇 년 동안 연구와 출산 휴가를 보내고 임상 수련의로 복귀한 것은 수련의 7년 차 때였다. 출근해 보니 그사이 교대 근무가 아무런 예외를 두지 않고 오로지 월별로만 로테이션하는 방식으로 바뀌어 있었다. 그건 공정하지도 않고 융통성도 없는 방식이었다. 더구나 아이를 돌봐 주는 사람에게 전화가 오면, 무조건 달려가는 일은 아예 불가능했다. 게다가 출산 휴가로 인해 자리를 비웠다는 이유를 내세워 나를 신입으로 다시 발령하여 급여가 줄어든 것도 당황스러운 일이었다. 보육료를 내고, 주택 담보 대출도 갚아야 하는 상황이었으므로 나는 관리팀에 이야기해서 이 부분을 바로잡아 달라고 청했다.

그러나 우리가 유능한 수련생으로서 길러야 할 대상으로 대접받던, 좋았던 초보 의사 시절은 더는 없었다. 잠이 부족해서 몸은 허약해졌으며, 풀타임으로 일하고 풀타임으로 육아하느라 지친 데다 경제적인 걱정까지 겹쳐서 나는 사무실에서 엉엉 울었다. 결국 나는 내가 속한 조합인 영국 의학 협회British Medical Association, BMA에 조언을 구했다. 그랬더니 며칠이 지나지 않아 불법적인 교대 근무 제도가 폐지되고, 응급 당직 근무 수당을 받게 되었다. 출산 휴가를 낸 직원에게 불이익을 주는 것이 원칙적으로 불법이기 때문이었다. 그러나 나는 '자기주장이 강한 사람'으로 관리자에게 지적 당했으며, '여럿을 위해 협조할 줄 모르는' 골칫덩이로 낙인찍혔다. 그 당시 나는 너무 바빠서 그 문제에 신경 쓰지 않고 그저 할 일만 했다.

일 년 후, 나는 아들 D를 출산했다. 중국어로 남동생을 의미해 우리 집에서는 둘째를 D라고 불렀다. 둘째는 머리카락이 풍성하고, 토실토실하며 잘 웃는 아기였다.

둘째 아이의 출산이 주는 영향은 무시 못 할 수준이었다. 돌봐야 할 5세 미만 아이가 하나 더 있다는 것은 힘든 일이다. 실제로 5세 미만 아이가 셋 이상일 때, 정신과에서는 임상적 우울증의 위험 요소가 있는 것으로 평가한다.

나는 전임제 의사로 일하면서 양육하느라 경제적, 정서적, 육체적 부담이 엄청났다. 뭔가 대책이 필요했다.

두 번째 출산 휴가를 마치고 직장에 복귀했을 때는 수련의 자리에 지원할 수 있는 전문의 수련이 6개월밖에 남지 않았을 때였다. 나는 두 아이를 데리고 전임으로 수련을 완수하겠다고 마음먹었다. 물론 자격을 얻은 뒤에는 시간제 수련의 자리만 찾겠다고 나 스스로와 두 아이에게 맹세하면서 말이다.

다시 직장에 복귀했을 때, 이번에도 내게는 신입이라는 꼬리표가 달렸고, 또다시 급여가 깎여 있었다. 기운이 쭉 빠졌다. 반신반의하며 인사팀에 연락해서 착오가 있다고 이야기했다. 나는 출산 휴가를 갔을 뿐 신입이 아니며, 그런 이유로 급여를 삭감하는 것은 불법이라고 항변했다. 이번에도 어김없이 내가 착각하는 것이라는 대답이 돌아왔다. 더구나 이번에 책정된 급여로는 육아 비용도 충당하기 힘들 정도였다. 나는 고민하지 않고 BMA에 연락했더니, 이튿날 급여가 원래 수준으로 회복되었다.

웃긴다고 표현하기도 민망했다. 정부의 긴축 정책에 의해 하향 조정된 경영진의 이러한 완고한 입장은 나중에 인턴들에게 가혹한 계약을 강요하는 것에서 절정을 이루었으며, 2016년에는 전례 없는 파업으로 이어졌다. 인턴들은 자신이 속해 있다고 생각했던 조직에 엄청난 배신감을 느꼈으며, 결국 의사로서의 사심 없는 호의에 치명적 손상을 입은 많은 훌륭한 의사들이 NHS를 떠났다.

나는 줄곧 의과 대학 병원에서 학생들을 가르치면서 연구에 참여하는 모습을 꿈꿨지만, 더는 데이터를 분석하고 논문을 출판하는 것이 불가능하다는 것을 알았다. 연구하려면 헌신이 필요했고, 거의 매일 늦은 밤까지 컴퓨터 앞에 구부리고 앉아 있어야 했다.

당시 나의 늦은 밤은 아이들을 재우느라 토닥거리며 드라마 〈이웃 사람들 Neighbours〉의 주제가를 자장가 삼아 흥얼거리는 것으로 채워졌다. 그렇게 나는 수련의로서의 마지막 몇 달을 멈추면 빠져 죽는 것처럼 물 위를 달리는 심정으로 보내고서야 우여곡절 끝에 자문의 자격을 땄다. 그러나 십여 년 전만 해도 런던에는 시간제 자문의 일자리 자체가 많지 않았다. 나는 첫 면접에서 떨어졌다. 내가 '너무 주저한다'는 게 그들의 피드백이었다. 실제로 그 자문의의 역할에서는 리더십이 중요했으므로 나와 어울리지 않는 게 사실이었다. 결국 나는 시간제 자문의 직책이면 어디든 괜찮다고 생각하며 기꺼이 하트퍼드셔에 있는 종합 병원의 자문의 자리를 받아들였다.

미래를 향한 긍정적인 관점

인생은 행동의 큰 변화뿐만 아니라 관점과 해석의 작은 변화에 의해서도 바뀔 수 있다. 이를테면 우리가 뉴스와 사건을 접하고 그에 관한 의견을 형성하는 것은 정치적 수사와 언론의 렌즈를 통해서다.

2016년경, 신문 기사에 따르면 수련의들은 '무례하고 오만하며 나태한' 사람이었는데, 2020년에는 똑같은 사람들이 '코로나바이러스 감염증-19 사태의 영웅'이 되어 '코로나바이러스의 확신을 막기 위해 생명의 위험을 마다하지 않는' 이들이 되어 있었다.

수련의들은 항상 자기 일을 하는 똑같은 사람들이었다. 사회가 필요에 따라 그들을 인식하고 묘사하는 방식이 180도 바뀐 것뿐이다. 마찬가지로, 우리는 모두 저마다의 능력을 지니고 태어났지만, 부모,

가족, 학교, 마을, 사회가 각기 다른 능력이 좋다 나쁘다, 아름답다 추하다, 강하다 약하다 하면서 재단한다.

마찬가지로 ADHD를 지닌 아이들에게 충분한 지원을 제공하지 않고 '행실이 나쁜 아이'로 낙인찍는 것도 사회의 선택이다. 휠체어를 타는 사람들에게 경사로를 충분히 만들지 않아서 장애를 강화하는 것도, 도움이 필요한 성인들을 지원하지 않고서 '고용 불가능자'로 낙인찍는 것도 같은 맥락이다.

사람들을 '제정신'과 '정신 이상', '남자'와 '여자', '흑인'과 '백인', '우리 편'과 '저쪽 편'으로 나누는 일이 너무 잦고 '우리'로 묶이는 일은 너무 없다. 사실은 '속함'과 '속하지 않음' 역시 하나의 시각일 뿐이며, 사회가 특정 시점에서 어떻게 바라보느냐에 따라 끊임없이 깎여 나가고 변화될 수 있다. 이것은 로켓 과학은 아니지만 그래도 분명히 짚고 넘어가야 하는 핵심 사항이다.

인간으로서 우리 모두 이 사회의 일부이며, 다른 이들을 지지하거나 거절할 수 있다. 따라서 관용으로 받아들일지, 적대시하며 비협조적으로 굴지를 선택하는 것은 자기 몫이다.

대부분 태도를 바꾸는 일에는 별다른 대가가 필요치 않다. 그저 다른 관점이 필요할 뿐이다. 신경 다양성 또는 성 정체성 같은 용어가 새로 만들어지고, 대중이 모든 유형의 다양성을 지닌 사람들을 존중하고 동등한 기회를 주자고 외치면 미래는 더욱 긍정적일 것이다.

6 ──────────────── 미타임:

휴식과 되새김의 여유 그리고
마음이 회복할 수 있는 시간

안전이 강탈되고 통제를 벗어난 트라우마

소속되는 일의 근본적인 이점 중 하나는 안전함을 부여한다는 것
이다.

우리는 어딘가에 소속되면 안전하며 환경을 통제할 수 있다고 느
낀다. 뭐가 뭔지, 누구를 믿을 수 있는지, 무엇을 기대할 수 있는지를
알게 된다. 그래서 예상치 못한 고통스럽고 감당하기 힘든 일들이 생
기고 우리가 어디에 속해 있는지에 대한 감각이 흔들리며, 안전이 강
탈당하면 그만큼 피해가 커진다. 예를 들어 부모가 별거하거나 이혼

하면 아이들의 인생이 바뀔 수 있는데, 그것이 아이들에게는 근본적으로 통제를 벗어난 사건이기 때문이다.

비슷한 예로, 가족이 암이나 치매에 걸렸을 때 우리가 무슨 수를 쓰든, 얼마나 기도하든 치료와 상관없이 병증이 진행되어 결국 우리에게서 사랑하는 이를 앗아가 버릴 수 있다. 이렇게 원인이 관계의 단절이든 건강 또는 경제력의 붕괴든, 우리 중 많은 이들이 이런 식의 통제력 상실에 따른 불안과 절망의 감정을 경험한다.

삶의 통제력을 잃는 것은 소속될 곳을 잃는 것보다 훨씬 더 나쁘다. 그건 우리 자신을 잃는 것이기 때문이다. 그러면 인생은 생존하는 것밖에는 아무것도 아닌 것이 되고, 체제가 붕괴했으므로 회복은 더디다. 이것을 이기는 방법은 고통을 인생의 경험으로 받아들이는 것이다. 즉 변화된 정체성을 받아들이고 우리가 살아갈 수 있는 새로운 현실을 수립하는 것이다.

리오나는 청소년기에 정신적으로 외상을 남길 정도의 심각한 사건을 겪은 뒤 삶이 무너져 버린 소녀였다. 리오나를 처음 만난 것은 청소년 병동에서 수련하던 때였는데, 병동에 도착하자마자 사방을 꾸민 방식이 노인 정신 건강 센터와는 정반대라는 것을 한눈에 알 수 있었다.

꽃무늬로 염색된 광택 면직물 '친츠chintz'로 씌워 격자무늬 천을 드리운, 안락의자는 찾아볼 수 없었고 커다란 자루 안에 작은 플라스

틱 조각들을 채워 의자처럼 만든 밝은 노란색 '빈 백beanbag'들이 군데군데 놓여 있었다. 가수 사진도 베라 린이 아니라, 록밴드 가수 린킨 파크로 바뀌어 있었다. 병동 전체가 깨끗한 선과 밝은 색감으로 통통 튀는 느낌이었다.

하지만, 노인들과 함께했던 이전의 경험에서와 마찬가지로 여기에도 환자의 고통을 하나로 묶는 강력한 요소가 있었다. 바로 소속감의 결여였다. 병동에 있는 모든 환자가 청소년기의 호르몬 변화와 씨름하며 정체성을 찾고 있었다. 그들 대부분에게 이것은 심각한 정신 건강 문제와의 첫 번째 충돌이었다.

아동과 청소년 정신 건강에 관한 통계를 읽다 보면 암울해진다. 연구에 따르면 성인 정신 건강 문제의 75%는 20대 초반이 되기 전에 시작되며, 50%는 14세 이전에 증상이 나타난다[28]고 한다.

2017년 젊은이들의 정신 건강 조사에 따르면, 경악스럽게도 5세~19세 어린이와 청소년 8명 중 1명이 정신 건강 문제를 지니고 있으며, 가장 위험한 연령대는 청소년 후기인 17세~19세인 것으로 나타났다. 이 연령대에서는 17%(청소년 6명 중 1명)가 정신 건강 문제 중 주로 정서 문제가 있으며, 이 중 약 절반의 비율로 자해하거나 자살을 시도한다. 또한 20명 중 1명(이는 A-레벨 학급당 약 1명의 청소년이 그렇다는 의미다)은 이미 어떤 형태로든 향정신성 약물, 주로 항우울제를 복용[29]하고 있다.

재앙의 영향: 외상 후 스트레스 장애, 리오나 이야기

어느 날, 외상 후 스트레스 장애로 찾아온 리오나 앞에 펜과 종이를 꺼내 주었다. 아동 정신과 의사는 외상 후 스트레스 장애란 무엇이고, 그녀의 증상과 어떻게 일치하는지 이야기해 주었다. 지금은 무감각하기만 하겠지만 '사자를 뜻하는 이름처럼' 그녀는 강하다고 했다. 그녀의 어머니는 리오나가 어떤 아이였는지 이해하는 데 도움이 될까 해서 아동 정신과 의사에게 리오나의 드레스 디자인 포트폴리오를 보여 주었고, 아동 정신과 의사는 리오나에게 자신의 이야기를 글로 써 보라고 권했다. 상처를 원천적으로 차단하는 것은 불가능하지만, 상처를 치유하기 위해서는 드러내고, 겪어 내어 처리해야 한다고 했다. 댐이 약해졌을 때, 언제 무너질지 몰라 두려움에 시달리며 살기보다는 통제 가능한 만큼의 피해를 감수하고, 물을 방류해서 재건할 수 있는 길을 여는 편이 나은 것과 마찬가지라는 것이었다.

"네게 일어난 일에 대해 정확한 사실을 자세한 부분까지 쓰는 데 집중해 봐. 순간순간 어떻게 느꼈는지, 소리, 냄새, 떠오른 생각까지 말야. 우리는 네가 네 이야기를 쓰고 또 쓰고 반복해 쓸 수 있도록 도울 거야. 여러 가지 사실과 냄새, 소리가 너무 익숙하게 느껴져서 다시는 너를 괴롭힐 수 없을 때까지 계속 쓰게 할 거야. 사건을 객관적인 시선에서 볼 수 있게 삼인칭으로 써 보는 거야. 네 이야기의 서사를 네가 통제할 수 있도록 해 줄게. 네가 이 일을 이겨내고 삶을 재건할 수 있게 도울게. 그러려면 네가 용기를 내어 맞서는 게 우선되어야 해. 마음속의 사건을 되살려야 해. 그리고 종이에 써 내려가는 거야."

마침내 리오나는 떨리는 손으로 펜을 들었다.

'부활절 휴일에 나는 손을 흔들며 부모님과 작별했다'는 문장으로 글이 시작되었다.

리오나의 이야기를 그녀가 직접 쓴 글을 통해 들여다보자.

부활절 휴일에 나는 손을 흔들며 부모님과 작별했다. 부모님은 사촌인 프리실라의 결혼식에 참석하려고 나이지리아로 돌아가는 길이었다. 항공료가 워낙 비싸서, 간 김에 몇 주 머물며 친척들을 모두 둘러볼 참이었다. 특히 사실 날이 얼마 남지 않은 할머니를 꼭 뵙고 싶었다. 나는 어머니가 특별한 날에 입으려고 사 둔 밝은색의 나이지리아 전통 의상 '이로 iro '와 '부바 buba '를 짐 속에 챙겨 넣어 드렸다. 전날 저녁에 그것들을 입어 보던 어머니의 모습은 정말 멋졌다. 결혼식 하는 타이밍이 좋았다면 함께 갈 수 있었을 텐데, 하필 중등 교육 자격 검정 시험 General Certificate of Secondary Education, GCSE 을 준비해야 해서 부모님을 따라가면 최종 복습에 쓸 귀중한 시간을 낭비하게 될 것이 뻔했다.

어머니가 함께 남겠다고 했지만, 나는 어머니에게 결혼식에 참석하시라고 고집을 부렸다. 이제 나도 열여섯 살이고, 혼자 런던에서 2주 정도는 지낼 수 있는 나이였다. 공부밖에 할 일이 없었으니까 집이 조용하고 평화로우면 오히려 도움이 될 수도 있었다. 더구나 아버지가 동생인 데릭 삼촌에게 집에 한 번씩 들러서 내가 잘 있는지 봐 달라고 부탁까지 했으니 별문제 없을 것이었다.

나는 집에 혼자 있는 게 식은 죽 먹기일 거라고 생각했지만, 4일째가 되자 지루해져 고요한 느낌이 섬뜩하게 느껴졌다. 이웃집의 시끌벅적한 부산함에 감사하게 되었고, 심지어 지리 공부를 할 때 들리는 이웃집 두 살배기의 비명 같은 울음소리는 반가운 휴식이 되었다. 마침 차세대 패션 디자이너 비비언 웨스트우드 Vivienne Westwood 가 될 텐데 산악비를 알아야 할 이유가 있나 궁금했던 차였다.

나는 일과를 빼먹기 시작했으며 머지않아 깨어 있기가 힘들어졌다. 툭하면 의자에 누워 낮잠을 자고, 오후 6시나 7시가 되어 정신을 차리고 보면 하루를 그냥 보낸 것 때문에 기함하면서 시간을 보충하느라 늦게까지 공부하곤 했다.

평소 나는 통조림 치킨 수프로 끼니를 때웠는데, 돌아오는 토요일에는 번화가로 나가 피자헛에 가볼 참이었다. 그러나 토요일의 피자헛 방문은 물거품이 되었다. 평소처럼 소파에서 잠이 들었던 나는 누군가의 손에 의해 입이 막히고 사타구니 쪽이 밀어붙여지는 느낌에 와락 잠에서 깼다. 처음에는 비몽사몽이라서 꿈인가 싶었는데 곧 끔찍한 고통이 닥쳐 그게 현실임을 일깨웠다. 손이 입을 강하게 눌러 숨이 쉬어지지 않아서 아무 소리도 낼 수 없었으며, 오로지 살기 위해 숨

쉬는 것이 더 절박했기 때문에 다른 무엇을 할 엄두도 내지 못했다.

저녁 빛으로 방안이 어스름했지만, 나는 그게 데릭 삼촌이라는 것을 알아보았다. 그는 내 위에 엎드려 사지를 옭아매듯 압박한 채 퀴퀴하고 흥분된 숨을 나의 뺨에 불어넣었다. 어찌나 세게 눌렀는지 나는 꼼짝도 할 수 없었다. 팬티가 발목에 걸린 채로 사타구니 쪽이 찢어발겨지는 듯한 고통이 느껴졌다. 내가 상황을 깨닫고 반격해야겠다고 생각하는 순간, 모든 것이 끝났다. 그리고 나서 옭아맸던 몸이 풀려났고, 더러워진 헝겊은 의자에 버렸다. 나는 손가락 하나 움직일 수가 없었다. 변기 물 내리는 소리가 들렸다. 할 말이라도 있었던 것인지, 그의 그림자가 아주 잠깐 문간에서 멈칫했다가 이내 달아났다.

나는 뭘 어떻게 해야 할지 몰랐다. 거기 그대로 한동안 멍하니 누워 있었다. 몸이 움직이는지도 알 수 없었다. 시간이 흐르고 공기가 쌀쌀해지자 움직여 봐야겠다는 생각이 들었다. 뭘 하려 하든 움직일 때마다 온몸이 아팠다. 어쩌면 꿈을 꾼 것일지도 모르겠다고 생각했다.

집안은 아무 일도 없었던 것처럼 고요했다. 책상이 그 자리에 있고, 학습 안내서와 공부 시간표도 말끔히 복사하여 벽에 붙여 놓은 채로 그대로 있었다. 거칠게 그려 놓은 드레스 디자인 폴더도 내가 둔 그대로였다. 나쁜 꿈, 정말 악몽을 꾼 것이라고 생각했다.

날카로운 전화 소리가 멍한 상태에서 나를 움직이게 했다. 어머니였다. 어머니는 프리실라의 결혼식이 끝나고서 한껏 즐거워하고 있었다.

'프리실라의 드레스가 얼마나 예뻤는지 모른다, 그 애를 데려간 남편은 행운아다, 결혼식을 길게도 했다, 리조이스 고모는 살이 많이 쪘더라, 네 아버지는 자기 나이도 모르고 춤을 너무 많이 추더니 지금 아주 힘들어한다, 꼬마 아데바요는 다 컸더라, 얼굴에 난 털도 아주 멋지더라, 갓난쟁이 이모는 어찌나 귀엽던지, 그 애 엄마는 여전히 말라서 볼품없더라….'

한껏 신이 난 목소리였다. 그리고 어머니는 이렇게 말했다.

"참, 데릭 삼촌이랑 좋은 시간을 보냈다면서? 피자헛에 데려가 주셨다며? 네가 미트 피스트를 2인분이나 먹었다더구나. 우리 딸 좋았겠네. 삼촌은 왜 너를 매번 응석받이로 만드시는지."

나는 입을 열 수가 없었다.

머릿속에서는 무슨 일이 일어나고 있는지 혼란스러웠다.

도대체 어머니가 데릭 삼촌에 대해 무슨 이야기를 하시는 거지? 지금 무엇을, 어떤 일이 일어났는지를, 무슨 수로 말씀드리지?

나는 몸도 마음도 뻣뻣하게 굳어 버렸다. 내가 원하는 건 오로지 몸을 씻고 싶다는 것이었다. 씻고 또 씻고 싶었다.

나는 샤워실로 들어가서 몸을 계속 박박 문질러 씻었다. 그러나 아무리 씻어도 칼로 후벼 파는 듯한 고통스러운 마음이 깨끗해지지 않았다.

이튿날, 나는 아무 일도 일어나지 않은 것처럼 생각하려고 했다.

공부하는 책상이 있고, 책이 있었다. 나는 책상에 앉았다. 그러나 머리에 아무것도 들어오지 않았다. 나는 멍하니 허공을 응시했다. 시간은 스쳐 지나가듯 빠르게 흘렀다. 낮이 밤이 되었다가 다시 낮이 되었다. 오늘은 의자에서 잠들지 않을 것이다. 아니, 의자에서 잠드는 일이 다시는 없을 것이다.

나는 커튼을 치고, 문과 창문을 삼중으로 잠갔으며, 커다란 의자를 끌어다 현관 앞을 막았다.

부모님이 선물과 사진을 잔뜩 들고 돌아왔다.

"정말 조용하게 지낸 거지?" 어머니가 물었다.

"그런데 왜 그렇게 말랐니? 데릭 삼촌이 챙겨 줘서 살이 두 배는 쪄 있을 줄 알았더니···. 아, 맞다. 삼촌한테 보답해야지. 평소에는 자주 못 보는 분이잖니. 아빠가 지금 전화해서 저녁 드시러 오라 해요. 그 정도는 해야죠."

그 순간 지난 몇 주 동안 꽉 막혀 있던 고통이 본능적으로 흘러나오면서, 그제서야 나는 간신히 입을 열 수 있게 되었다.

부모님은 딸이 어떤 상황인지 전혀 몰랐다. 나는 걷잡을 수 없을 정도로 몸을 떨었다. 데릭 삼촌 모습이 떠오를 때마다 욕지기가 치밀어 비명을 질렀다. 아무리 밀어내려고 해도 그 얼굴은 매번 더 생생하고 비틀린 모습으로 되돌아왔다. 그 얼굴을 다시 볼 수는 없었다.

어머니는 내가 설명하는 내용을 빠르게 이해했지만, 아버지는 어머니와 달리 이해하는 데 시간이 걸렸다.

데릭은 병원에서 장시간 근무하는 어머니를 대신해 아버지가 키우다시피 한 동생이었다. 그것 때문인지 어린 시절 아버지는 화를 어린 데릭에게 풀려 했다. 그때 어머니가 얼마나 온 힘을 다해 아버지를 막아섰던가. 그리고 이번에는 아버지 자신은 왜 소중한 딸을 보호해야 할 순간에 하지 못했을까? 하는 죄책감에 괴로워했다.

한때 잘 따랐던 삼촌이 교도소에 보내지는 것에는 나의 책임이 있을까? 나에게 삼촌을 고소할 만한 강단이 있을까?

그러나 나는 이런 질문들을 생각하고 싶지 않았다. 사실은 아무 생각도 하고 싶지 않았다. 내가 원한 것은 세상의 시간이 되감기거나 그게 안 되면 땅이 두 쪽으로 갈라져 나를 통째로 집어삼켜 버리는 것이다.

낮 시간은 무감각하게 흘러갔다. 그게 나에게는 안식처 같았다. 꼼짝도 하지 않고 가만히 있으면 포식자의 숨이 나의 감각 속으로 침범하지 않았으므로 낮 동안은 그럭저럭 버틸 수 있었다. 그러나 밤이 되면 통제력이 현저히 떨어졌다. 엄마가 달려와 부둥켜안아야 하는 일이 자주 일어났다. 나는 그 사건 이후 한 번도 울지 않았다는 것을 깨달았다.

휴가가 끝난 후, 나는 학교로 돌아갈 수 없게 되었다. GCSE에 대해 수다를 떨거나 시험이 끝난 후로 계획되어 있는 파티 이야기를 하는 것이 이제는 나와 상관없는 일이 되었다. 좋아해서 일 년 내내 나를 쳐다보게 만들려고 애썼던 마커스의 얼굴도 보고 싶지 않았다. 선생님들에게는 알려야 하겠지만, 나에게 무슨 일이 일어났는지 친구들이 알게 하고 싶지 않았다. 너무 수치스러웠다. 이제 나는 친구들과 다른 사람이었다. 더럽혀진 존재였다. 나는 그들과 보조를 맞추지 못했고, 다시는 그들 속에 섞일 수 없었다.

몇 달 후, 엄마는 GCSE를 미루기로 하고 나와 함께 아동 신경 정신과를 찾았다. 아동 정신과 의사는 나를 불쌍히 여겼다. 말을 하지는 않았지만 슬픈 표정과 조용한 어조에서 그런 게 느껴졌다.

나는 "동정하지 마세요! 난 리오나예요. 사자라고요. 차세대 비비언 웨스트우드라고요!"라며 소리를 지르고 싶었다.

그러나 소리가 나오지 않았다. 고작 속삭이는 것밖에 할 수 없었다. 나는 내가 영원히 망가진 게 아닌가 생각했다.

글을 쓰는 동안 글자들이 눈물에 젖어 번지더니, 기어이 눈물이 비 오듯 쏟아졌다.

그것은 위로였다.

리오나의 트라우마는 갑작스럽게 일어났으며, 생명을 위협할 정도로 심각했다. 외상 후 스트레스 장애는 리오나가 겪은 것처럼 사건 발생 후에 많이 나타나며, 환자들 대부분이 주변 사람들과 동떨어진 느낌, 즉 괴리감을 묘사한다. 단절감, 공허감, 무감각 때문에 발밑에 안전한 땅이 없이 허공에 매달린 듯한 느낌이 들어 자기 몸에도, 자기 자신에게도 소속되지 못한다.

정신 건강의 느린 침식

불리한 일이나 곤란한 지경에 빠지는 일이 되풀이 되어 쌓이면, 한 번의 혹독한 사건이 일어났을 때와 마찬가지로 순식간에 인생을 파괴해 버릴 수 있다. 마치 점진적인 지반 침식이 갑작스러운 산사태만큼이나 한순간에 풍경을 파괴해 버리는 것과 같다.

결국은 작은 변화들이 기간을 두고 쌓여, 이후 작은 변화가 하나만 더 일어나도 갑자기 큰 영향을 초래할 수 있는 상태가 되는 단계, 즉 '티핑 포인트tipping point'에 도달하게 되며, 모든 것이 무너지는 것이다.

정신과 수련의 초기에 일반 성인 병동에서 근무할 당시, 페모라는 남자의 이야기를 통해 이것의 온전한 영향력을 절감한 적이 있었다.

페모는 나이지리아 혈통의 청년으로, 최근에 생긴 편집증과 정신병으로 입원했다. 그는 어머니와 함께 살고 있었는데, 이상한 행동을 하는 아들 때문에 걱정이 커진 어머니가 병원으로 데려왔다.

페모는 13세 때 어머니와 함께 영국으로 왔다.

그의 어머니는 NHS에서 간호사로 일하느라 나이지리아에 어린 아들을 남겨두었으며, 영국으로 오기 전까지 그는 고향 마을에 살던 할머니 손에서 자랐다. 그는 자기가 좀 더 크고, 어머니가 런던에 집을 마련하면, 같이 살게 될 것이라고 알고 있었다. 또한 그때가 되면 더 나은 교육을 받을 수 있게 될 것이라고 알고 있었다.

그는 흥미진진한 곳, 그가 가장 좋아하는 축구팀의 본거지인 런던행을 고대했다. 어머니는 정기적으로 할머니에게 돈을 부쳤고, 편안한 집과 좋은 보수, 친절한 이웃에 대해 들려주곤 했다. 어머니의 이야기 속에 훌륭한 런던 사람들을 생각하면, 어머니에 대한 그리움으로 침대에 누워 눈물로 베개를 적시곤 했던 어린 시절도 위로가 되는 느낌이었다. 그는 어머니를 그리워했고, 어머니도 자기를 그리워한다는 것을 알고 있었지만, 그래도 어머니가 참 잘 지낸다는 생각이 들었다. 어머니는 늘 현재의 슬픔이 곧 런던에서 함께 지낼 멋진 삶으로 바뀌게 될 것이라고 말했다.

열세 살 때 사우스 런던에 도착하자마자, 페모는 그곳이 어머니가 묘사한 것과는 사뭇 다르다고 느꼈다. 어머니는 마르고 핼쑥해 보였다. 그는 그동안 어머니가 번 돈을 대부분 자신에게 보내느라 매주 전화비를 제외하면 어머니가 쓸 돈은 없었다는 사실을 알게 되었다.

실제로 본 런던의 하늘과 빌딩은 마치 그의 어머니처럼 무채색이었다. 바람과 비는 그를 뼛속까지 시리게 만들었다. 어머니가 사는 집은 콘크리트로 만든 단칸 셋방이었으며, 그곳의 엘리베이터는 움직일 때마다 소변 지린내가 났다. 옆집 아이들은 그를 만나면 침을 뱉었다. 그는 고향으로 돌아가는 게 더 낫겠다고 생각했다. 적어도 고향 집 뜰에서 키우는 닭들은 그에게 침을 뱉지 않을 테니까.

그가 받게 된 교육은 다른 아이들이 이상한 낙서를 잔뜩 해서 알아볼 수 없이 훼손된 책을 펼쳐 이해할 수 없는 내용을 베끼는 것과 운동장에서 툭하면 얻어맞는 것이었다. 그나마 운동장에서의 구타는 주먹질과 발길질 정도였다. 나중에 그가 공원에서 우연히 마주친 패거리에게 당한 것과는 차원이 달랐다. 공원에서 그가 느낀 것은 생명을 위협하는 공포 그 자체였다.

사이렌 소리가 울렸을 때, 그곳에 있던 다른 사람들처럼 그도 재빨리 달아났다. 태어나서 그처럼 빨리 달린 적이 없었다.

결국 따고 싶었던 자격증을 못 딴 채로 학교를 떠난 후, 페모는 삼촌 일을 도와 직업 전선에 뛰어들었다. 작은 흰색 밴을 타고 다니며 페인트칠, 장식, 가정 이사, 쓰레기 수거 등의 소소한 잡역을 하는 것이었다. 체격이 단단하고 강인하며 젊은 페모에게는 어려운 일이 아니었다. 그러나 삼촌은 날이 갈수록 점점 더 숨차 했고, 페모가 감당해야 할 몫은 점점 더 커졌다. 삼촌은 50세의 비교적 젊은 나이에도 재발하는 기관지염과 평생 무거운 짐을 들어 올리느라 고질병이 된 허리 부상에 시달리고 있었다. 얼마 후, 결국 삼촌은 일을 그만두었고, 수입 일부를 가져가는 조건으로 사업의 핵심 자산이 된 흰색 밴의 열쇠를 스물세 살이 된 페모에게 넘겼다.

페모가 혼자 밴을 몰고 다닌 지 얼마 되지 않아, 젊은 나이와 큰 덩치 때문에 경찰이 그를 눈여겨보기 시작했다. 처음으로 두 번의 정지 수색을 당하고 나서 페모는 여름에도 선글라스를 쓰지 말아야겠다고 생각했다. 괜히 위반으로 걸릴 수도 있을 것 같았다. 경찰이 차를 멈추게 하고 맨 먼저 시키는 일이 선글라스를 벗으라는 것이었기 때문이다.

처음 차를 세웠을 때는 정말 무서웠다. 경찰은 그에게 학교에서 일부 선생님들이 하던 식으로 행동했다. 마치 그가 말을 안 듣는 사람처럼 대했다. 그는 이웃 사람들이 경찰이 시키는 대로 하지 않았다가 유치장에 갇혔던 이야기들을 들었고, 자기도 그렇게 될까 봐 두려워서 하라는 대로 순순히 따랐다.

범죄를 저지른 건 아니었지만, 뭔가 잘못한 게 있을지도 몰랐다. 어쩌면 70세의 노인 고객인 우서 씨가 마약 딜러여서, 그가 맡긴 낡은 냉장고가 마약을 숨기는 용도로 쓰였을 수도 있었다. 그래서 자기가 아무것도 모르고 운반책으로 일했을 수도 있는 노릇이었다. 마약 탐지견이 주위를 빙빙 도는 것이 아무래도 그런 것 같았다. 그 뒤로 두 차례나 더 정지 수색을 당한 후로 페모는 더 이상 라디오 음악을 켜지 않았다. 그것도 위반일지도 모른다고 생각한 것이다.

점차 그는 경찰이 무얼 찾는 건지 의문이 들기 시작했다. 차를 세울 때마다 그들이 뭔가 찾는 게 있는 것처럼 뒷좌석을 뒤졌기 때문이다. 한번은 경찰이 뒤지느라 난리를 치는 바람에 더비 할머니의 옷장이 망가졌다. 경찰은 아랑곳하지 않았고, 할머니는 그의 품삯에서 옷장 값을 뺐다. 그녀는 왜 그런 일이 생겼는지 설명할 시간을 주지 않았다. 페모는 화가 나기 시작했다. 그는 일해서 어머니가 내는 월세를 보태야 했고, 어머니가 앓고 있는 제2형 당뇨는 전혀 차도가 없었다.

그는 차 앞좌석 사물함에 넣어둔 작은 책자에다 정지 수색을 당할 때마다 날짜와 시간을 기록하기 시작했다. 그러자 뭔가 일정한 패턴이 보였다. 화요일 오전 10시 33분, 금요일 오후 4시 24분, 그다음은 월요일 오전 11시 45분이었는데, 분 단위의 숫자가 항상 3의 배수로 끝났다. 그는 다음번 정지 수색을 언제 당할지 예측하고, 주변의 차량들도 유심히 살피게 되었다. 그중 하나는 반드시 경찰의 *끄나풀*일 것이었다.

한번은 빨간 제타 한 대가 올드 켄트 로드에서 엘리펀트와 캐슬까지 따라온 적도 있었다. 그는 시장과 교회당 사이에 있는 큰 로터리에서 겨우 그 차를 따돌렸다.

어머니와 함께 사는 월세방이 페모에게는 경찰의 눈을 피할 수 있는 유일한 피난처였다. 그러나 그의 어머니는 야간 근무를 자주 해서 밤에 배가 서로 스쳐 지나가듯 잠깐 마주치는 형편이라 함께하는 시간은 거의 없었다. 그래도 페모는 어머니가 늙어가고 있는 것이 느껴졌다.

그의 어머니는 야간 근무를 마치고 아침에 집에 돌아오면 이중 초점 안경을 회색으로 센 머리에 걸친 채 아픈 어깨를 주무르며, 안락의자에 파묻히듯 앉아 아들이 타 주는 커피 한 잔을 마시곤 했다. 그녀는 평생 설탕 세 스푼을 넣은 커피를 마셨는데, 그게 당뇨의 원인이 되었을지는 몰라도 그녀가 누리는 유일한 사치였다. 그날 그의 어머니는 별생각 없이 커피 탁자에 놓인 갈색 봉투를 열고는 이중 초점 안경을 코에 걸쳤다. 다음 순간 그녀에게서 큰소리가 터져 나왔다.

"페모! 너 교회당 근처에서 과속 단속 카메라에 찍혔어!"

이 일로 페모는 경찰이 자신을 감시하고 있다고 확신하게 되었다. 저들은 이제 길거리에서 자신을 공격할 수 있을 뿐 아니라 사방에 깔린 CCTV 카메라로 매 순간 감시하고 있다고 생각했다. 더 이상 이런 식으로 자신을 목표로 삼게 내버려 둘 수 없었다. 뭔가를 해야 했다.

그가 느지막이 가게에서 돌아왔을 때, 그의 어머니는 막 출근하려는 참이었다.

"페모야, 오븐에 고기 구워 놓은 거 있어. 너 그거 정말 좋아하잖니." 그녀는 아들의 뺨을 어루만지며 빙그레 웃었다.

"피곤해 보이는구나. 일찍 자렴."

그러나 그는 해야 할 일이 있었으며, 잠자리에 들 생각이 전혀 없었다. 그는 철물점에서 사 온 것들을 비닐봉지에서 모두 꺼냈다. 튼튼한 양철 포일과 강력 테이프 같은 것들이었다.

이튿날 아침, 그의 어머니가 퇴근해 돌아왔을 때 페모는 막 잠들어 있었다. 작은 아파트는 섬뜩하니 어두웠고 문도 잘 열리지 않았다. 힘겹게 문을 열고 들어가니 안은 그야말로 칠흑 같은 어둠이었다. 창문에 온통 뭔가가 뒤덮여 있어 아침 해가 한 톨도 비치지 않았다. 전등 스위치를 켜자, 망막에 불이 붙는 것 같았다. 빛이 온방에 사방으로 튀어 다녔다. 방 안 전체가 베이킹 포일로 뒤덮여 있었다. 페모는 밤새 그 작업을 하느라 지쳐서 안락의자에 쓰러져 자고 있었다.

이민과 정신병 사이의 연관성은 매우 문서화가 잘 되어 있고, 영국 내의 아프리카계 카리브인부터 미국 내 노르웨이인에 이르기까지 다양한 인구에서 확인되고 있다. 1990년대에 킹스 칼리지 런던 정신 의학 연구소의 교수 로빈 머리 Robin Murray 가 수행한 연구가 이 연구의 핵심 역할을 했으며, 현대 조현병 schizophrenia 이론의 기초를 형성[30]했다.

나는 페모를 만나기 전에 이미 교수님이 이 주제에 대해 강연하는 것을 여러 번 들은 적이 있었다. 이분이 워낙 훌륭한 이야기꾼이기도 했지만, 특히 영국 내 아프리카계 카리브인들 사이에서 정신병 유병률이 높은 것이 혹시 의사들의 진단에 편견이 작용한 결과가 아닌지 테스트하려는 시도가 내 관심을 끌었다. 그는 영국의 아프리카계 카리브인 인구의 정신병 유병률이 본토 영국인들보다 훨씬 높지만, 이들이 자메이카와 다른 카리브해 연안 섬 출신에 비해서도 훨씬 더 높다는 것에 주목했다. 그건 이들만의 이주나 이민 경험이 정신병을 일으키는 원인과 관련이 있다는 뜻일까? 혹은 영국의 정신과 의사들이 아마 제도적 인종 차별 때문에 이들에 대한 편견으로 진단한 것이 반영된 결과일까?

머리 교수는 이 문제를 어떻게 풀어 보려 했는지 우리에게 들려주었다. 자메이카의 정신과 의사 동료를 영국으로 초빙하여 자신의 환자를 평가한 후 같은 진단을 내리는지 살펴보려 한 것이다. 그런데 기막힌 아이러니가 펼쳐졌다. 병원 근처에 도착한 자메이카 정신과 의사가 곧바로 경찰에 체포된 것이다.

머리 교수가 자메이카 의사에게 직접 운전할 수 있게 메르세데스 벤츠를 빌려서 보내 주었는데, 브릭스턴 주변에 벤츠를 몰고 다니는 흑인은 볼 것도 없이 체포 대상이라고 생각했기 때문이다. 그가 아무리 '나는 자메이카에서 이름난 정신과 의사이고, 영국 의사들을 지원해 제도적 인종 차별에 관한 중요한 연구를 수행할 것'이라고 항변해도 누구도 호응해 주지 않았다. 경찰은 그가 몰던 차를 압수하고 구금한 뒤에야 "물론 그러시겠죠, 선생님!"이라고 대답했다.

결국 그는 풀려나 머리 교수와 함께 프로젝트를 완수할 수 있었다. 결과는 자메이카와 영국 의사들의 진단이 거의 일치하는 것으로 나타났다. 이민, 박해, 인종 차별이 유전 및 생물학적 원인과 더불어 정신병의 기여 요인이라는 것이 확인된 셈이었다.

비록 자메이카와 영국의 정신과 의사가 유사한 진단 관행을 갖고 있다는 점은 긍정적이었지만, 이것이 정신 건강에 제도적 인종 차별이 존재하는 사실을 부정하지 않는다.

2010년 영국의 정신과 의사들이 다양한 인종 그룹의 심각한 정신 건강 장애를 지닌 500명 이상의 환자를 대상으로 수행한 이숍 Aesop 연구에 따르면 '영국에서 여러 연구를 통해 꾸준히 드러나는 사실은, 아프리카계 카리브인들이 정신병을 일으킬 위험이 더 높을 뿐 아니라, 정신 건강 복지 서비스를 받게 되더라도 경찰이 개입하거나 강제 입원 등의 부정적인 경로를 통해서인 경우가 많다'는 것이다. 더구나 이들은 보안 설비가 된 곳이나 법의학적인 환경에서 치료 받을 가능성[31]도 다른 이들에 비해 더 높았다.

이러한 발견들은 확실히 우려할 만한 일이며, 제도적 인종 차별을 계속해서 고려해야 하는 이유이기도 하다. 실제로 체제 내에서 정신 건강 서비스를 받는 경험은 흑인 영국인인지 백인 영국인인지에 따라 아주 일찍부터 달라진다. 저널리스트인 키스 쿠퍼 Keith Cooper 는 킹스 칼리지 런던 정신 의학과 교수 사이먼 웨슬리 경 Sir Simon Wessely 의 〈2018년 정신 건강법에 대한 독립 리뷰〉에서 보고된 연구 결과를 다음과 같은 냉정한 표현으로 요약했다.

'당신이 아프리카계 흑인이거나 카리브인이라면, 어린 시절부터 다른 대우를 받게 된다. 연구 결과를 보면 나쁜 행동을 했을 때, 당신을 아동 정신 의학자가 아닌 사회 복지사가 맡게 될 수 있고, 퇴학당할 확률도 더 높다. 더구나 성인이 되면 대화를 통한 치료를 받게 될 기회는 줄어들고, 대화 상대자가 생기더라도 당신과 공통점이 없는 사람과 마주하게 된다.[32']

학대는 어떤 경우에도 끔찍하고 잔인한 일이며, 육체적이든, 정신적이든, 개인에 의해 자행되는 것이든, 사회에 의해 느리고 점진적이며 침식적으로 이루어지는 것이든, 소외와 소속감의 결핍을 불러일으킨다. 우리가 스스로 더럽고 수치스럽다고 느끼고 죄책감과 굴욕감에 사로잡혀 끈질기게 우리 자신을 결함이 있는 존재, 사랑받을 자격이 없으며 '모자란' 존재라고 믿게 함으로써 이러한 믿음을 고착화한다. 스스로 괴물 같고 사람 같지 않다고 느낀다면, 어떻게 소속감을 찾을 수 있겠는가?

벼랑 끝에 선 환자들

페모 같은 환자들이 소외되는 이야기들은 불편하다. 그래서 지금껏 이런 사례가 비교적 흔한데도 별로 알려지지 않았다. 그러나 불편하다고 피하는 게 능사가 아니다. 생각하고 행동해야 할 때다. 그래서 나는 이들의 이야기를 들려주는 것이 중요하다고 생각한다. 정신과 수련의로 일할 때 벼랑 끝에 선 절망적인 사람을 정말 많이 만났다.

스무 살의 로런은 클래펌 교차로에서 철로 위를 아무것도 입지 않은 채 걷고 있는 모습이 발견되었다. 그녀를 응급실에서 퇴원시키면 또다시 같은 행동을 할 것이 자명했기 때문에 어쩔 수 없이 강제 격리했던 기억이 있다.

마약 중독자인 맷도 있었다. 그를 진정시키려면 치사량에 해당하는 벤조디아제핀을 투여하는 수밖에 없었다. 매트는 다섯 명의 응급 구조 대원이 안간힘을 쓰며 붙잡아도 제어할 수 없을 정도로 심하게 몸부림쳤다.

그가 내게 "꺼져, 이 마녀 의사야!"라고 계속 소리 지르며 죽음의 저주를 퍼붓는 동안, 나는 손을 벌벌 떨며 그의 손등에 삽입관을 꽂아 넣었다. 그는 이 약물에 이미 내성이 생긴 상태였으므로 효과를 보려면 더 많은 용량을 투여해야 했다.

결국 그는 대부분의 사람에게는 치명적일 수 있는 용량을 쓰고서야 너무 오랫동안 그를 붙드느라 탈진한 간호사들 손에 이끌려 침상으로 갔다. 간호사들은 그 후로도 밤새 그의 곁을 지키며 상태를 확인했고, 다행히 아침나절에는 약물 유발 정신병증이 멎었다. 그는 진정하고서 정신 차렸다.

정신과 의사들은 아마도 의무 훈련의 일환으로 자기방어나 '탈주 훈련'에 대한 정규 과정을 배워야 하는 유일한 의사일 것이다.

우리는 누군가 목에 팔을 감았을 때 팔을 풀게 하는 방법을 배운다. 그리고 쓰게 될 일이 결코 없기를 바라는 최후의 전략도 배운다. 그전까지는 단계적 축소 과정을 밟아야 하는데, 애초에 감당할 수 없는 상황이 되지 않게 하는 방법, 점점 흥분이 고조되는 것을 알아채는 방법 그리고 흥분의 열기를 빼는 방법 등을 쓰게 된다. 우리는 목소리 톤, 얼굴 표정을 조절하는 방법을 배우며, 우리의 매 순간의 행위와 표정에 따라 제 발로 걸어서 방을 나갈 것인지, 들것에 실려 나갈 것인지가 달라진다는 것을 배운다. 그러나 이 모든 훈련을 거쳤어도 그런 일이 일어나고 있다는 것을 느끼는 순간이 되기 전까지, 대부분은 실제로 그런 일이 일어나리라는 생각조차 하지 않는다.

나는 탑처럼 우뚝 서 있는 데니즈를 앉은 채로 올려다보았다. 그녀의 요청을 묵살할 수는 없었다. 그녀는 자청해서 병원으로 들어왔지만, 한밤중에 갑자기 잘못 판단한 걸 깨달았다면서 나가겠다고 했다. 그러나 불행히도 그녀의 정신 건강은 다른 사람에게 잠재적인 위협이 될 수 있는 상태였으며, 정신 건강법에 따라 의사의 권한으로 구금된 상태였다. 이런 이야기를 듣는 것이 누구에겐들 달가울까.

그러나 시민의 자유를 제한하는 극단적인 방법도 필요할 때가 있는 법이다. 설명을 들은 데니즈는 동요하여 방안을 돌아다니기 시작했다. 나는 얼른 내 오른쪽에 있는 문과 출구 옆에 있는 여자 간호사의 위치를 가늠해 보았다. 그리고는 최대한 침착하고 신중한 태도로 사과했다.

"당신이 이곳에서 나가길 원하고, 여기 있는 게 마음에 들지 않는다는 걸 알아요. 그러나 정말로 시간이 너무 늦었어요. 부디 내일 아침까지만 기다려 주세요. 당신의 주치의 선생님이 출근하면 만나 보실 수 있게요." 그리고 덧붙였다.

"지금 이곳을 나가는 건 안전하지 않아요. 걱정돼서 내보낼 수 없어요."

데니즈는 내 머리 위쪽의 벽을 주먹으로 쾅쾅 치면서 소리 질렀다.

"누가 당신한테 그럴 권리를 줬냐고!"

간호사가 다가가야 할지, 거리를 유지해야 할지 확신이 서지 않아서 잔뜩 긴장하고 있는 것이 보였다. 앉은 자세로 그러고 있자니 갑자기 엄청나게 무력한 느낌이 들었다. 일어서기만 해도 상대를 물리치고 공격하여 문까지 가는 기회를 잡을 수 있을 것 같았지만, 또 다른 본능이, 혹은 교육 받은 단계적 축소 훈련이 그러지 말라고 말렸다. 데니즈가 그걸 싸우자는 신호로 받아들일 수 있거나 공격해도 된다는 도전장으로 받아들일 수 있기 때문이었다.

나는 생존 본능을 억눌렀다.

"미안해요."라며 나는 그녀의 주먹이 날아들 것을 예상하면서도 자리에 앉아 꼼짝도 하지 않고 차분하게 말했다. 그러나 내가 차분함을 가장해도 데니즈는 내가 아닌 자기가 권력을 쥐고 있다는 것을 너무 잘 알았다.

그래서 마침내 "오케이, 아침까지 있을게요."라는 말을 하지 않았나 싶다.

그녀는 물러났다. 다시 침대로 걸어가는데 목이 건조하고 몸이 떨렸다. 아침이 되면 그녀를 더 잘 아는 그녀의 주치의가 입원 치료 여부를 결정할 것이었다.

시간이 지날수록 나는 필사적으로 되었고, 절망감을 느끼는 순간도 더 많아졌다. 약물 과다 복용으로 열 번째로 응급실로 실려 온 여성들, 반복적으로 폭력적인 위기에 빠지는 중독자들의 이야기가 쌓여만 갔다. 정신과 수련이 막바지로 접어들던 때만 해도 열정이 살아 있는 젊은이였고, 환자들을 처음부터 '절망적' 사례로 보는 것이 내 본성은 아니었지만, 병원 기록 보관소에서 나온 벽돌 3개 두께의 병원 사례 모음집을 보고는 허무 속으로 빠져드는 느낌을 막을 수 없었다. 그 많은 자료가 응급실에서 환자를 진찰한 자세한 내용과 그 이후의 조치가 실패한 내용들로 온통 채워져 있었다.

환자 중 많은 이들이 중독과 자해로 고통받고 있었는데, 그들의 정신 건강 문제는 대개 불안한 유년, 교육 기회의 상실, 사회적 곤경 등과 얽혀 있어 의사인 우리가 어떻게 해 볼 수 있는 부분이 거의 없었다. 많은 환자가 헤어날 수 없는 악순환에 사로잡혀 있는 셈이었다. 이들을 '구출'하기 위해 투입되어야 할 자원은 건강만이 아니었다. 여러 분야에서 의미 있는 형태의 지원이 이루어져야 했는데, 이를테면 주택, 교육(성인 교육, 멘토링, 수습 기회 등), 사회 복지(가정 폭력을 위한 지원, 부채 관리, 수익, 법적 조언), 경찰의 보호 등이 동시에 투입되어야 실효를 거둘 수 있었다. 그런데 지원은커녕 이 모든 영역의 자원이 동시에 감소하는 상황에서 어떻게 구출의 희망을 기대할 수 있었을까?

고백하자면, 때때로 나로서는 포기하지 않는 것 자체가 도전이었다. 현실적으로 내가 해 줄 수 있는 게 고작 처방했던 알약 몇 가지를 다시 처방하는 것이라면, 아니면 이미 100명이나 명단에 올라 있는 수용 시설을 추천하거나 이미 질리도록 참여했던 심리 치료 프로그램에 또다시 등록해 보라고 권하는 것이라면 군이 그들을 살펴서 진찰하는 목적이 뭐란 말인가?

사회는 이들을 잊었다. 그러나 이들은 이야기의 대상이 되고 생각의 대상이 될 자격이 있는 사람들이다. 그래서 나는 이들의 이야기를 할 수밖에 없다. 이들은 모두 누군가의 딸, 아들, 자매, 형제이며, 이들의 존재에서 눈을 돌리는 게 더 편하다고 해도 이들이 존재하는 것이 부정되지는 않는다. 이들 존재의 불행은 우리 사회의 누적된 실패의 결과다. 내가 이처럼 사회의 가장 힘든 부분에 초점을 맞추는 것은, 이렇게 해야 우리가 사회로부터 그리고 우리 한 사람 한 사람으로부터 더 많은 포용과 도움을 받을 수 있기 때문이다.

나 자신을 잃어버리는 것 : 모성, 그리고 아이덴티티의 상실

이런 경험들로 미루어 볼 때 나는 어느 정도 영향을 받는 것이 불가피하다고 여긴다. 더구나 의사라는 직업 특성상 특유의 스트레스 때문에 번아웃의 경향이 아주 높다는 것도 인정한다. 심지어 아동 정신 의학 전문의를 선택한 후에도 긴급 호출 당직 업무는 별반 달라지지 않았다.

열한 살짜리가 약물 과다 복용으로 실려 오면 활성탄을 이용해 위에 펌프질을 하는 일부터 여자친구에게 말 그대로 불을 지른 17세 청소년을 맡아야 하는 일 등이 매일 이어졌다. 게다가 이런 직업상 스트레스에 현대 생활의 일상적 압박이 겹쳤다. 그리고 나는 일하는 엄마였다. 세상의 숱한 일하는 부모들과 마찬가지로 나는 한꺼번에 열 개의 공을 띄우는 저글링을 이를 악물고 해내고 있었다.

출산하는 순간까지 나는 경제적 자립을 즐겼다. 지적인 동료와 친구가 있는 의사로서의 아이덴티티, 적지 않은 보수, 남편과 가사를 동등하게 분담하고, 동등한 권력을 누리는 부부 생활 등이 두루 만족스러웠다. 그런데 예기치 않게도, 배가 불러오며 멜론 크기의 존재가 내 어두운 곳으로부터 밖으로 나오는 모종의 변화가 일어났다. 그 일로 남편과 사회는 물론 나 자신과의 관계에서도 근본적인 변화가 시작되었다. 마치 내 아이덴티티가 박탈되고 내가 소속한 곳의 안전도 사라져 버린 것 같았다.

갑자기 나는 내가 아닌 존재가 되었다. 그저 앤드루 부인이나 아이들의 어머니일 뿐이었다. 물론 여전히 의사였지만 내가 꿈꾸던 것처럼 국제 학술회의 참석을 위해 비행기를 타고 다니며 좌중을 아우르는 모습과는 거리가 멀었다.

나는 이제 부스스한 몰골로 지각이나 하는 의사였고, 아이가 열이 나 유치원에서는 의사인 내가 괜찮다고 해도 함부로 어린이용 해열제를 줄 수 없다고 했다. 결국 아이를 맡기지 못해 오후 진료를 동료에게 떠맡겨야 하는 신세가 되기도 했다. 때로 그 모든 것이 감당이 안 돼서 화장실에 앉아 엉엉 우는 의사이기도 했다. 도무지 적응되지 않았다.

직장 밖에서는 요리, 청소, 세탁 등이 대부분 내 책임으로 바뀌었다. 출산 휴가 동안 종일 집에 있다 보니 저절로 그렇게 되었다. 그런데 어쩐지 다시 전일제로 일하기 위해 직장에 복귀한 뒤에도 이 구도는 원래대로 돌아가지 않았다. 친구들과 정치와 책과 예술을 논하던 시절은 사라지고 대변의 묽기와 동요 '젤리 온 어 플레이트Jelly on a plate '의 시끌벅적한 연주가 어떻고 하는 대화만 남았다. 세련된 한담閑談은 "여기서는 모유 수유를 할 수 없대"와 같은 불평, "네 아기가 양말을 신지 않았더라"라는 질책, "강황을 먹여야 한다니까"라는 자기 멋대로 하는 조언, "그 여자는 어떻게 여기에 아기를 데리고 올 생각을 한 거야?"라는 눈살 찌푸리기로 대체되었다. 흔히 말하는 멍청이나 하는 행동들로 바뀐 것이다.

내가 완전히 다른 사람이 된 것 같았다. 다른 사람들이 은퇴하고서 겪는 아이덴티티 위기가 내게는 모성과 함께 찾아왔다. 나는 운동복으로 모든 옷을 대신하는 엄마들처럼 되지는 않았지만, 더는 학문적 정신 의학과 동료들 속에 어울리지도 않았다.

정신과 의사로서의 경력을 이어나가기는 했지만, 이전과 같은 수준은 아니었다. 하트퍼드셔의 자고 한산한 병원에는 훌륭하고 헌신적인 동료들이 있었고, 그중 몇몇과는 좋은 친구가 되었다. 하지만 과학의 '최첨단'에 속해 있는 느낌이 그리운 것은 사실이었다.

몇 년 후, 몰리와 둘째 D, 둘 다 취학 연령이 되어 어이없을 정도로 비싼 보육 비용을 내지 않아도 될 때가 되었다. 나는 이미 자문의로 3년 동안 일한 경력을 내세우지 않고 수련의 월급 수준의 파트타임 전임의 fellowship 자리를 찾아보기로 결심했다. 그만큼 대도시 대학 병원의 밝은 빛, 그 상아탑으로 되돌아가고 싶었다.

옛 동료들과 낯익은 얼굴들은 두 팔 벌려 환영해 주었다. 집에 돌아온 느낌이었다. 곧바로 나의 이전 감독관이자 전공 분야에서 선구적인 여성 학자인 카마이클 교수님에게서 풀타임 자문의 자리에 지원하라는 연락이 왔다. 자신과 함께 국가 의료 분야를 이끌자는 것이었다.

그러나 시기가 너무 안 맞았다. 그 일을 하기에는 두 아이가 여전히 너무 어렸다. 파트타임 근무를 원한다고 하면서 교수의 청을 거절했더니, 명문 대학 병원에서 파트타임으로 일하는 것은 불가능하다는 이야기가 돌아왔다. 역시나 원하는 대로 될 줄 알았던 건 내 착각이었던가?

교수님이 그랬던 것처럼, 나도 경력에 집중하려면 아이를 돌보는 사람을 고용해야 할 거라고도 하셨다. 교수님이 선의로 그런 말을 해주는 것에는 의심의 여지가 없었다. 그분은 '남성 지배의 세상에서 성공적인 여성이 되는 방법'에 대한 청사진을 일러 주신 것이다. 때때로 자신이 감내해야 했던 힘든 결정, 개인적인 희생에 대해서도 들려주었다. 만약 그때 나에게 아이들이 없었더라면, 내가 오롯이 생계를 책임져야 했다면, 남편이 좀 더 자유로운 일을 했더라면, 그리고 사회가 여성이 자기 커리어에 충실할 수 있게 좀 더 밀어주었더라면, 혹은 내가 남자였더라면 얼른 그 기회를 잡았을 것이었다.

카마이클 교수는 내가 제정신이 아닌데다 고마워할 줄 모르는 사람이라고 생각했을지 몰라도 그건 나를 몰라서 하는 생각이다. 내가 아동 정신 의학과를 택한 것은 내게는 아이들이 전부이자 그것이 무엇보다 최우선이었다.

그러는 사이에도 삶은 계속되었다. 앤드루가 그해에만 열두 번째로 간 싱가포르 출장길에서 전화를 걸어왔을 때는 가뜩이나 그의 부재 때문에 혼자서 두 배로 악전고투하고 있을 때였다.

"엉망이야. 비행기가 연착해서 이제 택시를 탔는데 길이 꽉 막혔어."라고 그가 말했다.

아마 그는 '안쓰러워서 어쩌지'라는 말을 듣고 싶어 전화한 것이었을 텐데, 내 귀에는 행복한 투정으로만 들렸다. 칭얼대는 두 아이를 떼어 놓고 비즈니스 좌석에 앉아 책 읽고, 영화 보고, 잠이나 자다니….

"정말 미안한데, 지금은 얘기할 시간이 없어. D가 차 뒷좌석에 온통 토해서 양동이에 물 떠와서 스펀지로 닦아 내는 중이야. 어차피 지금은 유치원에서 데려가 주지 않을 테니까 오늘 업무를 취소해야 해."라고 대답해 주었다.

딸은 다리가 부러졌고, 친정아버지는 초기 골수종인 혈액암 진단을 받았으며, 언니는 검사에서 유방에 종양이 있다는 결과를 받았다. 나는 의사였으므로 쓰임새가 많았다. 우리 가족의 수석 병원 안내자 역할은 당연히 내 몫이었다.

"정말 정말 미안한데, 하루 쉬어야 할 것 같아요. 꼭 보충할게요."

그나마 이런 말을 할 수 있었던 건 내가 파트타임으로 일하고 있어서였다. 사람들이 나를 원했다. 나는 이를 악물고 해 나갔다. 나는 그 나이대 종양은 양성일 가능성이 높다고 언니를 안심시켰다.

그러나 내가 틀렸다. 언니의 다른 쪽 유방도 검사 받게 했다. 나는 그나마 일찍 발견해서 전이될 가능성은 별로 없다고 이번에도 언니를 안심시켰다. 하지만 이미 전이되어 있었다. 더는 언니를 안심시킬 수가 없었다. 언니는 양측 유방을 모두 절제했다. 마카롱을 사 들고 수술 후 병원에 누워 있는 언니를 찾아갔다가 언니는 배가 고프지 않다고 해서 내가 다 먹고 돌아왔다.

정부의 긴축 정책이 한 가지 면에서는 내게 이득을 가져다주었다. NHS가 비용 절감을 위해 자문의 진료를 줄이려 하면서, 카마이클 교수가 말한 것과는 반대로 아동 정신과 파트타임 자문의 채용 공고가 늘어나기 시작한 것이다. 결국 경쟁력 있는 대학 병원들도 파트타임으로 일할 사람을 구한다는 광고를 내기 시작했다.

연구 펠로십이 끝나갈 때쯤, 나는 잘 알려진 기업을 상대로 하는 사설 건강 관리 회사의 일종인 '헬스 케어 트러스트'의 대리 의사 자리에 지원했다. 결과를 말하면, 자문 경험이 없는 백인 여성 수련의에게 밀려 탈락했다. 하트퍼드셔에서 근무할 때 대기 시간을 일 년 이상에서 3개월 미만으로 줄이면서 이력서와 경력 확인서 등을 훌륭하게 작성했기 때문에 문제가 있다면 면접이었을 텐데, 뭐가 잘못됐는지 도무지 이해할 수가 없었다. 면접 실패 후 피드백을 요청했더니, 해당 회사의 자문의가 내게 이렇게 말했다.

"여기는 평판이 정말 중요한데, 당신은 너무 직설적이고 독단적이라는 평판이 있어요."

몇 년 전, 면접에서는 '주저한다'는 이유로 탈락했는데, 이번에는 '독단적'이라는 이유로 탈락한 것이다. 이런 이유로도, 저런 이유로도 나는 거절당하는 사람이었다.

혹시 그가 말하는 독단적이라는 것이 법적 급여의 권리를 되찾기 위해 관리자들에게 맞섰던 그 '단호함'을 말하는 것이 아닌가 생각해 보았다. 그렇다면 정말 뻔뻔하고 무례하지 않은가!

남성들이 직설적이고 자기주장이 강하면 야망이 있다는 표시이자 리더십을 갖춘 것으로 받아들이는 경향이 있다고는 하지만, 나는 그 자문의가 여성의 자기주장은 바람직하지 않다는 생각을 대놓고 밝히는 것에 충격을 받았다. 게다가 그는 대수롭지 않게 인종 차별도 슬쩍 내비쳤다.

"우리 영국인들은 그런 걸 좋아하지 않아요."

이 말을 듣는 순간 모든 것이 이해되었다. 영국에서 거의 40년을 살았고, 그 기간의 대부분을 영국 여권을 소지했으며, 케임브리지에서 의학 학위를 땄고, 표준 발음을 구사하며, 서구적인 인생관과 놈코어 normcore 옷차림을 하고 있어도 나는 '영국인'처럼 보이지 않았던 것이다. 차라리 치파오를 입고 우롱차를 대접하는 게 나을 뻔했다.

단 한번의 대화로 훌륭한 의사, NHS의 귀중한 자원, 영국 시민이라는 나의 아이덴티티가 한꺼번에 벗겨져 버렸다. 더 나쁜 것은 그 사람 눈에 그렇게나 '직설적이고 독단적'으로 보이면서도 나는 감히 그 일을 돌이킬 생각을 하지 못했다는 것이다. 굴욕감에 말이 나오지 않았다. 그날 나는 나 자신을 상실했을 뿐 아니라 목소리까지 잃어버렸던 것이다.

벼랑 끝에 서다

몸이 아팠다. 그러나 여전히 나는 아이들을 데려오고, 저녁을 해 먹이고, 목욕시켜서, 잠자리에 뉘어 이야기를 들려주는 일들을 어떻게든 해냈다. 그러다가 나중에 이 일로 앤드루와 논쟁을 벌이게 되었다.

"당신 정말 잘 해내고 있어. 좋은 결과가 생길 거야."

그가 나를 위로하느라 한 말인데, 내가 발끈한 것이다. 수년간의 억눌린 긴장과 쓰라림이 분출되었다.

"당신, 내가 가족들을 위해 꿈에 그리던 직장에 지원하는 걸 포기한 것 알고 있어? 누군가가 '우리 영국인들은 그런 걸 좋아하지 않아요.'라고 말할 때 어떤 기분이 드는지 알고 있냐고! 그 말은 꼭 이렇게 들려. '원래 당신이 있던 데로 돌아가. 당신은 우리에 속하는 사람이 아니고 앞으로도 절대 그렇게 될 일이 없어. 우리 영국인들은 당신을 좋아하지 않아.'라고 말이야!"

그날 밤, 나는 지끈거리는 머리를 싸매고 일찍 침대에 들어 밤새도록 뒤척였다. 내 인생의 모든 것이 점점 멀어지는 것 같았다.

부모가 된다는 것은 '미친 도전'이라는 생각이 들었다. 일단 혼자서 생각할 시간이 없다. 혼자서 화장실에 갈 수 있는 것만으로도 대단한 특권이라는 걸 누가 생각이나 해봤을까? 게다가 그토록 가치 없는 일과들이라니!

하루도 빠짐없이 하고 또 해야 하는 책임들. 아이들이 한 일 그리고 하지 않은 일, 먹은 것과 안 먹은 것, 아이들이 입을 피해와 잠재적 피해 그리고 피해 가능성 등이 오로지 나에게 달려 있었다.

나는 앤드루와의 관계에 서린 긴장감에 대해 생각해 보았다. 우리는 스물한 살 때부터 함께였다. 그와 장거리 연애 끝에 마침내 가족이 되었는데, 지금은 그가 다른 행성에 사는 느낌이었다. 우린 둘 다 직업이 있는데, 그만이 예전과 똑같은 패턴으로 일을 계속하고 있었다. 그러면서 밤늦은 시간까지 고객과 와인을 곁들인 저녁 식사를 하고 집에 와서는 이렇게 말했다.

"두 사람이 모두 힘들 필요가 있어? 이미 당신과 이 문제에 대해 이야기했잖아. 아이들을 돌보는 사람을 고용하고 싶어 하지 않은 건 당신이야."

나는 그가 왜 아무 일도 일어나지 않은 것처럼 예전과 똑같이 살려고 할까 하는 생각밖에는 들지 않았다. 그는 왜 이해하지 못하는 걸까? 아니면 이제 더는 나를 사랑하지 않아서일까? 하긴 누군들 헐렁한 운동복 바지 차림에 배에는 임신선이나 달고서, 머리카락에는 반찬을 묻히고 있는 나 같은 사람을 좋아할까? 회사에 가면 화장하고 하이힐 신은 젊은 여자들이 수두룩할 텐데. 굳이 야근까지 한답시고 집에 오지 않는 이유가 달리 뭐가 있겠어? 그가 나를 사랑한 적이 있기는 한 걸까?

그러고 보면 내가 나를 너무 힘들게 한 것 같았다. 남편이 나를 오롯이 지지하거나 이해해 주지 않는다는 느낌이 들자, 나는 그를 밀어 내기 시작했다. 우리 관계에서 나는 혼자였다.

업무 스트레스에 대해서도 생각했다. 나는 하루를 압축하여 호된 업무량을 유지해 나갔다. 동료들이나 감독관이 눈살을 찌푸리거나 내가 '제 몫을 다하지 않고 있다'라는 식의 말을 하지 않게 하기 위해 서였다.

내 업무라는 것은 분노에 차고 어찌할 도리가 없어서 절망에 빠진 수백 명의 이야기를 매일매일 귀담아듣는 것이었다. 내가 잘못 판단하면, 돌이킬 수 없는 결과가 나올 게 너무 뻔해서 내 판단이 옳았는지에 대한 불안과 뒤늦은 후회에 대한 우려, 두려움이 가시지를 않았다. 또 내가 다음번 해고 대상이 될 수 있다는 것에 대한 불안도 엄청났다. 그동안은 한 번도 실업을 생각해 본 적이 없었다. 나는 아주 일을 잘했으니까. 아니, 내가 일을 잘하기는 했나?

지원한 자리에서 탈락한 일들을 떠올리니, 자기 의심의 메아리가 커지면서 마음의 균형이 한쪽으로 쏠리기 시작했다. 결국 나는 일을 썩 잘한 건 아닌지도 모르겠다.

내가 도와주려 했던 사람들을 봐도 그랬다.

소피를 섭식 장애 병동에서 내보내면서 그녀가 다시 거식증을 일으킬 거라고 확신하지 않았던가? 환자의 60%는 처음 입원 후에 다시 거식증에 걸리게 되며, 그들 중 많은 수가 조기 사망을 한다. 헤일리도 마찬가지였다. 응급실 당직 근무할 때마다 10대의 헤일리가 손목을 그어 실려 오는 모습을 보게 될 것이라고 100% 확신하지 않았나. 물론 실제로 헤일리가 내가 일하던 병원에 실려 온 적은 없었지만, 그 아이와 똑같은 경우는 너무 많이 봤다.

그러고 보면 그동안 유능한 척하며 잘 버틴 셈이었다. 늘 마음 한구석에 내가 사기꾼 같다는 느낌이 있었는데 이제 그게 들통이 나 버렸다. 나는 해고당할 만한 사람이었다. 어떤 일이 닥쳐도 헤쳐 나가는 것이 리더십이라고 하면, 그게 정말 나한테 있긴 했던 걸까? 나는 관리자의 깜냥이 못되었다. 영국 사람들에게 나는 늘 '너무 주저한다'거나 '너무 독단적이다'거나 '너무 솔직하다'거나 '너무 호감 가지 않는다' 하는 사람이었다.

그런 생각을 하니 갑자기 모든 것이 분명해졌다. 어릴 적부터 성인이 될 때까지 내가 아무리 계속해서 변신하려고 노력하고, 주변 사람들에게 받아들여지기 위해, 이렇게 저렇게 굽실거리며 맞추려 노력해도 사람들 눈에는 내 성별과 피부색밖에 보이지 않았던 것이다.

명백한 결론이 내려졌다. 내가 무얼 하고 무얼 하지 않는가는 아무런 상관이 없다는 것. 나는 단 한 번도 영국의 직장이나 영국 사회의 상위 그룹에 속한 적이 없었다.

새벽까지도 나는 밤새 나의 가장 큰 적인 나 자신과 결투를 벌이느라 잠을 이루지 못해 신경이 산산이 조각나 있었다. 거울을 들여다

보면서도 거기 무엇이 보이는지를 알지 못했다. 비로소 내가 한동안 감정이 삶에서 분리되어 따로 노는 일상을 영위해 왔다는 사실을 깨닫게 되었다. 생존하기 위해 급한 불을 끄고, 그저 사느라 필요한 일만을 했다. 열심히 일하는 영국인 의사라는 것에 무게를 두었던 나의 정체성이 무너지고, 거울에 비친 나는 실업을 앞둔 사람일 뿐이었다. 그 당시 나는 이것을 비참한 실패 외의 다른 것으로 여길 수가 없었다. 인생이 살 가치가 있기는 했던 걸까?

갑자기 숨이 쉬어지지 않는 것 같았다. 돌이켜 보면 이것은 공황 발작일 가능성이 가장 컸다. 나는 창문을 활짝 열었다. 몸을 밖으로 한껏 내밀고 힘껏 숨을 들이마셨다.

아침 공기가 달았다. 아래쪽에서 관목의 우듬지가 부드러운 아침 햇살 속에서 반짝거리고 있었다. 평화롭고 매력적이었다. 어느새 나는 무덤덤해져 있었다. 그렇게 나는 창문 턱에 서서 발가락에 시선을 고정한 채 멍하니 서 있었다.

벼랑 끝에서 'Me-Time'으로

내 인생에서 이 시기를 되돌아보는 것은 힘든 일이다. 요즘 내 이력서와 멋지게 자라는 나의 두 아이를 보고 있으면 '와, 정말 저걸 내가 다 해냈다고?' 하는 생각이 들 정도다. 그만큼 종이에 적힌 것들은 근사해 보이기 마련이다. 그러나 현실에서 나는 큰 대가를 치러야 했다.

최근 들어서는 나는 여성들이 자기 눈에 보이고, 들리며, 완벽하게 느껴지는, 그리고 대단히 많은 성취를 종이에 기다랗게 적어 내려가는 그 누군가와 자신을 비교하는 소리를 들어도 별로 감흥을 느낄 수 없다. 그들은 '어떻게 그런 것들을 다 할 수 있지?'라고 생각할지 몰라도 나는 '왜 그렇게까지 했는지 놀라운데? 도대체 무슨 대가를 치른 거야'라는 생각밖에 들지 않기 때문이다.

우리 삶은 나날이 더 바빠지고 있다. 부모 세대에 비하면 일상도 복잡해졌다. 예전에는 남자들은 일터로 나가고 여자들은 가정과 아이들을 돌보았는데, 최근 여러모로 여성의 독립성이 증대되면서 많은 것이 바뀌었다. 그걸 해방이라 부를 수도 있을 것이다.

그러나 어떤 여성들에게는 이것이 시간 소모가 큰 역할을 거듭 떠맡게 되었다는 것을 의미하며, 이는 일상의 부담을 가중하는 결과로 이어졌을 뿐이다.

직장에서는 여성들이 자진해서 역할을 떠맡기도 했고, 때로는 시스템이 여성들에게 역할을 떠맡기기도 했다. 가사와 아이 돌보기, 집안 어른을 보살피는 가정의 책임에서는 놓여나지 못했다. 대부분 이런 일은 노력해 보지 않아서가 아니다. 그러면서도 오히려 상냥함, 공감, 측은지심 같은 '여성적' 특질을 발휘하지 않으면 육아와 돌봄, 우정의 측면에서 더 가혹한 평가가 이어졌다. 코로나바이러스 감염증-19가 창궐한 기간에 가장 심각한 피해를 입은 분야는 여성의 직업이었다. 휴직과 실직을 포함해 홈스쿨링을 담당하느라 실제로 생산성 저하에서도 주요 희생자는 여성[34]이었다.

물론 남성들에게도 전적으로 순조로운 항해는 아니었다. 지난 30~40년 동안 남성들은 앞으로 펼쳐질 일들에 대한 청사진이나 안내 없이 급부상하는 새로운 세계 질서와 씨름을 해왔다. 고용을 유지하기 위해 두 배로 열심히 일해 왔는데, 오히려 지금은 재능 있는 여성들과의 치열한 경쟁에 맞닥뜨리고 있으며 쉴 새 없이 일자리를 잃느냐 마느냐 하는 혹독한 심판대에 선다. 집에 가도 편안히 슬리퍼 차림으로 파이프나 물고 쉬는 게 아니라 스트레스에 시달리는 아내와 아이들을 돌봐야 하는 신세다. 이런 것들은 선생님이나 영화, 책 또는 TV 프로그램에서도 가르쳐 주지 않았던 일이었다. 자신들의 아버지보다 훨씬 더 많은 육아와 가사, 노부모 모시기에 참여하지만, 아내는 여전히 불만스러워한다.

이렇게 아이덴티티의 규칙이 흔들리면서 우리 중 더 많은 이들이 끊임없이 돌아가는 쳇바퀴 위에 있다고 느끼게 된 것은 놀랄 일이 아니다. 우리는 이런 것들을 해소할 시간이 없거나 극복해 낼 힘이 없다. 사회는 공정하지 않으며, 우리가 어디에 속해 있는가에 관한 관념을 뒤흔든다. 그러면 우리는 희생양으로 삼아 비난할 상대를 찾게 된다. 불안한 아이 시절에 느꼈던 똑같은 두려움과 감정을 느끼기 때문이다. 우리의 승진을 가로막는 백인들, 고용 할당제를 요구하는 페미나치들, 제 몫을 하지 않는 남편과 바가지 긁는 아내들, 이웃에 이사 온 이민자들, 공짜 혜택을 누리는 가난한 이들과 세금을 내지 않는 부자들 등이 대상이 된다. 말하자면 다른 사람들을 비난해서 우리 스스로를 보호하려는 것이다. 물론 다른 사람들을 소외시켜서 얻는 기분 좋은 느낌이 한정적이지만 말이다.

그러면서 한편으로 우리는 그냥 웃고 넘겨야 한다는 본능을 따른다. 무슨 일이 일어나도 침착하게 하던 일을 계속해야 한다는 것이 뇌리에 박혀 있기 때문이다.

중국에는 '고통을 삼키다', '고난을 견디다'와 같은 격언이 있어서 이런 것들이 완벽한 사회의 미덕인 것처럼 여기는 정서가 있다. 그러나 이런 금욕적인 격언은 시대에 뒤떨어졌을 뿐 아니라 정신 건강에 대한 인식이 높아진 지금 같은 시절과는 동떨어져 있다.

'침착하게 일상을 영위하라'는 슬로건은 전쟁에서 발생할 수 있는 공황을 관리하기 위한 홍보 활동이었다. 이 슬로건이 보호하려고 한 것은 국가이지 개인의 정신 건강이 아니었다. 평화 시기에 지킬만한 신조가 아니었다는 것이다. 영국의 전형적인 '불굴의 정신'이 바로 그런 예다.

이 이데올로기는 감정을 억눌러 해소되지 않게 조장함으로써 여러 세대에 걸쳐 피해를 주고, 육아 방식에도 영향을 미쳐 다음 세대의 정서적 성장을 방해하는 작용을 해왔다. 정신과 의사로서 웰빙의 관점에서 보면 감정을 묻어 두는 것은 권장할 만한 일이 아니다.

정신 건강을 다스리는 출발선상에서 가장 중요한 방법 하나는 시간 여유를 갖는 것이다.

힐링은 쉽지 않은 작업이며, 이것을 시작하려면 삶에서 한발 물러나 객관적으로 바라볼 필요가 있다. 나를 포함하여 너무 많은 이들이 위기가 닥쳐야 변화가 필요하다는 것을 알 수 있게 된다.

부드러운 아침 햇살을 얼굴에 받으며 창턱에 서서 하루를 시작했던 날은 남편과 함께 건축 폐자재 처리장을 찾아가는 것으로 마감되었다.

앤드루가 창턱에 선 나를 발견했고, 아이들을 학교에 데려다주더니 차를 몰아 옥스퍼드로 나가 보자고 했다. 둘 다 하루 일을 쉬었다. 돌이켜보니 그날이 나의 힐링이 시작된 날이었다.

우리가 별다른 의미가 있는 행동을 한 것은 아니었다. 그러나 그 일이 커다란 의미로 되돌아왔다. 남편도 나도 어디가 아픈 게 아닌데 함께 일을 쉰 것이다. 우리 둘 다 일 욕심이 있고 경력 중심적이어서 그전에는 한 번도 일어나지 않았던 일이었다. 심지어 우리 부부에게는 아파도 꾸역꾸역 출근하는 게 당연했다. 따라서 그날은 나에게 대단히 중요한 전환의 국면이 되었다. 마침내 우리가 우리 자신을 위해 시간을 낸 것이다.

그건 마치 나의 정신 건강이 나와 남편에게 중요하다는 무언의

합의에 이른 것 같았다. 다람쥐 쳇바퀴에서 벗어나 인생에 대해 생각해 볼 기회였다. 우리가 어디로 가고 있는지, 그곳에 우리 두 사람이 함께 가게 될 것인지에 대해서도 말이다.

그때부터 나는 '미타임(me-time)'의 중요성을 깨달았다. 우리는 스스로에게 휴식과 되새김의 여유를 부여하고, 마음이 회복할 수 있는 시간을 주며, 인생이라는 마라톤에서 정신을 쉬어 가는 것이다.

한 템포 쉬어 가는 소속의 힘

바쁘게 살다 보니, 우리는 순수한 즐거움을 위한 사이클링, 북클럽, 바느질 동호회, 미술 수업, 합창단 등의 활동에 참여하는 것을 도외시하고 '목적이 지닌' 활동을 선호하는 경향이 있다. 그러나 웰빙을 위해서는 우리 모두에게 인생의 즐거움과 기쁨이 필요하다는 것을 인정하는 것이 중요하다.

많은 취미 중에서도 그룹에 정기적으로 참석하는 것은 사회적 요인뿐 아니라 '행동 활성화'를 포함하는데, 두가지 모두 정신 건강을 보호하는 역할을 하는 것으로 나타났다. 행동 활성화는 기본적으로 아무것도 하지 않는 것보다 무언가를 하는 행위가 기분 좋게 하므로 스스로 무언가를 하게 되는 것[35]을 의미한다. 배우고, 만들고, 성취하는 일은 그 자체로 만족스럽기도 하고, 능력치가 상승한다. 또 다른 사람들이 나에게 의지하며 그룹 활동에 참여하는 것을 인지하면, 내키지 않을 때도 밖으로 나갈 힘이 생기며, 소속됨으로써 얻는 혜택과 사회적 지지가 힐링 효과를 낸다.

일부 전문가들은 과도하게 일에 치여 번아웃으로 향하는 내리막 길을 걷는다. 과중한 업무로 인해 사회생활 외에 다른 것을 할 시간이 전혀 없기 때문이다. 기껏 직장 동료들과 어울리는 정도다. 이 불균형을 해소하는 것은 인생에서 정말 중요한 일이다. 따라서 직장 생활 밖의 유대 관계를 유지하거나 성장시킬 수 있도록 노력해야 한다. 그래야 사무실이 아닌 곳에서도 사회적 공간을 확보하고, 고용이 종료된 이후에도 지속적으로 자신을 지지해 줄 집단에 소속될 수 있다.

종일 가정을 돌보는 부모들도 마찬가지다. 집과 가사를 벗어나 바깥에서 활동하는 시간을 반드시 개척해야만 한다.

물론 도자기를 만들거나 정원을 가꾸는 등의 혼자만의 취미도 좋다. 창조적인 일, 무언가를 길러 내는 일이 주는 정신 건강의 보상은 과소 평가될 성질의 것이 아니다. 수많은 정신 건강 시설에서 환자들에게 미술을 통해 자신을 표현할 수 있게 권장하고, 정원 가꾸기나 요리 같은 활동을 할 수 있도록 기회를 제공하는 것이 바로 이런 이유에서다.

생각하고 성찰하는 시간을 가져라

바쁜 생활의 스트레스를 끊어낼 수 있으면 그것만으로도 좋다. 그러나 직장, 인간관계, 소속감 결여 등 인생 문제가 있는 경우에 단절은 만족스러운 장기적 해법이 아니다. 아무리 요가를 많이 하거나 컬러링북에 색칠을 하며 마음을 다잡아도 그것이 결혼을 벼랑 끝에서 되돌려 놓지 못하며, 자녀와의 관계를 회복시켜 주지 않는다. 결국 삶을 개선하는 방법은 분석하고 반성하는 시간을 가지는 것이다. 이 시간을 위한 공간을 따로 마련하는 것이 중요하다. 심리 치료사의 도움을 받고 싶어 하는 사람들이 있지만, 꼭 그래야 할 필요는 없다.

당신이 혼자 할 수 있을 만한 '셀프 헬프'에 대해 알아 두었으면 한다.

수치심:

정신 건강 문제와
지속적인 불명예

.

우리에게도 발생할 수 있는 일

앞서 말했듯이 많은 사람이 정신 건강 문제를 지닌 사람들에 대해 부정적인 선입견을 갖고 있다. 내 남편 앤드루도 다르지 않았다.

한번은 앤드루의 친구인 크리스가 또 다른 친구의 결혼을 앞두고 오스트레일리아에서 날아왔기에 같이 저녁을 먹기로 한 적이 있었다. 우리는 크리스와 모처럼 함께 어울리는 시간을 고대했다. 나는 앤드루에게 "약속에 늦지 않게 병원에서 저녁 6시에 만나. 함께 식당에 가면 되니까."라고 말했다.

약속한 대로 6시에 병원 입구에서 앤드루와 만났다.

"와, 그러니까 여기가 당신이 일하는 곳이군!"

그가 말하기에 "그렇지. 건물 밖이지만"이라고 내가 대답했다.

"와, 정말이지…. 사실은 내가 좀 일찍 도착했어. 접수처에 당신을 만나러 왔다고 했더니 병동 이름을 일러 주더라고. 그래서 당신을 찾으러 갔다가 그냥 나왔어. 병동 입구까지 갔는데 몸집이 큰 흑인 남자 하나가 유리문 너머로 빤히 쳐다보고 있더라고. 문에 바싹 기대서는 유리를 톡톡 두드리고 있었는데, 눈동자가 좌우로 막 움직이는 거야. 아주 흥분한 상태였어. 입에서는 침이 흘러 거품이 일고 있더라고. 그 사람을 누가 어떻게 하겠어. 하는 수 없이 다시 되돌아 나와서 여기서 당신을 기다린 거야."

그는 처음 정신 병원에 들어가 본 일로 눈에 띄게 동요하고 있었다.

정신 건강 세상의 바깥에 있는 많은 이들은 '정신 병원'이라는 말만 들어도 등골이 오싹해지곤 한다. 그러나 나에게 병동은 일하는 사무실이었으며, 심지어 마음이 닫혀 있지도 않았다.

"아, 그래…. 아마 페모일 거야. 금요일 저녁마다 어머니가 닭구이를 가져다주시거든. 어머니를 기다리고 있었던 거야. 나라도 닭구이가 너무 늦게 오면 불안할 거야. 병원 밥은 끔찍하니까. 사랑스러운 녀석이야. 나랑 매일 이야기를 나눠. 안타깝게도 처방 받은 약 부작용 때문에 침을 많이 흘리는데, 더 나은 약을 찾기가 쉽지 않네."

우리는 저녁 식사를 하러 가면서 어머니를 기다리는 환자를 보고 기함한 앤드루의 행동을 두고 함께 키득거리며 웃었다. 그러나 어린 시절 우리 속에 갇힌 소년을 본 나의 반응이 떠오르는 것은 어쩔 수 없었다.

우리가 정신 건강에 관해 가지고 있는 두려움은 대부분 잘못된 정보에서 비롯된 상상이다. 시간을 들여 사람들과 그들의 상황을 이해하면 두려워할 것이 전혀 없을 때가 많다.

정신 건강에 대한 낙인은 일부 사람들에게서 신경 정신과적 평가와 진단 받는 것을 꺼리는 요인이 되고 있으며, 그 결과는 제때 진단을 받지 못하는 사람들의 피해로 나타나고 있다. 나는 신경 정신과 의사로서 모든 정신 건강 상태를 열린 마음으로 받아들이고 있다.

누구든 수치심을 느끼지 않고 진단 받을 수 있도록 사회의 더 많은 구성원이 그렇게 해 주기를 바란다. 나는 다양한 진단 라벨이 환자와 그 가족들이 우리에게 가지고 온 어려움의 묶음에 이름을 붙이는 방식이라고 밖에 생각하지 않는다. 그리고 라벨링하는 게 실제로 도움이 된다.

예를 들어, 당신 자녀가 정신없이 굴고, 집중하는 것을 힘들어하거나, 안절부절못하고, 길을 살피지도 않고 건너편으로 뛰어가는 것을 알게 되어 병원에 데려오면, ADHD 진단을 받게 될 수 있다. 그렇다고 해서 당신이 아는 사랑하는 아이가 다른 존재가 될까? 전혀 그렇지 않다. 오히려 이미 같은 장애 진단을 받은 아이들을 통해 수많은 정보와 연구 자료, 아이를 지원하는 방법에 대한 안내도 얻을 수 있게 된다.

정말로 그렇게 긍정적이기만 하냐고? 그렇다. 진단이 내려지면 교육, 사회 복지, 자원봉사 등 지원 체계에 접근할 수 있는 길이 열리기도 한다. 또 성인들이라면 자신의 상태에 대한 인식과 이해에 도움을 받을 수도 있다. 이 모두가 긍정적인 것들이다. 부디 자기 자신은 물론 사랑하는 이들의 정신 건강이 염려된다면 더 늦기 전에, 되도록 빨리 평가와 지원 받을 수 있기를 간절히 바란다.

우리가 정신 건강 문제를 이해하지 못하는 이유는, 드러내 놓고 토론하기를 꺼린 것이 크게 작용했다고 볼 수 있다. 이런 이야기를 하면 시대착오 아니냐고 할 사람들도 많을 것이다. 지난 몇 년 동안 '정신 건강'에 대한 이야기 밖에는 한 게 없는데 무슨 소리냐고 할 수 있다.

2019년 10월에 ITV는 '정신 건강'을 위해 황금 시간대에 방송하는 〈브리튼즈 갓 탤런트Britain's Got Talent〉 결승전을 잠시 중단했다. '마음 챙김' 또는 우리 아들의 표현대로 '불편한 자세로 가만히 앉아 있기'가 초등학교 교과 과정에 도입되었으며, 팬데믹 기간에는 수백 명씩 바닷가로 몰려가 '정신 건강'을 챙겼다.

당신의 생각에는 정신과 의사로서 내가 그런 것들을 응원하리라고 생각할 수도 있을 것이다. 반짝이 글자판을 들고 아래위로 몸을 들썩이며 '그래! 정신 건강 가자!'라며 외치는 것이다.

사실은 그렇지 않다. 내가 보는 견해는 상낭히 암울하다. 이 중 일부는 단순히 립서비스에 지나지 않으며, 심각한 이슈를 피상적으로만 다루기 때문에 위험하다. 일단 떠들썩하니 뭔가가 진행되어 가고 있고, 문제가 해결되고 있다는 인상을 주기 쉬운데, 내가 관찰한 바로는 아무것도 바뀌지 않았으며, 낙인은 그대로인 것이다.

화려한 언변을 동원해 공개적으로 '이야기하기'가 이루어지고는 있지만, 주로 권장되는 내용은 '걱정하는 우물the worried well'의 불안과 관계된 것들이며, 실제적인 날것의 폭력적인 감정과 그것이 사람들에게 어떤 영향을 주는지는 거의 다루어지지 않는다. 스스로 몸에 상처를 내고 거기에 흙을 문질러 감염을 일으키려 하고, 자신의 아이를 물에 빠뜨려 죽이고 싶어 하며, 자살하라는 명령이 끊임없이 들리는 사람들의 이야기 같은 것들 말이다.

아무도 이런 생각과 경험에 대해서는 듣고 싶어 하지 않으며, 누구도 이런 문제에 대해 목소리를 낼 만큼 용감하지 않다. 어쩌면 우리가 이런 생각들이 너무 극단적이어서 '비현실적'으로 여기는 것일수도 있다. 무얼 어째야 할지도 모르겠고 너무 어렵고 속상하기만 한것일 수도 있다. 그래서 우리는 정신 건강 문제가 실제로 의미하는 현실로부터 보호 받기를 원한다. 그리고 자신에게 정신 건강에 관한 면역이 있다고 생각하고 싶어 한다.

그러나 그건 틀린 생각이다. 우리 주변에 이런 정신 건강 문제의 영향을 받는 사람이 있을 것이다. 다만 우리가 그 전체 범위를 모르거나 외면할 뿐이다. 정신 건강의 붕괴는 우리의 친구, 가족, 우리 사회의 기둥 역할을 하는 사람 모두에게 일어날 수 있다. 우리 중 누구에게도 일어날 수 있다는 이야기다.

챙겨야 하는 사람, 챙길 수 없는 사람

벤을 만난 것은 바쁘게 돌아가는 응급실에서 근무할 때였다.

밤 10시가 지났을 무렵, 어떤 시민이 그를 데려왔다. 그는 거리에서 구걸하다가 한 여자가 그에게 푼돈을 주자 눈물을 터뜨렸다. 그는 자신에게 어떤 문제가 있는지를 그녀에게 털어놓기 시작했고, 그녀의 손에 이끌려 응급실로 오게 되었다.

그는 67세의 노숙자로 거리에서 많은 고초를 겪었다. 내가 정신 병력에 대한 기본적인 질문을 하자, 그는 재빨리 약물이나 알코올 남용을 부정했다. 너무 빨리 대답한 것 같았지만, 그가 사연을 털어놓아야 할 이유는 분명했기 때문에 그가 완벽한 발음으로 들려준 이야기를 귀담아들었다.

8년 전, 그는 한 중학교의 교장이었다. 한 세대, 즉 30년이나 10대들에게 영감을 불러일으키며 공동체의 기둥으로 존경 받았다. 그러다가 끔찍한 한 해를 맞이했다. 건강 문제로 일을 그만두었을 때, 아내와 이혼을 했다. 살던 집을 그녀에게 주고 작은 월세 아파트로 이시했는데, 빌이가 없어서 생활 보조금에 의지해 힘들게 지내다 결국 월세가 밀려 아파트에서 내쫓겼다. 이후에 호스텔에서 지냈지만, 결국 거리에서 살아가는 신세가 되었다.

거리 생활은 힘들고 추웠다. 그리고 굴욕스러웠다. 더는 견딜 수가 없어 탈출구를 찾아야 했다.

그는 역사를 가르치는 일을 사랑한 선생님이었지만, 교직에서 승진할수록 교육을 향한 애정이 식었다고 했다. '학생들에게 영감을 주는 선생님에서 돈을 아끼는 공무원'으로 천천히 변모해 치명적인 순간이 될 때까지도 자기가 그런 줄을 몰랐다고 했다. 그는 이혼 위자료로 아내에게 집을 넘긴 것에 대해 아무런 원망도 내비치지 않았다. 아내에게 그럴 자격이 있었다고 했다.

"아내는 아이들을 아주 훌륭하게 키웠으니까요."

"아이들이라고요?" 나는 놀라서 물었다.

"그분들은 지금 어디 있는데요?"

장남인 빌은 에든버러에서 변호사로 있으며, 니컬러스는 가족과 함께 프랑스로 이주했다. 그리고 사랑스러운 딸 케이트는 두 자녀와 함께 켄트에서 선생님으로 일하고 있다. 그는 자랑스러움과 애정을 담아 자녀와 손자들에 대해 말했다.

"그분들은 당신이 거리에서 살고 있다는 것을 알고 있나요? 만약 알고 있다면 분명히 당신을 걱정하겠죠? 켄트는 여기서 아주 멀지도 않아요. 케이트 씨의 집에서 한동안 묵을 수 있을까요?" 하며 걱정스럽게 물었다.

벤의 이야기를 들어 보면 그의 정신 건강 상태는 입원할 정도로 문제가 있어 보이지 않았다. 그의 고통은 정신 건강 침상을 이용하는 환자들 수준과 달리 경미해 자기 자신이나 다른 누군가를 해할 위험은 없었다. 이것은 가족 중 누구라도 그를 데려가기만 한다면, 한밤중에 달랑 주소 하나 쥐여 준 채, 노숙자 쉼터가 아닌 따뜻한 집으로 돌려보낼 수 있다는 의미였다. 그가 노숙자 쉼터를 몰라서 찾아갈 수 없었던 것이 아니었기 때문이다.

딸 케이트에게 전화를 걸었다. 전화기의 신호가 오랫동안 울렸다. 한밤에 가까웠기 때문에 케이트와 그의 가족이 이미 자고 있을지 모른다고 생각했다. 전화를 끊으려고 할 때, 그녀가 전화를 받았다.

"잠을 깨운 게 아닌지요. 죄송합니다만 앤더슨 부인, 저는 량 박사예요. 지금 당신 아버지께서 응급실에 계십니다."

긴 침묵이 이어졌다.

"그래서 아버지가 무슨 짓을 하셨죠?"

케이트의 이야기는 벤이 말한 것과 비슷했지만, 그녀의 말이 더 사실에 가깝게 들렸다. 그녀의 아버지는 오랫동안 알코올 중독이었다. 그녀의 어머니는 지나친 남편의 알코올 중독을 견뎌야 했고 그녀와 오빠들은 알코올이 부모의 결혼과 가족의 유대 관계를 파탄 내는 모습을 계속 지켜봐야 했다.

오빠들은 이미 오래전에 아버지와 의절했다. 아버지가 만취한 채, 학교에 출근해 결국 해고됐고, 어머니는 아버지를 집에서 쫓아냈다. 케이트는 차마 못 본 체할 수 없어서 아버지가 월세 아파트로 이사할 수 있도록 돕고, 가구를 마련해 주었으며, 돈도 주었다. 그러나 그녀의 아버지는 그 돈으로 술을 사서 마셨고, 돈이 떨어지면 가구를 팔아서 또 술을 샀다.

그녀는 돈을 주는 대신 식료품을 사서 들여놓기 시작했지만, 그는 그마저도 팔아서 술을 마셨다. 집세도 술값으로 다 썼으니 아파트에서 내쫓기는 건 당연한 수순이었다.

그녀는 아버지에게 술을 끊고 켄트로 와서 함께 살자고 권하기도 했다. 환경이 바뀌면 아버지도 새롭게 출발할 수 있으리라 생각했다. 그녀는 아버지를 설득하여 알코올 중독 재활 센터에 예약하게 하고 면담도 함께 참석했다. 상태가 나아지자, 그녀는 아버지를 집으로 모셔갔다.

벤이 그럭저럭 금주한 것은 6개월 정도였다. 그동안은 셀리나와 로스코를 학교에 데려다주고, 정원에 물을 주기도 했으며, 케이트 부부가 하는 식료품 가게 일을 돕거나 시골길을 산책하기도 했다. 그러나 그는 안절부절못했다. 외롭기도 했을 것이다. 그리고 천천히 그러나 확연히 그에게 어둠이 내려 덮었다.

처음에는 벤도 숨기려 했지만 금세 다시 술에 빠진 것이 분명했다. 벤이 끊임없이 술값을 빼가면서 가족의 식료품 가게도 점차 힘들어지기 시작했다.

밑바닥이 드러난 것은 케이트가 집에 돌아와 아이들의 돼지저금통이 박살난 채, 깡그리 돈이 사라진 것을 봤을 때였다. 그녀는 아버지에게 나가 달라고 했다.

케이트는 지난 18개월 동안 응급실에서 걸려 온 전화만 이번이 세 번째라고 했다.

"입원은 불가능해요."라며 병원 입장을 설명했다.

"그러면… 다시 거리로 보낼 수밖에 없습니다."

그녀의 목소리에서 망설임이 배어 나왔다. 걱정, 혼란스러움, 죄책감, 분개도 깃들어 있었다. 그러나 그녀는 다시 단호하게 말했다.

"죄송합니다. 엄마와 저는 인생의 가장 좋은 시절을 아버지를 위해 할 수 있는 최선을 다하며 보냈어요. 이제 제게는 챙겨야 할 가족이 있어서 아버지를 모셔 올 수 없어요."

나는 그녀를 이해했다. 나는 그녀에게 부당한 것을 요구했으며, 어떤 면에서는 벤에게 아무것도 해 줄 수 없는 나 자신의 죄책감을 더는 방편으로 이용한 것이기도 했다. 나는 노숙자 쉼터 명함 뒤에 알코올 센터 전화번호를 적었다.

다시 거리로 나서는 그의 모습이 쓸쓸했다. 그는 가족과 멀어졌으며, 어떤 면에서는 공공 서비스로부터도 버림받았다. 그 속에는 나도 껴 있었다.

수치심은 사회적 고립을 자초한다

정신 질환이 두려워 차단해 버리는 것은 우리 자신을 보호하기 위한 자연스러운 방어 메커니즘이지만, 두려움과 회피는 오히려 그 힘을 견고하게 할 뿐이다. 마치 인지 행동 모델에서 개를 피해 다니느라 개 공포증이 심화하는 경우처럼 말이다.

정신 건강 문제에 계속 오명을 씌울 때, 가장 해로운 영향은 그 영향을 받은 사람들이 느끼게 되는 수치심이다. 정신 건강 문제를 지닌 사람들은 종종 자기 자신을 결함이 있다거나 기준 미달이라고 여겨 '충분치 못한' 존재라는 것에 대한 초기 감정을 악화시킬 수 있다. 그래서 다른 이들의 도움이 가장 절실한 그 순간에 문제를 숨기고, 스스로 사회적 고립을 자초하며, 소속감을 떨어뜨리는 쪽으로 돌아선다. 그리고 이것은 그들이 앞으로 있을 어떤 지원도 강하게 밀어내는 결과로 이어지기도 한다. 또한 정신 질환으로 고통받는 환자의 가족은 사랑하는 이를 어떻게 도와야 할지 몰라 엄청난 좌절감에 휩싸이고, 이 좌절감은 시의적절 時宜適切 하게 인식하여 관리하지 않으면 그 자체가 유대 관계의 파열과 더 큰 고립의 원인이 된다.

숨겨진 정신 질환

우리 가족은 코로나바이러스 봉쇄 기간에 넷플릭스에서 방영한, 게이 전문가 집단이 평범한 사람을 변신시키는 프로그램 〈퀴어 아이Queer Eye〉에 중독되다시피 한 적 있다. 오래전부터 이런 프로그램이 있다는 것은 알고 있었지만, 내가 직접 시청한 것은 처음이었다. 물론 〈프리티 우먼Pretty Woman〉, 〈프린세스 다이어리Princess Diaries〉에서 영국의 이미지 컨설턴트 곡관Gok Kwan에 이르기까지 '메이크오버makeover' 형식이 사골처럼 우려져 식상한 것은 사실이지만 말이다. 어쨌든 나는 이번에 이 시리즈를 다 보고 나서 '눈썹 왁싱과 신용카드의 놀라운 힘'에 대해 생각해 보게 되었다. 이런 쇼의 공통점은 '와우팩터wow-factor'를 드러내는 것이다.

〈퀴어 아이〉에서 친구들과 가족들이 의도적으로 깜깜한 곳에 머무는 동안 주인공은 대개 머리 손질이나 화려한 옷을 입고, 격려의 말 등이 포함된 새롭고 긍정적인 온갖 경험을 하게 된다. 프로그램의 마지막 장면은 애벌레에서 나비로 변한 주인공을 보고 숨 막힐 정도로 놀라워하는 친구들과 가족의 모습을 보여 주는 것으로 끝난다. 무대 뒤에서 닦고 문지르고 긁어내고 다시 점검하고 마음을 정화하는 과정은 아랑곳없다.

슬프게도, 정신 질환에서 우리가 흔히 경험하는 것은 Makeover 스펠링을 거꾸로 적어 불리는 레보캄 Revoekam 내지 역逆변신이다. 숨겨진 정신 질환을 지닌 누군가의 친구, 동료, 가족 구성원으로서 우리는 멋진 사람과 함께 했던 행복한 시간을 기억한다. 그러다 갑자기 혹은 점차 그들은 한동안 우리 인생에서 사라지며, 그러다가 듣게 되는 것은 그들이 망가졌다거나 형편없는 지경에 빠졌다거나 죽었다는 소식이다.

내게는 로빈 윌리엄스가 그랬다. 〈미세스 다웃파이어 Mrs. Doubtfire〉에서 나를 웃게 하고, 〈죽은 시인의 사회 Dead Poets Society〉에서 울게 한 그가 그다음에는 세상에서 사라졌다. 영국의 TV 진행자 캐럴라인 플랙 Caroline Flack 도 마찬가지였다. 나는 그녀를 좋아했고, 데이트 게임 쇼 〈러브 아일랜드 Love Island〉에서 그녀가 입은 옷을 좋아했는데, 갑자기 그녀가 죽었다는 소식이 들렸다.

간헐적으로 겪게 되는 삶의 경험과 정신 건강과의 내적 분투는 개인적인 쇠락을 불러온다. 그리고 이것들은 아주 오랫동안 해를 넘겨 가며 유지된다. 그 이유는 주로 정신 건강 문제에 씌워진 오명 때문이다. 이것이 우리들의 친구 크리스의 죽음에 대해 전해 들었을 때의 내 상태였다.

숨길 수밖에 없는 환경

크리스가 동남아 여행에서 돌아오는 길이라고 해서 그와 함께 저녁 식사를 했다.

크리스는 눈에 띄게 체중이 줄어 있었다. 여전히 우리가 아는 근사하고 매력적이며 잘생긴 오스트레일리아 사람이었지만, 어쩐지 그가 몸만이 아니라 영혼도 살짝 위축된 것 같은 느낌을 받았다. 그에 따르면, 의사로부터 여행 중에 희귀한 열대성 질병에 걸렸다고 진단받고 일 년 동안 병원 신세를 졌다고 했다. 그는 오스트레일리아로 돌아가 가족이 하는 조그만 사업을 함께 하기로 했다고 얘기했지만, 자기 이야기는 많이 하지 않고 주로 우리 근황을 물었다.

그는 친구의 결혼식에서 들러리로서 재치 있고 사람들의 호응을 불러일으킨 연설도 했지만, 나중에 바에 모였을 때는 크리스의 목소리에 뭔가 분노의 기색이 어린 것을 앤드루도 눈치챘다. 그가 신랑의 들러리 역할을 한 것은 이번이 다섯 번째였지만, 정작 그는 결혼을 생각할 만큼 누군가와 안정적인 유대 관계를 맺어본 적이 없었다.

그는 30대로 접어들면서 부쩍, 결혼하고 런던에서 살면서 목돈을 버는 다른 친구들과 자신과는 일이 풀리는 것에서 극명한 차이가 드러난다고 말했다. 그의 말에서 감지된 불만족에 내가 크리스에게서 느낀 삶의 위축성을 겹쳐 보자, 혹시 크리스가 우울로 고통받고 있거나 다른 정신 건강 문제가 생긴 게 아닌가 하는 걱정이 되기 시작했다. 그가 누구와도 길게 관계를 맺지 않았다는 사실이 떠올라 '혹시 크리스가 동성애자인데 드러낼 용기가 없는 것은 아닌가'라고 앤드루에게 물었다. 앤드루는 크리스가 그동안 사귀었던 아름다운 여자 친구들을 주르륵 늘어놓으며 내 걱정을 일축했다.

이후 몇 년 동안은 이따금 오스트레일리아 친구들이 런던을 경유할 때마다 그들에게서 크리스의 소식을 전해 듣곤 했다. 행운아 크리스는 좋았던 옛날처럼 여전히 파티를 즐기고 있다고 했다. 기저귀를 갈아주는 일이나 코를 닦아 주는 일 같은 것은 그의 인생에 없었다. 그러나 그가 케임브리지 시절 친구들과 재미로 즐기곤 했던 약물과 술에 점점 더 의존한다는 것을 눈치챈 사람은 없었다. 그는 혼자 있을 때 아무도 몰래 약물과 술을 했다. 그러고 나서 5년 후, 크리스가 절벽에서 뛰어내려 죽었다는 소식이 들렸다.

그의 부고 기사에는 정신 건강 문제와 자살이 언급되지 않았다. 단지 수년 전에 동남아시아를 여행할 때 얻은 희귀한 신경 감염의 후유증이 원인이라고만 적혀 있었다.

우리는 그와 가까웠던 친구들에게 물어보았지만, 그가 정신 건강 문제를 지니고 있었는지, 적극적인 도움을 받고 있었는지, 성생활에 어려움을 겪고 있지는 않았는지, 아는 사람은 아무도 없었다. 그들이 크리스를 만나는 것은 주로 잠시 고정적으로 열리는 우스꽝스러운 파티에서였고, 그럴 때 크리스는 괜찮아 보였다. 내가 보기에 그들은 크리스의 우울증을 이미 짐작하고 있었다. 그래서 더욱 크리스가 희귀 열대병의 후유증에 시달렸다는 이론을 고수하는 것일 터였다.

이런 식으로 사건을 미화시키면 정신 건강 문제가 지적이며, 재능 있고, 성공한 사람과는 상관없다는 통념이 영속화된다. 정말 성공하려면, 특히 남자는 정신적으로 강해야 한다는 것이다. 그러나 정신 건강 문제를 부정하고 은폐하는 것은 전문가와 친구들, 가족들의 지원 장벽을 높이는 결과밖에는 되지 않는다. 물론 친구나 가족 구성원이 미처 피하지 못한 의학적 문제로 사망했다고 믿는 편이 더 쉽기는 하다. 편협하고 무관심한 사회가 어떤 식으로 죽음에 기여했는지 따지는 건 힘든 일이다. 더구나 정신 건강에 대해 터놓고 이야기했더라면 어땠을까, 그랬다면 결과가 달라지지 않았을까 하고 생각하는 건 훨씬 더 쉽지 않다.

나중에야 앤드루는 크리스가 한밤중에 대학 기숙사의 자기 방에서 누군가에게 나가라고 소리치던 것을 기억해냈다. 무슨 일인가 싶어 복도로 나가봤더니 쫓겨난 사람이 남학생이어서 놀랐다고 했다. 크리스는 자기가 깜빡하고 기숙사 방문을 잠그지 않고 파티에 갔는데, 돌아와 보니 만취한 술꾼 하나가 침대로 기어들어 와 있더라고 설명했다.

당시 크리스는 짐을 꾸려 그를 내보냈고, 앤드루는 크리스의 설명을 있는 그대로 받아들였는데, 크리스가 게이였을 수 있다는 내 말이 이제야 곱씹어진다고 했다.

20년 전, 학생회 간부 모임에서 내가 대학 캠퍼스에 동성애자들이 존재한다고 주장했을 때 간부들이 한결같이 그런 건 믿지 않는다고 딱 잘라 말했던 시절을 떠올려 보았다. 그런 환경에서 누군들 커밍아웃을 할 수 있었을까?

사실 나는 앤드루와 내가 커플이라는 것에 대놓고 놀라워했던 크리스에게 약간의 반감을 품고 있었다. 내가 중국계이면서 앤드루를 자신들의 세상 밖 어딘가에 옭아매고 있다고 여겨 나를 좋아하지 않는다고 생각했다. 그런데 돌이켜 보니 그의 놀라움은 나보다는 앤드루를 향해 더 집중돼 있었다. 앤드루가 공고한 관례를 깨고 자신이 원하는 상대와 데이트를 할 수 있는 용기를 가졌다는 것에 놀랐던 것이리라. 크리스 자신은 절대로 할 수 없을 일이었을 것이다. 그가 핀잔을 주었던 대상은 내가 아니라 그 자신이었다.

나는 지금이야말로 우리 사회가 장려하고자 하는 가치에 대해 다시 생각해야 할 때라고 생각한다. 이런 이야기가 새롭지 않다는 것은 안다. 다만 내 이야기들이 우리가 무신경하게 영속시키는 불건전한 사회적 가치들과 정신적 고통 사이의 직접적 연관성을 조명할 수 있기를 바랄 뿐이다.

프라이팬에서 뛰쳐나와 불로 뛰어들기

만약 내가 창턱에 올라섰을 시점에 스스로 위험 평가를 했다고 하면 자살 위험률을 낮게 산정했을 것이다. 우선 남편이 집에 있었고, 지극히 짧은 순간에 공황과 절망에 휩싸여 충동적인 행동을 한 것이었을 뿐이다.

강렬한 압박과 질식의 느낌에 대한 무조건 반사 같은 것이었다. 그러나 그것만으로도 나는 충분히 겁을 먹었다. 다음 날, 나는 이를 악다물고 아무 일도 없었던 것처럼 직장으로 돌아갔다. 그러나 내심 뚜렷한 변화가 있었는데, 더는 내가 어울릴 수 있는 시스템이 아니라는 느낌이 마음 깊숙이 자리잡은 것이다.

그로부터 얼마 지나지 않아 나는 어렵사리 런던에 있는 지역 사회 정신과에서 파트타임 자문의 자리를 얻었다. ADHD, 자폐와 학습 장애 어린이들을 진단하고 그 부모들을 지원하는 일이었다. 그러나 안타깝게도 이 꿈의 직장에서 일을 시작하자마자 나는 다른 일자리를 찾아봐야 하는 신세가 되었다. 새 일터에서 괴롭힘이 일어날 조짐이 뚜렷했기 때문이다.

인정받지 못했던 힘겨운 시간

부서장와의 첫 면담에서 그는 내게 자문의 모집 공고에 기재된 것 외 부서별 추가 업무가 있다고 말했다. 실제로 서비스 전반에 걸친 역할이 자문의들에게 고루 배당되었으며, 내게는 아동 학대로부터의 보호에 관한 업무가 주어졌다. 아주 중요한 업무이기는 했지만, 힘들고 기분이 가라앉으며, 스트레스를 많이 받는 일이라서 경험자 중에서도 정신적으로나 심리적 여유가 있어서 일을 관리할 능력이 있는 사람들이 맡아야 할 일이었다. 두 아이를 기우는 워킹맘인 내게 적당한 업무라고 생각되지 않았다. 나는 이쪽 분야의 경험이 너무 적으니 가르치거나 수련시키는 업무를 맡겨 주면 좋겠다고 설명했지만, 그는 할당된 일을 하지 않으면 '내게 그 조직에서의 미래는 없을 것'이라고 대답했다.

내게 그 일이 맡겨진 것은 아무도 하고 싶어 하지 않는 일이기 때문이라는 것을 알고 있었지만, 사실 인기 없는 일일수록 더 공정하게 분배되어야 하는 법이다.

일단 나는 한발 물러섰다. 워낙 가르치는 일을 좋아하니, 2년 안에 역할을 재검토해 달라고 요청했다. 그러나 이 요청 또한 거절당했고, 덧붙여 내가 '팀 플레이어가 아닌 것 같다'라는 답변이 돌아왔다. 나는 기가 꺾여서 입을 다물었다. '착한 여자아이'를 꿈꾸는 사람에게는 그 이상 죄책감을 느끼게 하는 말이 없었다. 나는 고개를 떨구고 아동 보호를 담당하는 추가 업무를 떠안았다.

그로부터 일주일이 채 되지 않아서 내가 동료인 에이미를 부서장에게 소개할 일이 있었는데, 이 일로 그의 협상 스타일이 우려스러운 패턴임을 알게 되었다. 에이미는 내가 맡은 서비스에 새로 들어온 팀 매니저였다.

에이미와 나는 우리가 제공하는 서비스가 고위험 환자들의 필요를 충족시키기에 적당하지 않다고 생각해 우리 의견을 전달했다. 그런데도 몇몇 특수한 고위험 환자와 책임을 맡으라는 지시가 내려오자 놀라움을 금치 못했다. 지시에 따르지 않으면 '우리에게 이 조직에서의 미래는 없을 것'이라는 말이 이번에도 덧붙여졌다. 나는 그가 어떻게 그런 말을 쉽게 입에 담을 수 있는지 의아할 지경이었다. 우리 두 사람은 환자 입장에서 합당한 우려를 제기했지만 묵살되었다. 그러자 겉보기에는 우리의 업무에 가해지던 통제가 모두 사라진 것 같았다.

이것은 실제로 내게는 긍정적인 경험이 되었다. 왜냐하면 과거에 내가 괴롭힘을 당할 때는 내 잘못도 있다는 생각에 매번 일말의 수치심을 느꼈는데, 이번에는 나만이 아니고 두 사람이 연관되어 있으니 누구 한 사람의 개인적인 실패가 아닌 것이 확실했기 때문이다. 나 자신의 문제라고 하면 온갖 것을 상상할 수 있지만, 에이미는 단연코 아무 문제 될 것이 없었다.

에이미가 나와 똑같이 부당한 대우를 받는 상황에 이르러서야, 나는 부끄러운 행동이 내 몫이 아니라는 것을 알 수 있었다. 가해자는 괴롭힘에서의 가장 기본적인 실수를 저질렀다. 우리 두 사람을 개별적으로 소외시키고 위협했어야 가장 성공적인 괴롭힘이 되었을 텐데, 한꺼번에 그런 바람에 우리에게 친구이자 동맹을 제공한 셈이 된 것이다. 나중에 이 일에 대해 우리가 느낀 것을 토론할 기회가 있었을 때, 에이미는 울음을 터뜨렸다. 아마 그 때문이었을 텐데, 나는 고위 경영진에게 비공식적으로 불만을 제기했고, 부서장은 마지못해 사과했다. 시스템 제도에서 그 일은 그것으로 종결된 듯했다. 우리가 모든 것을 깨끗이 털어 버리고, 모두가 좋은 친구가 된 것으로 치부했다. 그러나 괴롭힘은 끝나지 않았다. 어떻게 괴롭힌 자와 피해자가 억지 사과 한 번으로 화해할 수 있을까?

에이미는 계속해서 환자를 맡으라는 압력에 시달렸다. 환자 대부분이 우리가 볼 때 다른 부서에 더 적합한 환자들이었다. 사실 10대 후반은 성인이나 마찬가지다. 더구나 우리에게 맡겨진 환자 중에는 이미 입원 치료를 받은 적이 있으며, 자기 자신과 타인에게 지속적인 위험을 끼칠 소지가 다분한 사람으로서 법의학 정신 건강 서비스를 받아야 할 대상자들도 있었다. 어느 모로 보나 지역 사회 신경 정신과 팀에 적합한 경우가 아니었다. 일단 에이미가 받아들이면 나는 꼼짝 없이 그 환자들을 임상적으로 책임져야 했다. 눈에 띄는 괴롭힘은 사라졌지만, 직속 상사는 나를 완전히 무시하려 했으며 아무런 지원 없이 엄청난 부담을 떠안겼다. 내가 받는 스트레스를 차치하고라도 자문의들이 협력을 거부하는 이런 정치적 시나리오에서의 진짜 희생자는 환자들이다.

일주일에 3일씩 나는 입퇴원 또는 과를 옮기는 등 이동률이 높은 환자 140명과 팀 책임 관련해서 400명이 넘는 환자들을 담당했다. 뿐만 아니라 에이미와 둘이서 추가 지원 없이 1년 넘게 밀려 있는 대기 환자 리스트를 3개월 이내로 줄이는 것까지 해냈다. 두 사람 모두 한도를 초과해 전력을 다하고 있었다. 거기에 고강도 지원이 요구되는 고위험 환자들을 추가하면 이처럼 과중된 업무는 더 이상 버틸 수 없다는 것은 분명했다. 우리는 우리가 유지해 나가는 필사적인 대응 체제가 건강한 삶의 방식이라고 생각하지 않았다. 일상적인 불안이 너무 높았다. 우리는 자신들이 번아웃으로 향하고 있다는 것을 알았다.

그해 말에 나는 일을 그만두었다. 다른 직장을 찾을 때까지는 다닐 작정이었는데, 에이미가 과도한 압박감으로 이미 그만두어서 그녀 없이 혼자서는 버틸 수 없었기 때문이다.

그런데 이상하게도 공식적으로 실업 상태가 되었는데도 정말 오래간만에 너무 행복했다. 실업에 대한 걱정으로 벼랑 끝까지 몰렸던 지난날을 생각하면 놀라웠다. 커다란 짐이 어깨에서 사라진 기분이었다. 해방감이 느껴졌다. 나중에 듣기로 그곳에서 남성 아동 정신과 의사를 고용해 내가 하던 일을 맡겼는데, 나와 똑같은 양의 업무를 하는데 하루치의 별도 수당을 더 지급했다고 한다.

다행히 새로운 일자리를 기다리는 시간은 오래 걸리지 않았다. 내가 일했던 지역 사회 신경 정신과와 긴밀히 연계했던 소아과 의사들이 내가 사표를 냈다는 소식을 듣고 함께 일하자고 연락했다. 그것도 '내가 원하는 만큼' 기간제로 고용하겠다고 했다. 비록 일부 사람들이 내가 무가치하고 없어도 그만인 사람인 것처럼 취급했지만, 나의 가치를 인정해 주는 다른 사람들이 있다는 것으로 나 자신이 증명된 셈이어서 뿌듯했다.

역경 헤쳐나가기

당신에게 특별한 강점이 없다면 당신의 인생은 반복을 거듭하게 될 것이다. 그게 진정한 장거리 자전거 경주 '투르 드 프랑스Tour de France'다.

누구도 모든 역경에 대해 보험을 들어 놓을 수 없다. 그나마 우리가 통제할 수 있는 것은 어떻게 반응할 것인가 하는 것이다.

중요한 것은 우리가 추락했다는 것이 아니라 그다음 단계다. 먼지를 털어 내고 다시 일어설 수 있을까? 아니면 다시 일어설 수 있게 도움을 청할 수 있을까? 자신의 실패를 회피하고 다른 이를 탓할 구실을 찾을까, 아니면 반성하고 배워서 변화할까? 상처 입은 피해자임을 주장하면서 원한을 품고 복수할 궁리를 할까, 아니면 더 발전해서 강하게 돌아오기 위해 극복하고, 적응하고, 용서할 수 있는 강인함을 추구할까?

낙관적인 생각, 그리고 파트너와의 긴 여정

경기 참가자 하나가 투르 드 프랑스에서 골짜기에 겨우 도착했다면, 그 다음은 산을 올라야 한다. 생각만으로도 기세가 꺾일 지경이다. 산을 다시 오를 수 있도록 추진해 줄 에너지와 결단력은 소진되고, 그냥 포기해 버릴까 하는 생각이 어느 순간 뇌리를 스친다. 그러나 사이클 투어에서는 여정이 이미 지도로 만들어져 있고, 어려운 구간이 일시적라는 것을 모두 알고 있다. 구간만 통과하면 경로가 더 쉬워지리라는 정보도 인지하고 있다. 물론 인생은 이와 달라서 모든 것들이 분명하지 않다. 그러나 긍정적, 낙관적 태도인 사람들은 난관이 일시적이라는 것을 더 잘 알며, 더 탄력적으로 대처하는 경향이 있다.

다섯 살 난 내 딸이 정글짐에서 떨어져 오른쪽 다리가 부러졌을 때, 나는 아이보다 훨씬 더 많이 울었다. 아이의 몸이 모두 부서진 느낌이었다. 그런 나를 보더니 아이는 왼쪽 다리를 흔들어 보이며 소리쳤다.

"괜찮아요, 엄마. 이쪽 다리는 안 다쳤어요!"

아이가 제 아버지의 낙천적인 기질을 물려받아서 얼마나 다행인지 모른다.

나처럼 낙관적으로 생각하려고 애쓰는 사람들에게는 지원을 청할 줄 아는 것이 중요하다. 평정을 잃었을 때 필요한 것은, 내 능력의 한계를 받아들이는 것이었다.

나는 가장 높은 기준을 책정해 놓고 최선을 다해 그에 걸맞은 최고의 의사, 최고의 부모가 되기 위해 노력했다. 그러나 어느 지점에서는 기꺼이 도움을 청할 수 있어야 했다. 다른 사람들이 가사 도우미나 가정 교사 등을 고용해서 혜택을 누리는 동안, 나는 기존의 일손을 어떻게 하면 더 경제적으로 쪼개 쓸 수 있을까 궁리했다.

결혼은 파트너십이며, 두 사람 모두를 위해 가사를 분담해야 한다. 한동안 아이들의 존재로 인해 내 인생은 완전히 뒤집혔는데, 앤드루는 이전과 같은 생활을 계속하는 것에 분개했을 때, 아이덴티티가 변질되어 잠식당하는 느낌이었다. 나는 되고 싶지 않았던 사람이 되어 가고 있었다. 바가지 긁는 아내, 믿고 맡길 수 없는 고용인이 되어가고 있었다.

나 자신을 완전히 잃고 싶지 않았다면 버티기 위해 싸워야 했다. 옥스퍼드셔의 한 폐자재 마당에서 내 인생의 몇몇 선들이 다시 그려지고, 부담이 어느 정도 덜어졌으며, 평형이 일부 회복되었다. 남편으로서, 아내로서, 파트너는 우리가 인생 여정을 나란히 여행하기 위해 선택한 사람들이다. 둘 중 한 사람이 모든 짐 가방을 들고 원망에 찬 마음을 지니게 되면, 삶의 긴 여정은 조기에 끝나게 될 것이다.

행동 활성화

앞서 나는 '침착하게 하던 대로 계속해 나가는 것'이 최선의 대처 방법은 아닐 수 있다고 언급했다. 결국 일정 수준의 변화가 필요한 지점이 있을 수 있기 때문이다. 그러나 단기적으로는 하던 대로 일정한 활동에 꾸준히 참여하는 것이 좋다. 그건 물속에 서서 제자리 헤엄치기를 하는 것과 같다. 해안까지 헤엄칠 힘이 없을 때도 가라앉는 것을 막아 준다. 마찬가지로 정기적인 일정이 있는 활동에 참여하면 정상적인 일상의 끈을 계속 잡고 있어서 세상과의 연결을 놓치지 않을 수 있다.

태아처럼 웅크리고 있고만 싶을 때는 주변의 모든 사람, 모든 것과의 연결을 끊는 방법이 좋은 생각처럼 보일지 몰라도 결국 끊어진 연결과 일상을 다시 일으켜 세워야 할 때가 오기 마련이다. 그럴 때 모든 연결을 끊어 놓은 상태라면 가뜩이나 어려운데 회복이 훨씬 힘들어질 수도 있다. 그러므로 미술 강좌, 풋볼팀, 친구와 산책하기 등 정기적인 활동을 적어도 하나 정도는 선택하여 참여하는 것이 좋다. 이런 활동들은 하루에 목적을 부여해 주며, 침대에서 나와 옷을 입고 집을 나서는 식으로 최소한의 규칙적인 일상을 보장해 준다. 이렇게만 해도 정신 건강 문제가 있는 사람 모두에게 긍정적인 영향을 미친다.

다른 사람들과 상호 작용하면 그 당시에는 온전히 즐기지 못하더라도 기본적인 사회적 기술과 연결을 살리는 역할을 하며, 의외로 위안과 기쁨, 지지받는 느낌을 가져다주기도 한다. 혹은 이도 저도 아니라 해도, 최소한 다른 사람들이 당신의 정신 상태를 정기적으로 들여다보고 필요할 때 당신 편에 서서 도움을 요청할 수 있다.

우리를 더 강하게 하는 것

나는 자주 부모들에게 육아 강좌에 참석하라고 적극 조언하곤 한다. 어떤 부모들은 이것을 대단한 모욕으로 받아들여 굉장히 방어적으로 반응하며 필요성을 부인한다. 그러면 나는 의사도 기술을 최신으로 유지하기가 대단히 어렵다는 것을 예로 들며 그들을 납득시키려 애쓴다. 일반 의학 위원회에서 모든 의사에게 지속해서 강좌에 참석해 기술을 업데이트하고 연마하라고 요청하는 게 그런 이유라고 한다.

강좌에 참석한다고 해서 그 의사들에게 어떤 면에서든 부족한 점이 있다는 의미는 아니다. 사실은 좋은 의사들일수록 더 기꺼이 강좌에 참석하고 수련하며, 오히려 부족하거나 겨우겨우 해 나가는 의사가 강좌를 기피하는 경우가 더 많다. 계속 수련하고 발전해야 할 필요성을 이해하는 것이야말로 좋은 의사가 되는 방법의 하나다.

이것은 부모에게도 똑같이 적용된다. 육아 강좌에 참석하도록 권고 받는 것은 칭찬 받는 것이나 마찬가지다. 기본적으로 당신을 좋은 부모라고 믿는다는 의미이기 때문이다. 다만, 당신에게 도움이 될 만한 적절한 지원과 방안을 제공하고자 하는 것일 뿐이다.

나의 경우, 우리 모두 계속 배우고 발전해야 한다는 사실을 깨닫고 나니까 내가 회복하려면 눈앞에서 행해지는 비판에 정면 도전할 결의를 다져야 한다는 것을 알 수 있었다. 결론은 내가 더 발전하면 되는 것이었다. 그동안 문제점으로 지적되었던 리더십과 협상의 약점을 보완하기 위해 주변에서 추천한 여성 리더십 강좌를 수강했고, 소통의 기술에 의문이 제기되면 기꺼이 커뮤니케이션 강좌에 참여하여 개선에 힘썼다. 또 스트레스를 다스리는 능력에 대해 지적을 받으면 거부 반응을 보이기보다 불안을 줄이고 더 건강한 생활로 이끄는 방식으로 삶을 조정하려고 노력했다. 또한 단계마다 조금씩의 변화만 필요하도록 안배하여 성공의 경험을 늘리려고 애썼다. 작고 꾸준한 조정이 갑작스럽고 극적인 변화보다 지속 가능한 개선에 도달할 가능성이 더 크기 때문이다.

나는 잘못을 저지르는 것, 인생의 실수를 인정하는 것을 두려워할 필요가 없다는 것을 알게 되었다. 비판 당하면 처음에는 상처를 입을 수 있지만, 비판 자체가 건설적이라는 것도 알게 되었다. 우리 모두 확신할 수 있는 한 가지가 있다면, 우리 모두 실수를 해 왔으며, 앞으로 더욱 많은 실수를 하게 되리라는 것이다. 실수를 통해 배우려 노력하고 다음에 더 나아지려고 노력하는 것만이 우리를 더 강하게 만든다.

상처를 쓰고 지우다

리오나에게 강간이라는 아픈 기억을 통제할 수 있게 도와주었을 때, 그녀는 내게 이렇게 말했다.

"나는 피해자가 아니라 리오나예요. 나는 사자예요. 강한 사람이 죠. 이건 내가 아니에요."

나는 리오나에게 이 일을 글로 쓰면 아픈 기억을 해소하는 데 도움이 될 거라고 말해 주었다.

물론 내가 겪은 일들은 리오나에 비하면 너무나 보잘것없다고 할 수 있다. 그래도 나는 직장에서의 괴롭힘과 스트레스로 만신창이가 되었고, 여지없이 정신 건강에도 영향을 받았다. 나도 나 자신의 조언을 받아들여야 할 때였다.

나는 내 이야기를 글로 쓰면서 상황이 이해되는지, 감정이 통제되는지, 나 자신의 서사를 완성할 수 있는지 살펴보기 시작[36]했다. 그랬더니 지난 2년 동안 나는 생각과 감정, 경험을 적는 적극적인 과정을 통해 정신적으로 더 강해졌다.

초기에 쓴 글은 분노와 독설로 가득했지만, 검토하고 편집하고 다듬다 보니 마침내 용서와 이해, 검증이 글에 담길 수 있게 되었다.

내가 완벽한 딸, 자매, 아내, 친구, 동료, 직장인, 부모, 의사가 아니라는 것을 안다. 그러나 나는 매일 더 나아지려고 노력하고 있다. 지금은 그것으로 충분하다고 생각한다.

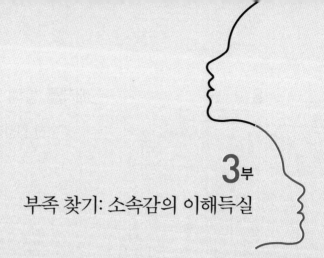

3부

부족 찾기: 소속감의 이해득실

배제를 통해 얻는 소속감:

정신 건강에 미치는 영향

선택, 그리고 불편한 갈등

1990년대 초, 내가 공립 중학교에 다니던 시절에 티나가 자기 구두를 닥터마틴 브랜드로 바꾸자, 같은 반 아이들 전체가 티나를 따라 했다.

반 아이들 분위기는 영국 밴드 〈브로스Bros〉를 추종해야 했으며, 바람직한 치마 길이 같은 것을 따르면 안 됐고, 그런 중에 빅토리아는 희생양으로 정해진 아이였다. 심지어 빅토리아를 희생양으로 삼아야 할 개인적인 이유는 없었는데도 다른 아이들은 티나에게 잘 보이려고 그렇게 했다.

티나는 다른 아이들이 한 행동을 전해 들을 때, 그저 깔깔거리며 웃기만 해도 됐다. 빅토리아처럼 온갖 조롱의 표적이 되지 않으려면 그 아이처럼 치마를 길게 입으면 안 됐고, 그 아이가 듣는 〈데비 깁슨〉의 노래를 들으면 안 됐으며, 무슨 수를 쓰든 그 아이 옆에 앉는 걸 피해야 했다.

소속감을 형성하는 가장 기초적인 지름길은 다른 사람들을 배제하는 것이다. 놀랍게도 사회 구조가 워낙 단순해서 똑같은 법칙이 놀이터에서부터 가장 상위의 정치 무대에까지 적용된다. 내가 다니던 학교에서는 빅토리아 같은 아웃사이더를 괴롭히는 집단이 되는 것이 갱단의 일원이 된 것처럼 느끼는 손쉬운 방법이었으며, 각자의 개인적인 불안을 물리치는 데도 도움이 되었다.

때때로 정치 지도자들이 '우리와 저들'의 정신을 조장하는 것 역시 빠르게 집단을 응집시키고, 자신들의 입장을 떠받치기 위해서다. 굳이 공개적으로 차별적인 법을 옹호할 필요가 없으며, 분열적인 수사법을 쓸 필요도 없다. 그들이 할 일은 차별을 묵인하는 것뿐이다. 혹은 차별하는 사람들을 묵인하여 그들을 통해 법제화를 이끌기만 하면 된다. 사회적으로 묵인되는 것은 결국 용인되며 받아들여지기 마련이기 때문이다.

집단 아이덴티티가 더 강력해지고 아웃사이더에 대한 모욕이 도구로 사용되는 지경에 이르면, 집단 이상은 더욱 극단적으로 흐를 수 있다. 이 상태에서 집단 구성원들은 다른 이들을 희생시켜 자기 집단을 보호하는 법 제정을 요구하는 단계로 나아간다. 강자들은 더 강해져 자신들의 소속감을 증대시키며, 소속되지 못한 약자들과 주변인들, 남과 다른 사람들은 버려지거나 잊히고, 뒤에 남겨진다.

하찮은 존재로 치부되거나 희생되는 사람 다수가 그렇게 선택되는 이유는 인종, 성별, 종교, 성적 취향, 계층, 장애, 정신 건강 문제 또는 신경 다양성 때문이다. 이들과 권력을 쥔 사람들 사이의 차이가 눈에 띄고 두드러질수록 그 '다름' 때문에 더 쉽게 목표가 된다. 나 자신을 포함해 많은 이들이 티나와 빅토리아 중 한 명을 선택해야 할 순간에 맞닥뜨리면, 불편한 갈등을 겪게 될 것이다. 순응하여 사회적 위상을 보전할 것인가 아니면 소외된 이들의 편에 서서 도덕적 고결성을 보전할 것인가.

이런 것들은 어린이뿐 아니라 성인도 결정하기 어려운 문제다. 스스로는 인정할 수 없을지 몰라도 '외면하고 눈 감기', '침묵하기'는 우리 모두 한 번쯤 혹은 그 이상 써 왔던 전략이다. 최근에 권력의 변화가 일면서 전통적으로 변방에 몰렸던 사람들이 발언권과 영향력을 얻어 동료들이 목소리를 낼 수 있게 독려하는 것은 다행스러운 일이다. 그러나 이것을 실제적인 변화와 합체하는 것은 여전히 도전으로 남아 있다.

'기울어진 운동장'에서 사는 아이들과 가족들

언론에서는 연일 '외국인', '이민자', '난민', '정치적 망명자'가 건강과 교육 분야의 귀중한 공공 자원을 소비한다는 내용이 보도되고 있다. 그러나 정작 이들은 공공 서비스에 대해 발언권이 거의 없거나 전무하며, 필요한 것에 비해 최소한의 자원을 할당받는다는 사실에 대해서는 별로 다루지 않는다. 결국 이것은 사회적 불평등을 영속화하는 역할로 이어질 뿐이다.

제이의 이야기는 교육 불평등의 상황이 어떤지 보여 주는, 짧지만 우울한 성찰이다.

제이는 런던 극빈 지역에 있는 학교에서 진료 의뢰가 들어온 경우였다. ADHD인지 봐달라는 것이었다. 그는 막 열한 살로 접어들었고, 학교는 중학교 진학을 위한 준비를 하느라 학생들에 관한 자료를 수집 정리하고 있었다. 선생님들은 제이가 또래보다 학업 수행에서 많이 뒤처져 있는데, 혹시 ADHD가 학업 성취 미달의 원인인지 궁금해했다. 적어도 그게 진료 의뢰의 목적에 포함된 것만은 분명했다.

내가 만난 제이는 조용하고 얌전했다. 그동안 진료실에서 봐 왔던, 가만히 있지 못하고 안절부절못하는 소년들과 달랐다. 아이는 도착한 지 몇 분 되지 않아 심심하다고 대놓고 말하지도 않았으며, 전자 제품을 찾으려고 어머니의 가방을 뒤지는 행동도 하지 않았다. 그냥 자기 앞에 놓인 펜과 종이를 집어 그림을 그리기 시작했을 뿐이다.

제이의 어머니는 영어가 유창하지 못해 그녀와 대화하는 데는 평소보다 시간이 더 걸렸다. 그녀가 하는 말을 정확히 이해하기 위해 다른 식으로 질문을 반복하느라 또 시간이 늘어났다. 그나마 간간이 제이가 도움을 줘서 가능했다.

어릴 때 아버지가 맹장이 터져 구급차에 실려 가던 때가 떠올랐다. 의료 보조원이 통역이 필요하다면서, 겨우 열한 살이었던 언니를 구급차에 함께 태워 데려갔다. 필요하면 통역을 부를 수 있었기 때문에 제이의 의뢰서에 언어 장벽에 대한 내용이 없었던 게 아쉬웠다.

ADHD 평가는 아동의 능력을 나타내는 지표로 시작하는 것이 일반적이다. 제이의 어머니에게 아들의 읽기 능력에 관해 묻자, 그녀는 제이가 읽기를 못 한다고 대답했다. 알파벳은 알지만 낱말을 발음하는 것 이상으로 나아가지 못했다는 것이다. 영국에서 유치원을 거쳐 초등학교에 다녔는데도 그렇다는 것이었다. 나는 깜짝 놀라서 아이가 글을 못 읽는다는 걸 모두 알고 있다면, 그동안 영어 시간에 제이는 무엇을 하고 있었던 거냐고 물었다.

"아, 아기들 반으로 보내졌어요."라고 그의 어머니가 말했다.

충격적이었지만 제이는 영어 시간에 유치원 수업에 참여하여 꼬마들과 함께 양탄자 위에 주저앉아서 발음을 익힌 게 사실이라고 했다. 제이의 기록을 쭉 살펴보았다. 어디에도 난독증이나 학습 장애, 보충 수업, 특별 지원, 교육 건강 관리 계획 등에 대한 언급이 없었다.

제이와 부모는 물론 학교에서도 읽기를 할 수 없다는 것을 인정했는데도, 추가 교육의 지원 없이 유치원에서부터 중학교 진학 직전까지 매일 충실하게 정규 학교 수업에 임했다.

학교에서 제이가 읽기를 배우기 위해 마땅히 받아야 할 개별 학습에 자원을 쓸 의사가 없었거나 그럴 상황이 아니었던 것이 분명했다. 제이가 어떤 식으로 매일 학교생활을 했는지 궁금했다. 영어는 물론, 어느 과목에서나 읽기가 전제되어야 하기 때문이다.

대략적인 평가서를 보니 제이의 산수 능력도 별반 다르지 않았다. 미술과 체육이야 그렇다 치고, 제이는 도대체 어떻게 그 많은 과목의 커리큘럼을 소화했을까?

11세 아이를 4세 아이들 반에 보내서 읽기를 배우게 하는 것은 너무나 부적절하고 온당치 못한 처사였다. 중산층이 사는 지역의 학교에서는 일어나지 않았을 일이며, 제이의 어머니가 영어를 잘해서 제대로 이의를 제기했다면, 결코 일어나지 않았을 일이었다. 물론 정부의 긴축 정책으로 건강 복지 같은 교육 부문이 심각하게 타격을 입은 것은 이해할 수 있었다. 그리고 학생들을 돕기 위해 쓸 자원이 거의 없는 상황에서 최선을 다하는 선생님들에게는 동정을 금치 못했다. 어쨌든 정신 건강 분야도 상황은 마찬가지였다. 그러나 제이의 경우에는 변명의 여지가 없었다.

제이는 ADHD는 물론 다른 어떤 정신 건강 문제도 없었다. 아이가 워낙 착해서 지적 한계를 지니고 있으면서도 어떻게든 어머니를 도왔다. 슬픈 아이러니는, 제이가 문제 행동을 해서 다른 아이를 때렸다거나 선생님께 침을 뱉고 물건을 집어 던졌더라면, 혹은 함께 양탄자 위에 앉은 4세 아이들을 공격했더라면 훨씬 더 일찍 교육적 심리 평가를 받을 수 있었을 것이다. 그랬다면 지적 장애 진단을 받고 특수 교육을 받을 수 있는 학교에 다녔을 텐데 아무런 문제를 일으키지 않고, 아이 자신도, 어머니도 목소리를 내지 않았기 때문에 아이에게 필요한 사항이 무시된 것이다.

나중에 부유한 중상류층을 담당하는 NHS 자문의로 일하게 되었을 때, 학교 이사회에 다양한 자문 의견을 써서 보내라는 똑똑한 전문직 부모들의 등쌀에 시달리면서 나는 종종 제이를 떠올렸다. 이 똑똑한 부모들이 요구하는 것은 주로 자기들이 사적으로 치른 IQ 검사의 하위 검사 한두 개에서 대수롭지 않은 부족한 점이 나타났다는 이유로 자기 자녀들의 시험 시간을 다른 아이들보다 늘려 달라는 것이었다.

나는 모든 환자가 알맞은 지원을 받을 수 있도록 최선을 다해 자문 편지를 썼다. 비슷하거나 더 심한 어려움을 겪고 있는 많은 어린이를 알아봐 주지 않은 채로 남아 있다는 사실을 충분히 염두에 두면서 절대로 '돈으로 고용된 전문가'가 되지 않으려 조심한다.

그 아이들이 그렇게 소외되는 것이 그들의 부모에게 적절한 때에 유료 평가를 받을 만한 여력이 없어서일 경우가 쉽기 때문이다. 그 결과는 그 아이들이 '기울어진 운동장'에서 뛰어야 하는 것으로 나타난다. 건강에서 승자와 패자로 나뉘면 교육에서도 승자와 패자는 바뀌지 않는다.

소외 집단은 이처럼 공공 서비스로의 접근이 어려운 것은 물론이지만, 그것 못지않게 구조적인 무의식적 편견에 의해서도 고통받는다. 공공연한 문화와 '사회적 규범'에 뿌리를 둔 일상적 편견이 의사 결정에서 미묘하고도 종종 의식하지 못하는 경향성으로 나타나는 것이다. 이런 것들은 누가 나서서 공개적으로 지적하지 않으면 아무도 알아채지 못한다. 물론 이런 결정을 당하는 사람들은 인생을 바꿀 만한 영향을 받는다.

수련의 시절, 다섯 살 꼬마 애덤의 병상 주변에 사람들이 몰려 있는 것을 뒤에 서서 지켜보았던 기억이 난다. 애덤은 척추를 고정하도록 가는 철사를 온몸에 묶고서 누워 있었다. 아이는 공공 임대 아파트 5층 창문에서 떨어져 목이 부러진 상태였다. 자살 방지를 위해 설치해 둔 그물 덕분에 목숨은 구했지만, 머리를 제외한 애덤의 몸이 그물 사이로 빠져 버렸다. 결국 아이는 경찰과 구급차가 도착해 풀어줄 때까지 오로지 목으로 지탱하며 공중에 매달려 있었다.

종종 아동 정신과 의사들은 애덤처럼 최근에 일생일대의 사건을 겪은 아이들을 봐 달라는 호출을 받는다. 아이들이 트라우마가 생겼을 것이 분명하므로 즉각적인 심리 지원이 필요하다는 가정하에서다. 그러나 그렇지 않을 경우가 생각보다 훨씬 더 많다. 나는 슬픔과 상실, 정리, 두려움, 실패를 상담사나 심리학자, 정신과 의사들의 행렬과 만나지 않고도 겪어 내는 것이 인간 조건의 일부로서 허용되어야 한다고 믿는 사람이다. 어린이를 포함해 많은 사람에게는 심각한 사고일 때조차 처리하고 회복할 수 있는 자신만의 내적 자원이 있다. 여기에 주변 사람들의 사랑과 지지가 있으면 대부분은 정신 건강 전문가를 투입할 필요 없이 난관을 넘어간다. 비록 전문가 중에서도 다른 주장을 하는 사람들이 있지만, 트라우마 이후에 보편적인 심리 브리핑을 하는 것이 도움이 된다는 증거는 거의 없다. 오히려 비영리 민간단체인 글로벌 커뮤니티 '코크런 리뷰Cochrane review'에서는 이 분야에 대해 '트라우마 피해자에 대한 강압적 청취는 중단되어야 한다'고 권고하고 있다. 정신과 의사라면 대부분 알고 있는 내용이지만, 다른 전문가 중에서는 모르는 이가 많아 지금도 우리는 트라우마 피해자들 곁으로 수시로 불려 다닌다.

사례에 관심이 있기도 해서 나는 아이의 이야기를 들어 보기로 했다.

일단 '안녕'하고 말을 걸기는 했지만, 아이가 원치 않는 한 임상 체험과도 같은 이야기를 끌어낼 생각은 전혀 없었다. 아이는 간호사들이 친절하지만, 밤에 병동이 시끄럽다고 말했다. 그리고 아프거나 불편한 데는 없다고 했다. 다량의 진통제가 투여되고 있기 때문이었을 것이다. 그런 일을 겪은 것 치고 애덤의 정신은 양호한 편이었다.

문제는 아이의 암담한 보고서 내용이었다. 보고서에는 두 살과 세 살 난 애덤의 두 남동생이 사건 직후 보호소로 옮겨졌고, 애덤 역시 회복되면 그렇게 되리라는 것 그리고 애덤은 아직 그 사실을 모르는 것으로 되어 있었다.

사건 당시 경찰이 공공 임대 아파트에 도착했을 때, 애덤의 어머니는 부엌에서 라디오를 켜 놓은 채 담배를 피우고 있었다. 바깥에서 애덤이 목이 걸린 채 허공에 매달려 있다는 사실을 전혀 모르고 있었다. 그녀는 둘째와 셋째는 유아 놀이울 속에 있게 했지만 세 아이를 모두 침실에 둔 채 적어도 한 시간 이상 방치했다. 말로는 정기적으로 들여다보았으며, 아무 문제가 없었다고 했지만 어린 애덤이 가구 위로 기어 올라가서 높은 창턱에 다다라 창문을 열 때까지 몰랐다는 것은 말이 안 되었다. 결국 아파트 측에서 단단히 죄어 놨어야 할 창문이 열리고 아이가 떨어졌다. 아이들의 어머니이자 미혼모의 정말 부주의한 비극적 사고였다. 어린 세 아이를 제대로 보살피지 않고 방치한 대가로 그녀의 장남은 목숨을 잃을 뻔했다.

사회적 돌봄은 빠르게 움직였다. 그러나 내가 관심을 가진 것은 2007년 여름이었다는 것이다.

매들린 매캔이 실종된 비극적 이야기가 전 세계를 떠들썩하게 만든 지 불과 몇 개월 후였다. 두 명의 의사가 휴가지에서 잠이 든 4세 미만의 세 자녀를 숙소에 두고 근처 식당으로 저녁을 먹으러 나갔다. 부모들은 번갈아 가며 아이들을 들여다보았고, 그때마다 아무런 문제가 없어 보였다. 그러나 마지막 순간에 세 살 난 장녀 매들린이 유괴된 것을 알게 되었다. 그러나 그때는 빙치된 세 아이 중 둘째와 셋째를 부모에게서 분리시키는 사회적 돌봄 움직임이 빠르게 일어나지 않았다. 사회적 돌봄이 꼭 그런 식으로 작동했어야 한다는 말이 아니다. 다만, 비슷한 상황에서 전문가들에 의해 취해진 행동의 현저한 차이가 마음에 걸렸다. 나는 두 사건 모두 부모들을 깊이 동정한다. 그들 모두 크나큰 슬픔 속에서 자신들의 행동을 후회하는 고통을 겪었다. 그러나 사회적 돌봄에 관해서는 묻지 않을 수 없다. 혹시 결혼한 중산층 의사에게 적용하는 규칙과 젊은 미혼모에게 적용하는 규칙이 다른 걸까?

이민 부문은 내가 체제 불평등의 수많은 사례를 접한 또 다른 영역이다.

1948년 영국 또는 영국 식민지에서 출생했거나 당대 영국 식민지 국적을 가진 사람에게 영국 본토에서의 거주권을 부여해 수십 년간 살아온 세대 이민자들과 그 후손들에게 압박과 추방 위협과 실제로 추방한 것이 폭로된 '윈드러시 스캔들The Windrush scandal'은 합법적인 이민자들이 이 나라에 체류할 권리를 입증하는 데 어려움을 겪고 있음을 조명하는 사건이었다. 많은 이들이 계속해서 '이민자'들을, 남쪽 해안을 따라 불안전한 고무보트에서 기어 올라오는 무정형無定形의 얼굴 없는 무리로 일축해 버리지만, 그건 실제로 그들과 접촉한 적이 없기 때문이다. 나와 동료들이 정신 건강 서비스에서 만나는 많은 이민자와 정치적 망명자는 그런 사람들이 아니다. 마이클과 그 어머니도 마찬가지였다. 내가 마이클에 대해 전해 들은 것은 어느 사회 복지사와의 전화를 통해서였다.

마이클은 열 살 난 남자아이로, 심각한 학습 장애가 있는 자폐아였으며 빈곤 지역에 있는 특수 학교에 다니고 있었다. 마이클은 거의 말을 하지 않았으며, 몇 가지 문구만 반복해 말할 수 있었다.

일주일 전 마이클은 아버지가 심장 발작으로 고통스럽게 죽어 가는 모습을 목격했다. 집 근처 버거킹에서 함께 식사하던 도중에 일어난 일이었다. 사회복지사는 마이클이 아버지와 친밀했기 때문에 트라우마가 생길 것으로 보인다면서 진단해 달라고 요청했다.

마이클의 아버지는 매일 아들을 학교에서 데려와 아이의 어머니가 퇴근하는 저녁 7시까지 돌보았다. 그 무렵 진료 대기자들이 너무 많았지만, 나는 마이클의 이름을 올려 두는 것 정도는 괜찮을 것이라고 판단했다. 대기 명단에 든다는 것은 몇 개월 정도를 기다려야 한다는 뜻이었지만, 그때쯤이면 마이클이 아버지의 죽음에 대해 오랫동안 적응하지 못하는 어떤 문제가 있는지 진단할 수 있다고 여겼다.

막상 마이클을 만났을 때, 그의 기분은 좋아 보였다. 학교에서 지원을 잘 받고 호감을 얻으며 잘 지내고 있은 덕분이었다. 아이의 어머니의 말에 따르면, 아버지와 자주 시청하던 탐정물 〈포와로 Poirot〉를 볼 때를 제외하면 마이클이 아버지를 그리워하는 기색을 겉으로 내비치지는 않는다고 했다. 마이클의 어머니인 아비는 마른 체격에, 사회 복지사가 작성한 진료 의뢰서에서 맞춤법이 틀린 부분을 지적할 정도로 누가 봐도 배운 사람이었고, 언변도 유창했다. 그러나 그녀의 동반자였던 남편의 죽음은 이 가족에게 단순한 슬픔 그 이상을 초래했다.

영국 시민이었던 마이클의 아버지는 아비와 결혼한 상태가 아니었다. 그에게는 이미 아내와 세 딸이 있었고 그들은 교외에 살고 있었다. 그의 아내와 아이들은 그가 죽고서야 아비와 마이클의 존재를 알게 되었다. 그의 가족은 충격을 받아 아비와 마이클을 인정하려 하지 않았고, 만나려고도 하지 않았다. 아비는 원래 시에라리온 사람이었다. 시에라리온에는 이미 대학에 다니는 딸도 있었다.

어느 시점에 그녀는 마이클의 아버지와 더 가까이 살고 싶어서 마이클을 데리고 영국으로 건너왔다. 겉보기에는 마이클의 아버지가 아비의 영국 체류를 지원하는 것 같았지만, 정작 생활은 매우 어려웠다. 그녀는 공적 지원금을 받을 자격이 안 되었고, 이민 조건 위반에 걸릴 수 있어서 보수가 좋은 직업을 갖는 것도 허용되지 않았다. 결국 그녀는 지하도의 쓰레기 줍는 일을 오랫동안 해야 했다.

내 생각에는 아비의 수입이 변변치 않았기 때문에 마이클의 아버지가 당분간 육아를 돕고 얼마간의 돈을 보태는 것 같았다. 그러는 동안 아비는 영국살이에 '온전히 시간을 투자하여' 영국에서 살아갈 권리를 얻겠다는 계획이었다. 그렇게만 되면 아비는 보수가 더 나은 직업을 얻을 수 있을 테고 마이클을 자기 힘으로 키울 수도 있게 될 것이었다.

그 사이 마이클과 아비는 열 명의 다른 성인과 함께 빌려 쓰는 공동 숙소의 침실 하나에서 가난하게 살았다. 방에는 2인용 침대와 TV 한 대가 빠듯하게 놓여 있었다.

마이클의 아버지가 사망하면서 아비는 그에게서 받던 추가 수입이 끊겼으며, 체류 비자의 후원자도 사라진 상태가 되었고 장애가 있는 아들의 보육 지원도 전혀 받을 수 없게 되었다. 아비는 다른 아이보다 취약한 열 살 난 마이클을 다양한 사람들이 모인 하숙인들 사이에 남겨 두는 것이 마음에 걸렸지만, 쫓겨나 굶어 죽지 않으려면 계속 일을 하는 것 외에 선택의 여지가 없었다. 사회 복지 기관에서는 이미 이 상황과 내재된 위험을 파악하고 있었다. 아비로서는 영국에 남을 수 있는 권리를 얻는 것도 걱정이었다.

'후원자가 사망했으니 바로 내쫓기는 것은 아닐까?', '그래도 마이클은 영국 시민의 아들인데 시민권을 취득할 자격을 주어야 하지

않나?', '아이의 아버지가 사망했는데도 가능할까?'

아비는 이 모든 질문을 내게 했지만, 나는 아는 것이 없었다. 모두 아비가 해결하고 관리해야 할 문제들이었다.

그녀의 태도는 시종일관 침착하고 태연했다. 적어도 내가 "그가 그럽나요?" 하고 물을 때끼지는 그랬다. 내 실문에 그제야 그녀는 왈칵 울음을 터뜨렸지만, 이내 정신을 가다듬고 평정심을 되찾았다. 그녀에게는 할 일이 너무 많았다. 쓰레기 줍는 업무의 교대 시간이 다가왔고, 마이클도 학교에 다시 데려다주어야 했다.

나는 아동 정신과 의사로서 무력감을 느꼈다. 사회 복지과에 편지를 써서 아비를 위한 단기 돌봄을 신청해서 방과 후에 마이클을 돌봐줄 사람을 요청하거나 재정적, 법적 조언을 얻을 수 있도록 다양한 자선 단체에 그녀를 추천하는 것 정도 외에 내가 할 수 있는 것이 거의 없었다. 게다가 나는 편지를 쓰는 게 별 소용이 없다는 것을 알고 있었다. 사회 복지에서 모자에게 쓸 가용 자원이 있었다면 이미 집행되었을 것이기 때문이었다.

나는 처음으로 지갑에서 돈을 꺼내 앞에 있는 사람에게 주고 싶다고 생각했다. 물론 그런 일은 용납되지 않았고, 아비처럼 자존심 강한 사람이 그 돈을 받을 리도 없었다. 도대체 아비와 마이클처럼 변두리 인생을 살아가는 사람들이 그처럼 불안정한 환경에서 어떻게 정신적 안녕을 온전히 지킬 수 있는지 의구심이 들었다. 나는 신경 발달 문제가 없는 아이들을 남편과 함께, 평온한 가정에서 양육하는 데도 악전고투하고 있었기에 더욱 그런 생각이 들었다. 그리고 마이클의 아버지는 어떻게 매일 보는 아이를 아내와 가족에게서 감쪽같이 숨길 수 있었는지, 아비는 왜 시에라리온에서 살지 않고 굳이 영국으로 올 결심을 했는지도 의문이었다.

고국에서 아비는 교육을 잘 받은 사람이었고, 이미 대학에 다니는 딸까지 있으니 거기서 사는 게 훨씬 나았을 수 있었을 것이다. 그러다가 혹시 시에라리온에 자폐와 심각한 학습 장애를 지닌 어린이를 위한 서비스가 없는 게 아닐까 하는 생각이 들었다. 거기서 마이클은 내가 어린 시절 만났던 소년처럼 우리 속에서 생활했던 걸까? 정말 그게 그녀가 영국에서 살기 위해 투쟁하는 이유라고 하면, 우리 중에 누군들 같은 선택을 하지 않을 수 있을까?

아비는 너무나 당당하고 자신을 쉽사리 드러내지 않는 사람이었기 때문에 감히 그녀에게 물어볼 엄두는 나지 않았지만, 나는 그녀가 왜 영국에 왔는지 알 것 같았다.

어떤 식이 되었든 그것은 '사랑'이었다. 마이클을 사랑하고 그 아이가 최선의 인생을 살 수 있기를 바라서, 혹은 마이클의 아버지를 사랑하여 자신과 마이클이 그의 인생에서 작은 부분을 차지할 수 있기를 바라서였을 것이다. 혹은 그 둘 모두일 수도 있을 것이다.

제1차 세계 불평등-성차별과 인종 차별

환자들이 겪은 불평등에 비하면 개인적 경험들은 정말 아무것도 아니라는 것을 나도 잘 알고 있다. 그러나 굳이 내 경험을 이야기하는 것은 나 같은 사람, 즉 BME이지만 흑인은 아니며, 좋은 교육을 받는 특권을 지닌 사람이 어려움을 겪을 정도면 다른 인종, 특히 사회경제적으로 열악한 집단의 여성들은 어떤 심각한 고초를 겪을까 싶어서 이를 조명하기 위해서다.

직장을 그만둔 후, 내가 알던 여성들이 잇따라 NHS를 떠났다는 소식이 들렸다. 비공식적이기는 하지만 직장 내 괴롭힘이 이유라고 했다. 그러자 혹시 내가 겪은 일들이 조직적이었던 것인가 하는 의문이 들기 시작했다. 이런 식의 사고방식을 내게 심어준 계기는 여성 리더십 프로그램에 참여한 것이었다. 내게 '너무 솔직하고 독단적'이라고 지적했던 자문의가 다녀 보라고 권해 준 그 강좌였다.

강좌에서는 직군별로 모여 앉아 경험한 것들을 이야기하는 시간이 있었는데, 놀랍게도 우리 그룹에서 내가 제일 아무렇지도 않다는 것을 알게 되었다. 대다수 동료가 나보다 더 경멸하는 듯한 주위의 태도에 위축되어 있었으며, 나보다 더 마음 상해 있었는데, 그런 상태로 자신의 책임이 아닌 일을 받아들이고 직장에서나 집에서 불평 없이 괴롭힘을 참아 내고 있었다.

프로그램이 끝난 후, 몇 명은 마침내 남편을 떠날 결심을 할 수 있었다고 들었다. 내게도 이 프로그램은 좋은 영향을 미쳤다. 나는 솔직하고 단호한 게 괜찮다는 것을 깨달았으며, 변해야 할 것은 내가 아니라는 확신을 가질 수 있게 되었다.

이런 식으로 새롭게 마음을 다잡고서, 나는 성별과 인종 평등에 관한 문헌을 찾아보기 시작했다. 나 자신의 개인적인 답을 찾고자 하는 작업의 일환이기도 했으므로 내 개인적인 환경과 직결되는 내용이 있는 문헌 위주로 탐색했다. 그리고 그 작업의 결과를 여기서 공유하고자 한다. 더 넓은 사회에서의 훨씬 더 광범위한 시스템 문제에 대한 작은 고찰로 이해해 주기 바란다.

대부분 알고 있듯이 BBC는 성별에 따른 임금 격차의 문제를 지니고 있다. 방송인 중 최고 연봉자의 3분의 2가 남성이다. 또한 덜 알려져 있기는 하지만, 영국의 모든 기관과 부서에 이와 비슷한 임금 격차가 대단히 일상적으로 존재[38]한다. NHS 내의 전체 노동 인구 중 67%가 여성인데도 자문의 3명 중 2명은 남성이며, 남성 의사는 여성 의사가 1파운드를 벌 때마다 1.17파운드를 번다. 의료 상여금인 임상 우수상 Clinical Excellence Award 에서는 성별 임금 격차가 51%에 이른다. 법조계에서는 2019년에 상여금 지급 격차가 좁혀졌지만, 2018년만 해도 평균 성별 임금 격차가 급여 12.7%, 성과급 34.4%였다. 금융권의 평균 성별 임금 격차는 23.1%, 남녀 저축 상여금의 평균 격차는 37.7%에 달한다. 그러니 교육, 접대, 공장 등 면밀히 조사될 가능성이 적은 다른 직종과 산업에서 임금 격차가 훨씬 더 심하리라는 것에는 의문의 여지가 없다.

내가 속한 직종의 인종 데이터를 보면, 백인 NHS 자문의의 중위 기본급이 BME 자문의보다 4.9% 높다. 2017년 12월에 기본급을 추가 지급하면서 백인 자문의가 연간 약 4,644파운드를 더 받게 된 것이 큰 역할을 했다. BME 자문의로서 여성이기도 한 나는 십중팔구 이중적인 임금 격차에 시달렸을 것이다. 그러나 이것보다 나를 더 동요하게 한 것은 의료계 전반에서 인종 차별의 증거가 늘어나고 있다는 것이었다. 건강 부문의 인종적 불평등이 너무 만연하다 보니 2020년 2월, 〈영국 의학 저널British Medical Journal 〉에서는 전체 지면을 이 부분에 할애하기도 했다. 코로나바이러스 감염증-19 기간에 BME 의료 부분 종사자들이 백인 종사자들에 비해 과도하게 사망한 것은 미처 다루지 않았는데도 말이다.

영국 졸업생 중 전문의 수련 프로그램에 지원하는 소수 민족 인턴의 72%가 첫 번째 시도에서 성공하는 반면, 백인 동료들은 81%가 성공한다. 또한 2016년 기준으로 소수 민족 출신으로서 전문의 수련을 마친 의사들이 영국에서 자문의 자리에 지원하면 백인 의사들에 비해 후보 명단에 포함될 가능성이 낮았으며(66% vs 80%), 실제로 채용되는 비율도 백인에 비해 낮았다[39](57% vs 77%).

저 유명한 하디자 바와 가바Hadiza Bawa-Garba 박사의 사례도 이 문제를 비껴갈 수 없다. 그녀는 수련의 시절, 인원 부족으로 일어난 의도치 않은 실수로 인해 살인으로 유죄 선고를 받아, 의사 자격이 박탈되었다가 항소심에서 자격을 회복했다. 당시에도 많은 이들이 과연 백인 남성 의사였어도 같은 사건으로 살인을 선고 받고, 자격을 박탈당했을지 궁금해했다. 확실히 영국의 의사이자 연쇄 살인범 해럴드 쉬프먼Harold Shipman은 유난히 환자의 사망이 잦다는 의혹이 최초로 제기된 이후에도 체포될 때까지 아무런 제재를 받지 않았으며, 그러는 사이 세 명의 여성을 더 죽였다. 그리고 일반 의학 위원회는 그가 15건의 살인에 대해 유죄 판결 받은 후에도 보름이 더 지나서야 의사 자격을 박탈했다. 이는 데이터에서 명확하게 보여 준다.

소수 민족 의사들은 일반 의학 위원회에 회부될 가능성이 백인 의사에 비해 두 배 정도 높으며, 자격 박탈 확률도 더 높다. 그들은 직장 내 차별과 괴롭힘을 더 많이 보고하며, 여전히 '흑인 의사'들에게 보이기를 거부하는 환자들에 대한 보고 역시 간간이 올라온다. 그리고 잊지 말아야 할 윈드러시 세대 의료 전문가들이 있다. 최근에도 그들의 자녀들이 우리 해안에서 내쫓겼다.

내게 위로가 된 것은 내가 혼자가 아니라는 사실을 글로 된 인쇄물로 확인할 수 있었다는 점이다. 마치 약물 실험을 할 때 마지막에 밝혀지는 순간까지 아무런 확신 없이 무슨 일이 일어날지 느낌만 품고 있다가 마침내 '가림막을 벗기는' 것 같은 느낌이었다. 오랫동안 나는 성격의 결점에 대해 자책했다. 그다지 똑똑하지 못하고, 언변도 없고, 너무 주저하고, 너무 솔직하고, 타고난 리더도 아니어서 대학 병원 자문의 깜냥이 아니라고 자책했다. 어느덧 나는 케임브리지 의대에 입학하는 것을 '흠, 별것 아냐.'라며 자신만만했던 10대 소녀와는 딴판인, 자기 의심으로 가득 찬 위축되고 불안한 모습으로 변해 있었다. 그런데 이것이 여성들, 특히 BME 여성들에게 흔한 경험이라는 사실을 깨닫자, 나의 젊은 자신감을 잠식하고 내 안의 수치심과 부족한 인간이라는 느낌을 부추겼던 그간의 다른 '실패'에 대해서도 반추하게 되었다. 그것들도 혹시 예기치 못한 조직적 편견에 영향을 받았던 게 아닐까 의심되었기 때문이다. 백인 청소년 갱단의 공격으로 살해된 흑인 스티븐 로런스Stephen Lawrence 가 죽었을 때, 나도 죽었다는 느낌에 사로잡히게 했던 그 차별 말이다.

내 이야기의 시작 부분에서 소개했던 아주 재미있는 학사 학위 연구 프로젝트를 기억하는가? '음악의 분위기가 사람들에게서 어떤 감정을 끌어내는가'를 하는 연구였다. 그런데 그게 사실은 두 번째로 채택한 연구 프로젝트였고, 첫 번째로 하고 싶었던 연구 프로젝트는 따로 있었다.

내가 애초에 하고 싶었던 것은 음악이 아니라 영상물의 분위기 유도 연구였으며, 이것이 규모가 더 크고 중요한 프로젝트였다. 그런데 지도 교수는 이 프로젝트를 내가 잘 알지 못하는 백인 남자 학생에게 맡겼다. 연구 프로젝트 할당은 순전히 이력 사항에 의해 결정되었기 때문에 나로서는 그의 이력이 나보다 더 낫다고 생각할 수밖에 없었다.

당시 내가 한 일은 그것을 인생의 작은 실패로 받아들이고, 부족한 점을 메꿔가며 나아가야겠다고 다짐하는 것이었다. 그런데 나중에 지도교수에게서 더 큰 프로젝트를 내게 맡기는 편이 나았을 것이라며 후회한다는 말을 들었다. 그 백인 남학생이 알고 보니 그다지 열심히 하는 편이 아니어서 간신히 프로젝트를 끝냈다는 것이었다. 그렇다면 궁금하지 않을 수 없었다. 내 이력 사항도 꽤 강력한 편이었는데, 만약 이력으로 뽑은 것이 아니라면 다른 선택 요소가 뭐였을까 하는 것이었다. 이력서에 적힌 내 이상한 이름과 성별, 소수 민족의 여성이라는 요소 외에 뭐가 더 있었을까?

실제로 이력서의 처리에 무의식적인 성 편견이 있다는 연구 결과가 있다. 예일대학교 연구에 따르면, 두 가상의 후보자, 한 명은 남성, 다른 한 명은 여성에 대한 동일한 이력서를 여러 교수에게 제출하여 연구소 관리직을 뽑아 달라고 요청했는데, 남녀 교수 모두 남성 후보자의 이력서를 더 마음에 들어 했으며 남성을 뽑게 될 경우 더 높은 급여를 줄 의향이 있다고 답했다. 또 다른 실험에서는 백인 남성으로 짐작되는 이름을 가진 사람과 소수 민족 남성으로 짐작되는 이름을 가진 사람을 후보로 내세웠는데, 백인 이름처럼 들리는 후보자를 더 선호[40]했다.

앞에서 내가 케이프타운에서 자살에 관한 조사로 연구상을 받았다는 이야기를 한 적이 있다. 그러나 실은 그때 수상 서류를 제출하고 나서 심사 위원회로부터 이메일을 받았다는 이야기는 빠뜨렸다. 내용인즉, 논문의 저자가 '나'라는 것을 지도 교수로부터 확인받아야 하니 교수님의 이메일 주소를 알려 달라는 것이었다. 당시 남아프리카공화국에서 나를 지도했던 교수님이 그 말을 전해 듣고는 이례적이라고 하셨는데도, 나는 그저 그게 표준 절차려니 생각했다. 나중에 내가 백인 수련의를 지도해서 연구상을 받게 되었을 때, 그제야 저자 확인을 위해 연락하는 것이 일반적인 관행이 아니라는 것을 알게 되었다. 아무도 내게 백인 수상자에 대해 저자를 확인해 달라고 연락하지 않았던 것이다.

수상자들의 시상식을 겸한 점심 식사 자리에 참석했을 때, 내 주변에 여섯 명의 백인 교수들만 주르르 앉아 있었던 기억이 난다. 그 중 누구도 내 연구에 대해서는 고사하고, 말 한마디 건네지 않았다. 몹시 고통스러운 시간이었다. 내 명예를 위해 마련된 자리에서 나는 철저히 무시되고 있었다. 그때는 나한테 문제가 있다고 생각했다. 내가 사교성은 아예 없고, 대화를 너무 못하다 보니 재미없고 지루한 사람으로 보여서 그렇다고 생각한 것이다. 정말 비참하고 창피해서 얼른 거기서 벗어나고 싶은 마음밖에 없었다.

그날 저녁에 남편이 수상 기념으로 외식하러 나가자고 했을 때도 도저히 뭘 먹을 기분이 들지 않았다. 남편에게조차 무슨 일인지 말할 수가 없어서 그냥 대단치 않은 상을 받은 것 뿐이라고만 하고 말았다. 나중에 권위 있는 박사 과정 전임의의 최종 후보자 명단에 들어 면접을 보게 된 일이 있었는데, 면접장으로 걸어 들어가면서 심장이 철렁 내려앉았다. 면접관들이 죄다 시상식의 그 사람들이었기 때문이다. 불행 중 다행이었던 것은 면접 결과, 내가 탈락하고 백인 남성이 합격한 게 전혀 놀랍지 않았다는 것이다.

또 한 가지, 나의 네 번째 논문이 동료들의 심사를 받는 영향력 있는 학술지에 게재된 후 우리 대학 임상 강사가 되어 기뻤다는 이야기도 앞서 한 적이 있다. 여기에서도 빠뜨린 내용이 있는데, 처음에는 내 신청이 거절당했었다는 부분이다. 나는 지원 전에 웹 사이트를 검토해서 명확한 선정 기준을 숙지했으며, 그 기준이 모두 충족되었다고 생각하고 있었기 때문에 '안타깝지만'이라는 말로 시작하는 통보서를 받았을 때 조금 부끄러웠다. 이 부끄러움은 애초에 그 점을 염두에 두지 못한 나 자신의 안이함을 향한 것이었다.

'내가 누구라는 걸 잊었어?'라는 목소리가 머릿속을 맴돌았다. 나중에 이 일에 대해 지도 교수였던 카마이클 교수님께 이야기했더니 불같이 화를 내셨다. 교수님은 내가 제시한 기준을 모두 충족한다는 걸 알고 계셨다. 교수님이 통보서를 가져와 보라고 하셨고, 그로부터 일주일이 채 되지 않아 임상 강사 지위를 부여한다는 또 다른 통보서를 받았다. 문제는 그 결과가 자랑스러운 성취로 느껴지지 않았다는 것이다.

당시 나는 임상 강사가 된 것을 자축하지 않았다. 오히려 창피한 느낌에 휩싸여 나한테 정말 지격이 있는지를 끊임없이 자문했다.

최근에 스웨덴 의학 연구 위원회에서 수여하는 '펠로우십 어워즈fellowship awards'를 조사한 연구 논문 하나를 발견[41]했다. 여성 지원자들이 남성과 같은 수준의 인정을 받으려면 논문을 더 많이 출간해야 하며, 동일한 능력 점수를 받으려면 평균적인 남성 지원자들보다 2.5배 더 생산적이어야 한다는 내용이었다. 심사 위원 중 누군가를 개인적으로 알고 있지 않은 한 그렇다는 이야기다.

그러고 보면 나는 운이 좋은 편이었다. 심사 위원은 단 한 명도 알고 있지 않았지만, 카마이클 교수님이 기꺼이 내 편에 서서 위원회와 싸워 주시지 않았던가. 그러나 나처럼 함께 싸워 줄 전사가 없이 혼자서 저 자리에 지원하는 수많은 다른 여성들은 어떨까?

직장 생활을 하며 최악의 배신이 어떤 것인지 깨닫게 된 것은 불과 몇 년 전이었다. 그것도 난데없이 로열 칼리지 콘퍼런스에서 그일이 일어났다. 걸출한 동년배 동료가 미국에서 교수직을 맡게 되어 작별 연설을 하던 날이었다. 대단히 지적이며, 표현력이 좋고, 외모도 뛰어난 그 친구는 나보다 6개월 뒤에 수련의 생활을 시작했는데, 그

때부터 이미 라이징 스타로 각광 받았다. 나는 단 한 순간도 그에게 일어나는 좋은 일들을 시새운 적이 없었다. 연설에서 그는 아동 정신 의학계의 선구자인 타운센드 교수님께 최고의 감사를 표했다. 그런 데 그의 말이 내게는 '거울이 양옆으로 쫙 갈라지는' 듯한 충격으로 다가왔다.

"제가 놀라운 경력을 가졌다고 하면 그건 모두 타운센드 교수님 덕입니다."라고 그가 말했다.

"지금도 수련을 시작하던 날을 잊을 수 없네요. 타운센드 교수님 의 사무실 문을 조심스럽게 노크해 청소년 우울증 연구에 대한 저의 열정을 말씀드렸죠. 그분은 제 연구 경력의 시작이 될 자료 몇 가지 를 내주셨고, 그 자료 속에는 그분의 멘토링, 제가 걸어가는 길 위의 한 발짝 한 발짝을 안내하는 지침이 들어 있었습니다. 그분이 없었다 면 제가 이 자리에 설 일은 없었을 겁니다. 진심으로 감사드립니다."

그 말을 듣자 내 심장과 호흡이 멈추었다. 성실했던 내 젊은 시절 이 떠오르면서 현실을 깨닫는 순간, 나는 말 그대로 기절했다.

분명히 그가 묘사한 것은 수련을 시작하는 첫날, 내가 똑같은 문 을 조심스럽게 두드리고 청소년 우울증에 대한 똑같은 열정을 피력 하고서 6개월 후에 일어난 일이었을 것이다. 그러나 내게 주어진 것 은 일생의 멘토링이 아니라, 다른 이의 문을 두드려 보라는 말이었다. 어쩌면 내가 열렬하게 열정을 표현하지 못했을 수 있다. 명료하고 논리 정연하지 못했을 수도 있다. 혹은 케임브리지에서 받은 성적과 남아프리카공화국에서 쓴 논문 꾸러미로는 충분치 않았을 수도 있다. 그도 아니면, 혹시 우리 중 일부가 단지 동등한 기회를 갖지 못한 것이 이유였을까? 우리가 그들의 클럽에 속하지 않아서일까?

클럽에 초대받지 못했거나 《해리포터》의 교수 슬러그혼Slughorn이 총애하는 학생 클럽인 '슬러그 클럽Slug Club'이라는 게 있는지조차 모르는 우리 대다수는 어느 날 그런 게 있었다는 걸 알게 되면, 내가 그랬던 것처럼 뒤통수를 맞은 느낌에 휩싸이게 된다.

가장 상처가 되었던 것은 타운센드 교수가 내게 늘 친절했으며, 동료의 연설을 듣기 전까지는 그분이 경력을 막 시작한 내게 처음부터 멘토가 되기를 거절했다는 낌새조차 알지 못했다는 것이었다.

어느 산업에나 의견을 내면 모두가 따르는 시니어맨들이 있다. 현장에서는 그들을 종종 '킹메이커'라고 부르는데, 이들이 지지하는 사람은 중요한 인물로 부각되기 때문이다. 그러나 이들이 절대로 '퀸'을 만들지 않는다면 그건 문제가 될 수 있다.

나는 남성 지배의 온갖 직업 세계에서 앞으로 나아가기 위해 고군분투해야 하는 많은 여성을 생각 해봤다. 지금도 그들은 단지 자신들이 남자들보다 못해서라고 믿고 있을지 모른다. 내가 그렇게 믿었던 것처럼 말이다. 또 그들은 마치 나처럼 시니어들이 공정하고 호의적인 사람이라고 믿고 있어 줄곧 남성들이 시니어들로부터 더 많은 기회와 신임 그리고 지지를 받고 있다는 것을 모를 수 있다. 도대체 존재하는지조차 알지 못하는 무언가에 대적해 싸운다는 것은 얼마나 힘든 일인 걸까.

'눈가리개'를 벗고 나자, 내 경험을 다른 이들과 공유하는 일에 새로운 열의가 생겼다. 그랬더니 그들도 내게 자신의 경험담을 되돌려주었다. 특히 내가 우리 업계에서 존경하고 감사하게 생각하는 여성 시니어들은 남자 동료들을 편애하는 분위기에서 따돌림을 당한 이야기를 해 주었다. 나와 수련의를 함께 시작한 동료 중에서도 남자들은 적어도 여섯 명이 교수가 되었는데 여자는 단 한 명이며, 그나마도 교수직을 찾아 해외로 나간 경우였으니 그럴 법도 했다. 나는 이제 영국의 모든 기관에 성차별과 인종 차별이 만연하다는 것을 믿지 않을 수 없게 되었다. 그게 의식적이든, 특별하게도 무의식적이든 말이다.

만약 크게 주목받지 않으면서, 딱히 명망도 없고, 겉보기에 '여성 친화적인', 그래서 명백히 여성이 압도적으로 많은 아동 정신 의학과 전문의들 사이에도 그런 식의 불평등이 존재한다면 학계나 외과적 의료, 법률, 금융, 언론, 정치처럼 세간의 이목을 끌며 경쟁이 치열한 분야에서는 어떨까? 어느 정도나 불평등의 골이 깊을까? 교육 수준이 높고 도전적인 여성들조차 이런 분야에서 전진해 나갈 수 없다면 다른 분야에서 고용 생활을 하는, 덜 배우고 자기주장이 강하지 않은 여성들은 어떻게 해 나가는 걸까?

내가 깨닫게 된 또 하나의 진실은 경력에서의 불평등은 내가 엄마가 되는 것과 상관없이, 그보다 앞서서 시작되었다는 것이다. 지금껏 소개한 경험들은 모두 내가 아이를 갖기 전의 일들이었다. 내 짐작과는 달리 그리고 사회적으로 장려되는 서사와는 반대로, 내 경력의 궤적이 하강 곡선을 그린 것은 엄마가 되겠다는 결정 때문이 아니었다. 게다가 나는 성 불평등이 더는 존재하지 않는다고 믿게끔 꼬드겨진 게 나 혼자만이 아니었다는 것도 알게 되었다.

20대 초반에 능력이 출중한 친구 몇 명과 모여 앉아, 이에 관련된 대화를 나눈 적이 있었다. 금융 분야에서 일하던 친구 하나가 자신이 속한 팀에 대해 자랑했다. 남성과 여성 인원이 정확히 50대 50의 비율로 구성되어 있다는 것이었다.

"누가 금융 쪽 성차별이 심하다고 했니?"라고 그녀는 말했다.

그 말과 함께 우리는 성평등의 최적기에 태어난 우리 자신들을 자축했다. 그러나 그로부터 얼마 지나지 않아 지난 1995년~2000년에 인터넷 관련 사업의 등장으로, 미국 등 주식 시장이 급격히 상승하다가 폭락한 거품 경제 현상인 '닷컴 버블dot.com bubble'의 붕괴가 시작되었고 대규모 정리 해고가 이어졌다. 그리고 친구의 회사에서 여성 직원들이 모두 사라졌다. 내 친구와 모든 남성 직원들만 살아남았다. 친구는 그 이후의 환경에 대해 비참하다는 표현을 썼다. 유일한 여성인 그녀를 개인 비서로 오해하는 일이 비일비재했다고 한다. 문제는 이런 이야기가 그야말로 셀 수 없을 정도로 많다는 것이다.

차별만이 아니다. 많은 여성이 직장에서 직접적인 괴롭힘을 계속 당하고 있으며, 경력에도 크나큰 장애를 입고 있다. 여성 정치인들이 남성 정치인들보다 살해와 강간의 위협을 더 많이 받는다는 것은 잘 알려진 사실이지만, 더욱 놀라운 것은 내가 아는 모든 이들이 개인적으로 괴롭힘을 당한 적이 있거나 그 일로 직접적으로 영향을 받는 사람들을 알고 있다는 것이다. 변호사인 내 친구는 연수생일 때 중요한 고객이 포식 동물처럼 들이대자 그에게서 벗어나기 위해 도심의 고급 식당 화장실 창문으로 기어 나와야 했던 적이 있다고 털어놓았다. 그녀가 그 일을 동료들에게 알리자, 그들은 킥킥대면서 오히려 '그녀가 고객을 놓칠 수 있는 위험한 상황을 자초한 것'에 대해 질책했다고 한다. 또 외과 수련의인 친구는 대놓고 반복적으로 질책을 들었는데, '매우 인기 있는 수술 실습 프로그램에서 감히 두 번째 출산 휴가를 요청한 역사상 최초의 수련의'라는 이유 때문이었다. 친구는 스트레스에 시달리다 16주에 유산했다.

여기에 인종 요소를 추가하면 이야기는 더 많아진다. 남편의 흑인 여성 동료가 사무실 파티가 열리고 몇 주일 후에 회사를 그만뒀는데, 파티에서 회사의 중역이 접객원으로 오해해서 그녀에게 '오르되브르를 더 가져다줄 수 있느냐'고 물었다는 것이다. 또 흑인인 변호사

친구는 회의에 참석하러 갔다가 느닷없이 회의장 밖으로 안내되었는데, 그 이유가 변호인단 회의에 피고가 참석하면 안 된다는 것이었다.

나 같은 수많은 이들은 백인 기득권층이 우리를 대하는 방식에 의문을 가지지만, '소속되고 싶은 마음'이 절실하다 보니 끝내는 그들이 내놓는 설명, 즉 '누가 뭐래도 실수한 것'이라는 주장을 받아들이곤 해왔다. 그런데 꼭 그렇게 해야 했을까?

지금이 바로 '행동할 때'

권력과 영향력을 행사하는 위치에 있는 사람들은 현재 상황을 수용하도록 밀어붙이기 위해 아주 영리한 방법들을 대단히 많이 구사한다. 이를테면 체제나 사회가 아닌, 개인이 자신의 운명에 대해 책임져야 한다는 시그널을 두루 보내는 것이다.

'그는 그냥 친절한 거야. 원래도 뭘 만지는 걸 좋아해서 그래.', '왜 어리석게 굴죠? 농담이잖아요.', '그 사람 흑인 친구들이 많아요.', '이 나라에는 이민자들이 너무 많아. 당신 말고요. 당신은 다르니까요. 당신은 좋은 사람이잖아요.'

그들이 이와 같은 말을 할 때 이의를 제기라도 하면, '너무 예민하다'는 식으로 반응하는 것이다. 여성들이 성차별에 대한 우려를 드러내면 '고위직에 여성이 두 명이나 있는데 그럴 리가 있느냐'며 노골적으로 무시해 버리고, 강간 피해자들에게 술 취했느냐, 짧은 치마를 입었느냐 같은 질문을 하는가 하면, 최근에는 코로나바이러스 감염증-19 사례가 증가하는 상황에서 BME 공동체가 '여러 세대가 함께 생활하는 방식을 취하고 있다'는 말을 굳이 함으로써 은근히 책임을 전가하기도 한다. 이런 서사들이 주류를 이루고 있다 보니 우리 각자, 그리고 모두가 어느 수준에서는 그것들을 채용하여 사이클을 영속시키는 역할을 하고 있는 것이다.

그리고 이것들의 최상위에 안심해 버리기, 미적거리기, 아무것도 하지 않기를 유도하는 치명적인 전략이 있다. 그동안 나는 정말 다양한 '과학계의 여성' 관련 행사에 참석했는데, 한 번씩 갈 때마다 점점 더 냉소적으로 변해 갔다.

한번은 과학 분야의 여성들이 이탈하지 않고 자리를 지킬 수 있게 장려하는 행사에 간 적이 있었는데, '해와 비둘기' 술집 모임의 일원이었던 어밀리아가 의장직을 맡은 걸 보았다. 성인 정신 의학의 라이징 스타라고 소개되는 그녀를 보고 좀 어이가 없었다. 불과 1년 전에 어느 모임에서 만났을 때, 어밀리아는 직장 내 괴롭힘과 그에 따른 임상 우울증 때문에 학문으로서의 정신 의학을 포기하고 NHS에서도 그만두었다고 했다. 그녀 스스로 정신 건강에 해롭다고 판단해 등졌던 분야인데, 다른 여성들에게는 이탈하지 말라고 독려하는 것은 잘못된 일이 아닌가 싶었다. 이후 나는 평등을 내세우는 이런 종류의 행사에 참석하는 것을 관뒀다. 그들이 진정한 변화의 대리인이라기보다는 홍보 기계라는 것을 깨달았기 때문이다.

'우리는 당신들의 우려를 진지하게 받아들인다. 따라서 깊은 공감의 의미로 홍보 행사를 진행할 것이며, 나열된 모든 요구 사항을 충족하여 '평등 증명서'를 획득하고 그것을 웹 사이트에 올릴 것이다. 물론 계속해서 소란이 일어나는 사항에 대해서는 조사에 들어갈 수도 있다. 제안 사항들을 검토할 것이며, 당신이 생각하는 것보다 빨리 곧 모종의 조치를 할 것이다.'

내가 걱정하는 것은 인종 평등에 관련된 현재의 활발한 활동이 입에 발린 구호에서 출발해 미적거림으로 향하는 궤적을 그리는 것이다. 사람들이 모여서 절박하게 토론하고 새삼스럽게 경악하는 광경은 자주 눈에 띄지만, 실체적 변화는 거의 볼 수 없다. 대중적 의지와 정치적 의지 사이의 접점이 보이지 않는다. 그러나 분명한 것은, 지금이 유형의 행동을 할 때라는 것이다. 그리고 거기에는 개인 차원에서 모두가 나서서 도울 수 있는 일들이 있다.

포용, 그리고 안정된 소속감

우리는 소속감이 사람들의 정신 건강에 유익하다는 것을 알고 있다. 자신이 가족에 속해 있다고 느끼는 아이들이 더 행복하며, 학교에 대한 소속감을 지닌 아이들이 성취할 가능성이 훨씬 높다. 직장에 소속감을 지닌 성인들이 더 생산적이며, 자신이 지역 사회와 국가에 속해 있다고 느끼는 사람들은 별다른 불평 없이 만족하며 더 이타적이고, 사회적인 차원에서 생각할 줄 알고, 더 건강하다. 그렇다면 사회가 모든 수준에서 포용을 장려하지 않을 이유가 무엇일까? 그러니 만약 우리가 친구와 가족의 정신 건강에 진심으로 관심이 있다면 사회적 포용에 대해 깊이 고려해 봐야 할 것이다. 더구나 안정된 소속감을 지니고서 변화에 영향을 미칠 수 있는 위치에 있다면 더더욱 그렇다.

비록 우리 각자는 법과 정책을 바꿀 힘이 없다고 느낄 수 있다. 그러나 우리 모두 사회의 한 부분이며, 한 명 한 명이 어떻게 행동하느냐에 따라 다른 사람의 일상 행동에 영향을 미칠 수 있다.

아이들에게 알려 주는 소속감

내게는 아이를 기르는 일이 세상에서 가장 중요한 임무다. 우리가 아이들에게 소속되는 것에 대한 믿음과 가치를 심어 준다면, 우리가 떠난 뒤에도 그 생각이 오랫동안 유지될 테니까 말이다.

생각해 보자. 당신이 은퇴하고 1~2년이 지난 후에도 당신의 뛰어난 파워 포인트 프레젠테이션 실력과 리더십 전략을 기억해 줄 사람이 있을까?

그러나 당신의 자녀들은 다르다. 그들은 당신이 어떤 행동을 하고, 무엇을 행하지 않았는지를 낱낱이 기억할 것이다. 당신이 지켜 온 가치가 당신 아이들 그리고 그들의 아이들, 그 뒤 세대들에 의해 일상 규칙이 될 것이며, 그들의 주변은 물론 사회 전반에 영향을 미치게 될 것이다.

가짜 소셜 미디어의 세계에서 아이들이 자기 자신을 이해하고 받아들이도록 돕고, 그들이 진정성을 갖도록 격려하는 것은 어려운 도전이지만, 우리가 정면에서 맞닥뜨려야 하는 일이다. 아이들이 다른 사람들을 찾아 그들 사이에 소속될 수 있게 조언함으로써 아이들 미래의 정신 건강을 보호할 수 있어야 한다. 아이들에게 개방적, 포용적 태도를 가르치면 친구를 사귀는 데 도움이 되며, 다른 아이들도 소속감을 느낄 수 있게 돕는 일이 된다.

아동 정신 의학자의 관점에서 보면 행복한 가정생활이 성공의 측면에서나 정신 건강의 측면에서 생물학과 유전에 따른 부정적 영향을 크게 완화하는 역할을 한다. 실제로 최근 아동 정신 건강 조사에 따르면 건강한 '가족 기능'을 가진 가족 중 아동이 정신 건강 문제를 일으키는 비율[42]은 거의 5배 낮다.

학교에서의 소속감

학교생활은 유년기의 중요한 부분이며, 그런 만큼 인생 경험에 긍정적이든 부정적이든 크게 작용하여 뇌 발달에도 영향을 미친다. 포용적이고 협력적이며, 보살핌을 잘 받은 학교생활을 한 아이들은 결과적으로 자존감이 높아지고, 도발적 행동은 줄어들었다. 학교에서 이런 가치가 지켜질 수 있도록 우리 모두 번지르르한 말만 할 것이 아니라 행동으로 뒷받침해야 한다. 특히 포용에는 도발적 행동을 일삼는 아이들을 문제라며 비난하는 대신, 돌봐 주고 이해해 주는 등 가만히 있는다고 저절로 이루어지지 않는 일들이 포함되어 있다.

오늘날 긴축 정책과 분열의 조장, 전 세대에 걸친 소속감의 결여 탓에 학교에서의 배타성이 극적으로 증대[43]되고 있다. 정치인들이 나름대로 아동 정신 건강의 중요성을 옹호하고 있는데도 정작 정책은 그 반대로 진행되기에 십상이다. 그들은 학교에 정신 건강 상담 전문가들을 둘 수 있도록 자금을 더 지원하겠다고 큰소리치지만, 이는 대부분 보조 교사를 줄이고 학급당 인원을 늘리며, 특수 교육에 필요한 예산을 대폭 삭감하는 것으로 이어지곤 한다. 애초에 이것들이 아동의 정신 건강 문제에 악영향을 끼치는 요소들이었다는 사실을 외면한 채 말이다. 상처를 더 곪게 하면서 붕대를 감아 주는 것은 그야말로 난센스다.

소속감이 비즈니스에 유익한 이유

〈하버드 비즈니스 리뷰 Harvard Business Review 〉에 '직장 내 소속감의 가치'라는 제목의 글이 실렸는데, 거기에 '직원들이 소속감을 느끼면 회사는 상당한 순이익의 혜택을 얻게 된다'는 대목이 있다. 높은 소속감은 업무 성과 56% 증가, 이직 위험 50% 감소, 병가 75% 감소라는 엄청난 수치와 연관되어 있다는 것이다. 또한 1만 명 규모의 기업이라면 연간 5,200만 달러 이상의 비용 절감 효과를 볼 수 있으며, 이와 대조적으로 직장 내 소외는 팀 또는 자기 태업 _{sabotage} 으로 이어지는 경우[44]가 많다.

많은 기업이 직장 통합을 지원하기 위해 다양성을 늘리려고 노력하고 있다. 그러나 다양성 지원이 단지 작성된 목표 항목을 충족시키는 것에 그치지 않고 직원들이 재능을 펼칠 수 있으려면 꾸준한 실천이 필요하다. 직장은 직원을 대표하는 곳이어야 할 뿐 아니라 사람들이 업무에 대해 존중 받고 가치 있는 대접을 받는 공정한 곳이어야 한다. 만약 당신이 일하는 곳의 조직에서 어떤 식으로든 권력을 갖고 있으면 고용인은 인간이며, 그들의 생각과 공헌, 감정이 중요하다는 것을 명심해야 할 것이다. 사람은 자기가 소중히 여기는 곳에 소속되어 있다는 느낌과 시스템에 대한 믿음이 있어야 최선을 다하고 지속하여 헌신할 수 있다.

공동체에서의 소속감

내가 가장 암울한 시기에 느꼈던 최악의 감정 중 하나는 거절당하고 침묵해야 하는 것이었으며, 회복하는 데 도움이 되었던 것은 목소리를 다시 사용하는 법을 배우는 것이었다.

처음에는 친구와 동료들에게 내 고통을 호소하는 데서 시작했지만, 나중에는 블로그에 글을 써서 내 이야기를 들어줄 사람이라면 누구와도 소통하게 되었다. 그리고 지금은 이 책을 통해 가족에게 사랑받고, 학교와 직장 또는 사회에서 존경 받아 마땅한 사람들의 기본적인 욕구에 대해 최대한 널리 알리고 싶다.

물론 내가 변화에 기여할 수 있는 부분은 미미하다. 그러나 그동안 이런 작업을 하면서 나 자신의 안녕은 아주 큰 혜택을 입었다. 환자들의 경험을 조명하고, 나의 속마음을 이야기하고 공유하며, 삶의 모든 부분에서 비슷한 사연을 가진 사람들을 찾아내면서 마침내 나는 소속되어 있다고 느낄 수 있었다.

이런 식의 사회적 처방이 점점 더 대중화되는 것은 놀라운 일이 아니다. 자신이 얻은 혜택을 지역 사회에 환원하여 원원하는 것은 이치에도 맞는 일이다. 지역 사회는 구성원의 기여로부터 이익을 얻고, 기여자들은 주변 사람들과의 유대감이 증대되는 것에서 큰 행복감을 얻는다.

물론 모든 사람이 지역 사회에 봉사하는 데 많은 시간을 할애할 수는 없다는 것은 알고 있다. 그저 다른 이들에게 힘을 보태고, 응원하고, 인정해 주는 것과 같은 작은 행동이면 충분하다. 이는 지역 사회뿐 아니라 직장과 사회 활동하는 집단에서도 마찬가지다. 특히 여성은 적절한 때에 듣게 되는 "넌 할 수 있어!"라는 말이나 축하의 의미로 하는 '당신, 최고야!' 같은 말의 힘을 평가 절하하면 안 된다. 그리고 당연한 말이지만 우리에게는 선택권이 있다.

지나치게 정치적인 태도를 취하고 싶지는 않지만, 우리는 가족과 공동체의 개념이 과소평가되고, 언론과 정치인들은 자신의 목적을 위해 사람들을 편 가르기를 할 궁리만 하는 시대에 살고 있다. 나는 궁극적으로 정신 건강이 개인이 유전이나 심리, 책임을 넘어 사회에 도사린 빈곤과 불평등, 좌절된 삶의 기회라는 더 넓은 이슈를 포함하고 있음을 전달했으면 했다. 그리고 그게 이루어졌기를 바란다.

의심의 여지 없이 십 년에 걸친 정부의 긴축 정책은 국가적으로 그리고 잠재적으로는 현재와 미래 세대의 복지를 하락시키는 결과를 낳았다. 더구나 세계 경제의 미래는 더욱 암울할 전망이다. 이후의 정부들은 건강, 정신 건강, 교육, 사회 복지의 핵심 서비스들을 회복하는 데 중점을 둔 신중한 선택을 해야 할 것이다. 또한 사회는 사회대로 더 이상의 분열이 아닌 친절과 화합을 생각해야 한다. 이런 광범위한 변화 없이는 어떤 정신 건강 정책도 효과를 거둘 수 없을 것이다.

9 — 수용에서 느끼는 소속감:

받아들여서
함께 나아가는 법

허울뿐인 분열을 넘어 소속감에 이르기

앞에서 여러 번 이야기한 것처럼, 고된 의학 수련을 하는 동안 내가 그나마 소속감을 유지해 나갈 수 있었던 것은 동료 수련의들의 지지가 있었기 때문이다. 물론 그들 역시 똑같은 고난을 견디고 있었다. 이처럼 같은 역경을 지니거나 목적을 공유하는 것은 통합되고 연결되었다는 강력한 느낌을 불러일으킬 수 있으며, 이렇게 해서 생긴 소속감은 강한 힘을 발휘한다.

두 차례의 세계 대전 동안 우울증 인구와 자살률이 떨어진 것도 이런 이유다. 코로나바이러스-19 팬데믹 동안 지역 사회와 직장, 가족, 이웃 간에 불과 일 년 전만 해도 상상할 수 없었던 수준의 통합이 이루어진 것도 놀랄 일은 아니다. 많은 이들이 인생에서 가장 큰 소속감을 느꼈다고 보고했으며, 이웃과 처음으로 이야기를 나눠 봤다는 이들도 있었다.

나의 언니는 '암 지원 그룹'이 없었다면 암을 이겨내지 못했을 것이고, 나도 NCT National Curriculum Test 친구들의 도움이 없었으면 출산 휴가를 제대로 보내지 못했을 것이다.

국민 건강 보험의 정신 건강 부서에서 일할 때, 우리가 지원 그룹을 결성하라고 권한 가족들은 매번 빠짐없이 큰 변화를 일구어 냈다. 때때로 우리에게 전문가 의견보다 더 절실한 것은 누군가가 보내 주는 긍정의 끄덕임이다. 우리와 똑같은 것을 겪어 냈으며, 우리에게 시간을 내어 주고, 다 안다는 느낌으로 안아줄 수 있고, 차 한잔 함께 마시며 기대어 울 수 있는, 그리고 어깨를 내주는 그런 사람들의 공감 말이다. 모든 사람이 이런 지원을 받을 수만 있다면 세상은 훨씬 더 행복한 곳이 되지 않을까?

그렇다면 이런 사회가 되는 데 있어서의 장애물은 무엇일까? 어떻게 하면 허울뿐인 분열을 타파하며 다른 이들을 받아들이고 이해하여 소속감을 이루는 세상에 도달할 수 있을까?

내가 쓴 육아 책 《인사이드 아웃 양육하기: 자존감의 핵심으로부터 강한 아이들을 키우는 방법 Inside Out Parenting: How to Build Strong Children from Core of Self-Esteem 》에서는 아이들을 있는 그대로 받아들이는 일의 중요성을 역설하고 있다. 물론 아이는 부모로서 갖는 기대와는 다르게 행동하지만, 그 다름이 그들에게는 소속감을 높이고 안정감과 행복감을 강화하는 역할을 한다. 이것을 사회 전반으로 확대해 보는 건 어떨까? 사회가 다양성을 포용하고, 다른 이들을 이해하는 일에 관심을 보이며, 모든 사람이 저마다 지닌 것이 달라도 가치 있는 것을 사회에 내놓을 수 있다는 사실을 인정하고 축하할 것을 촉진하는 것이다. 외모와 재산, 계층, 능력, 견해가 다 달라도 근본적으로 우리 모두 온정과 사랑, 이해를 바라는 똑같은 사람들이라는 것을 이해하는 것이다.

소속감이 주는 환경은 최선의 의료법

오스카의 부모는 처음부터 이것을 알고 있었다. 그들은 아들에 관한 모든 것을 빠르게 인정하고 받아들였다. 그리고 자신들이 가진 자원을 최대한 활용하여 사회에 아들을 지지하고 인정해 줄 곳을 확보하기 위해 애썼다.

오스카는 ADHD를 앓고 있는 13세 소년으로, 3살 때 댄과 비브에게 입양된 아이였다. 아이가 아버지와 함께 진료실을 찾아왔을 때는 이미 몇 년 전부터 각성제를 잘 복용하고 있었고, 일 년에 한두 번

검토하면 되는 일상적인 추적 조사 대상자 명단에 들어 있었다. 오스카와 그 아버지가 내 기억에 선명하게 남게 된 것은 오스카의 장래에 대해 함께 나눈 대화 때문이었다.

댄은 오스카가 정서적으로나 행동 면에서 잘하고 있지만, 경미한 학습 장애가 있어서 학업의 제약을 받게 되리라는 것을 잘 알고 있다고 말했다. 그의 말처럼 오스카는 섬세한 아이였다. 예의 바르고 배려심도 깊었다. 그러나 그에게서 최상의 것들을 끌어낼 수 있는, 친절하고 지각 있는 고용주를 만나야지, 그렇지 않으면 밀려나 무너질 수도 있었다. 아들을 누구보다 잘 아는 댄은 모험을 할 생각이 없다고 했다.

"걱정하지 마세요, 선생님. 그 부분에 대해서도 이미 생각해 두었어요. 아들은 내가 하는 사업을 함께 하게 될 겁니다. 그러니 우리가 돌볼 수 있어요. 아들은 정확히 무얼 해야 할지 알려 주기만 하면, 그 일을 정말 잘 해내죠. 나를 성가시게 하는 일은 없을 거예요. 내가 잘 알아요."

댄은 조그만 건축 회사를 소유하고 있었으며, 이미 오스카에게 자투리 업무들을 시키고 있었다. 오스카가 늘 가족과 가족 회사에 속해 있으리라는 걸 알고 나니 마음이 따뜻해졌다. 오스카에게는 사회 속에서의 자리가 마련돼 있었다. 그는 능력을 활용하여 돈을 벌고 독립적인 인생을 살 수 있을 것이었다. 그뿐만 아니라 목적의식을 갖고 공동체에 기여하며 자존심을 지키는 삶을 살 것이었다. 그의 약점은 받아들여지거나 지지를 하고, 개선되었으며, 강점은 소중히 여겼기 때문이다.

오스카 외에 나는 특별한 도움이 필요한 자녀들에게 제대로 된 역할을 마련해 주기 위해 환경을 조정하거나 아예 회사를 차린 몇몇 가족에 대해 들었다. 물론 그럴 여건이 되는 가족이 많지 않다는 것은 알지만, 신경 발달 장애가 있는 아이들에게 삶의 환경이 어떤 식으로 큰 결과의 차이를 만들어 낼 수 있는지 보여 주는 사례가 될 수 있다고 생각한다. 더 많은 이들, 특히 힘이 있는 사람들이 장애인의 특수 요구와 그들의 고용에 투자한다면, 그들은 사회에 의미 있는 공헌을 할 수 있는 근면하고 충실한 직원을 얻게 될 것이다.

피터는 부모가 발 벗고 나서서 아들을 뒷받침해 준 또 다른 경우였다. 피터는 루마니아 출신으로 최근 가족과 함께 영국으로 이주했다. 아이는 열네 살치고는 몸집이 아주 컸다. 키가 약 183cm에 체중도 많이 나갔다. 아마 네 살 때부터 복용해 온 향정신성 의약품 영향이 컸을 것이다.

그는 ADHD와 ASD, 그리고 지적 장애 진단을 받았다. 말을 할 수는 있었지만 몇 가지 문장에 국한되었으며, 지적 능력이 네 살 수준에 머물러 있었다. 생활 전반의 보살핌에서 도움과 관리가 필요했지만, 아이의 몸집이 크고 힘이 세서 점점 더 힘들어지는 상황이었다. 피터의 부모는 영국에서 제공되는 우수한 국가 의료 서비스에 대해 듣고 이곳에서 일자리를 찾아볼 요량으로 이주해 왔다고 솔직하게 털어놓았다. 안타깝게도 나는 피터의 약 복용량을 늘려 처방해 달라고 요구해서 들어줄 수 없다는 이야기를 반복하는 과정에서 그들에게 실망하게 되었다.

나는 차분히 부부를 설득했으며, 결국 피터의 약물을 기존의 절반 정도의 용량에 맞춰 바꿀 수 있었다. 이후 이것은 일 년이 훨씬 넘도록 피터와 그 가족 모두에게 좋은 효과를 보였다. 덕분에 처음에는 내게 불만을 가졌던 이 가족과 나는 돈독한 신뢰 관계를 구축할 수 있었다.

문제는 피터가 성장하면서 더 힘이 세지고 더 도발적으로 변해간 것이다. 그는 뭔가 뜻대로 되지 않으면 부모님이 일하는 동안 자신을 돌봐 주는 할머니를 때리기 시작했다. 그리고 얼마 지나지 않아 피터의 어머니도 돌봄의 부담에 질리고 말았다. 피터의 폭발은 네 살 어린이의 기능 수준에서 흔히 볼 수 있는 짜증과 다르지 않았지만, 몸집이 워낙 크다 보니 여성의 힘으로는 제어가 되지 않았다.

결국 이 가족과 생활 시설에 관해 어렵지만 불가피한 대화를 시작할 수밖에 없었다. 사랑하는 아들과 함께 살고 싶어 먼 영국까지 찾아온 가족의 슬픔은 눈물바다를 이루었다. 기숙 시설은 대개 아이의 집에서 너무 멀리 있었기 때문에, 그 이유로도 가족은 아이를 내보내는 생각 자체를 꺼렸다.

진료실에 올 때마다 피터의 어머니에게는 베인 상처와 타박상이 눈에 띄게 늘었지만, 딱히 어찌할 방법이 떠오르지 않았다. 그러다가 다음 진료를 앞둔 어느 날, 나는 피터와 그의 어머니 모두의 안전을 위해 생활 돌봄 시설을 강하게 권유할 수밖에 없다는 의견을 전달하기 위해 이 가족과 엄중한 대화를 나눠야겠다고 마음을 굳혔다.

그전에도 나는 ASD, ADHD, 지적 장애인 다른 10대 환자의 어머니가 자신을 공격하는 아들을 막기 위해 결국 경찰을 부른 경우를 봤다. 그 어머니가 정신적으로 건강하지 못한 아들을 본 마지막 모습은 수갑이 채워진 채, 경찰차에 갇혀 잉글랜드 북부 정신 건강 시설로 보내지는 것이었다. 부모로서는 끔찍한 일이었다. 나는 피터에게 이런 일이 생기는 것을 정말로 원치 않았다.

그러나 그 후에 만났을 때, 피터의 가족은 모두 환하게 웃고 있었다. 그들 옆에는 약 190cm의 장신 남자가 따뜻한 미소를 지은 채 벽돌집처럼 우뚝 서 있었다.

"이 사람은 이반이에요."라고 피터의 어머니가 말했다.

"루마니아 출신 간호사예요. 우리와 함께 살면서 피터를 도와주려고 왔어요."

나는 신체적 우위에 있는 사람 앞에서 행동을 더 잘하게 되는 것은 인간의 기본적인 본능이라고 생각하는 편이다. 아무리 충동적인 사람도 타이슨 퓨리나 그 비슷한 사람 앞에서 함부로 주먹질하며 달려드는 것은 다시 생각할 일일 것이다. 피터도 새 동반자를 반겼다. 자신이 누군가를 공격할 일이 생기면 그가 막아 줄 수 있을 것이었다.

나는 이것이 타이완 소년이 갇혔던 그 우리를 인간적인 버전으로 바꾼 것이라는 생각이 들었다. 그건 피터가 자신이나 다른 사람들을 해치는 것을 막으면서도 세상과 계속 관계를 맺을 수 있도록 하는 방법이었다.

특수 학교와 생활 시설에서는 환자들이 도발적 행동을 하지 않도록 제어하는 것이 기본이다. 그런데 이반처럼 친절하고도 신체적으로 무게감 있는 사람 한 명이 똑같은 임무를 맡아서 해낼 수 있다면 오죽 좋을까. 피터는 결국 생활 시설로 가게 되기 쉽지만, 이반의 존재로 가족과 일 년이라도 더 함께 지낼 수 있다면 그것만으로도 큰 의미가 될 것이다.

결국 내가 봐 온 바에 따르면, 최선의 해법은 의료가 아니라 환경이었다. 자기 자신으로 온전히 존재할 수 있으며, 사랑하는 사람과 함께 지내면서 소속감을 느낄 수 있도록 적절하게 지지해 줄 환경을 제공하는 것이다.

진정한 소속감, 자기 자신과 자신의 한계를 받아들이는 것

어쩌면 내 이야기는 나를 너덜너덜하게 만든 직장의 족쇄를 풀어 버리고 곧이어 더 나은 일자리를 찾아 떠나는 것으로 마무리되었을 수도 있다. 위기가 절정에 이르러 인생이 흔들렸지만, 끝내 방향을 다시 설정하고 새로운 자유를 찾아 영원히 행복하게 살았다는 이야기로 말이다. 그러나 이렇게 되면 동화와는 다른 진짜 인생의 요점을 비껴가는 것이 된다. 삶은 인위적인 해피 엔딩 너머에서도 인생은 현재 진행형이기 때문이다.

정신 건강은 결과와 상관없이 계속 인출할 수 있는 은행이 아니다. 나는 타고난 불안을 지녔고, 환자들에게서 스트레스를 흡수하며, 임상 최전선에서 일하고, 연구 실적을 채워야 하며, 공공 서비스를 관리하고, 사무실의 정치 역학과 괴롭힘에 시달리면서, 국내외 정치에 우울해하고, 아이들을 학교에 데려갔다 데려와야 하고, 학급 모임에 참석해야 하며, 점심을 챙겨야 하고, 아이들 발레며, 풋볼, 피아노, 친구 문제, 어린이 사고 등을 관리해야 하고, 나이 든 부모를 보살펴 드려야 하고, 가족의 건강 문제, 정신 건강 문제로 고민하는 친구들, 정신 건강 문제를 지닌 친구의 아이들, 남편의 직장 문제까지 다 챙겨야 한다. 이 정도면 무너지지 않는 게 용할 수도 있을 것이다.

그리고 그 당시 나도 모르는 사이에 문자 그대로 붕괴가 일어나려 하고 있었다.

한동안 이가 시큰거렸는데, 인생에 워낙 많은 일이 일어나고 있어서 대수롭지 않게 넘겨 버렸다. 그러다 이가 아파서 도저히 견딜 수 없는 지경에서야 치과에 갔다. 진료 결과는 내가 사는 내내 스트레스성 이갈이를 해서 치아 몇 개에 심각한 균열이 생겼다고 했다. 이 하나는 빼야 했고, 몇 개는 근관 치료根管治療를 해야 했다. 평생 충치를 걱정하며 열심히 이를 닦은 사람으로서는 대단히 속상한 일이었다. 치과 의사는 내 인생의 스트레스에 대해 묻더니 항우울제 복용을 강권했다. 말 그대로 턱에 힘을 주고, 입을 앙다물며 고통스러운 상황을 버텨 온 내 인생의 모든 시간을 생각해 보았다. 그 시간이 마침내 대가를 요구해 온 것이다. 그 순간 통곡하듯 울음이 터졌다.

나는 괴롭힘에서 온 것이든, 사별이나 이별 또는 그냥 우리 인생의 일상적인 짜증에서 비롯된 것이든 스트레스가 '속여 넘어갈 수 있는 것'이 아니라는 걸 남들보다 더 잘 알아야 하는 사람이었다. 스트레스는 인정하고, 달라붙어 씨름해서 처리해야 할 대상이며, 그렇게 하지 않으면 어떻게 해서든 심리적으로나 육체적으로 대가를 치르기 마련이다.

나는 대부분의 시간 동안 나름대로 심리적 붕괴를 피하기는 했지만, 인생의 스트레스를 흡수하려 한 노력이 몸 어디선가 나타날 수밖에 없었고, 그것이 내 입속에서 나타난 것이다. 구이 위주의 저녁밥을 빨대로 먹어야 된다는 생각을 하니, 마침내 나 자신을 객관적으로 평가할 수 있는 자세가 되었다. 그리고 자신을 이해하고 받아들이는 것을 통해서만 타인을 이해하고 받아들일 수 있다는 통렬한 깨달음도 얻었다.

그 무엇보다 먼저 자기 자신과 자신의 한계를 받아들이지 않고서는 진정한 소속감을 느끼는 것은 불가능하다. 나 자신을 포함해 우리 대부분에게 이것은 소속감을 향해 가는 길에서 가장 어려운 단계이며, 우리 모두 어떻게든 피해 보려고 하는 단계이기도 하다.

그러나 분명한 것은 이것이 가장 중요한 난계라는 것이다. 이 단계를 통과해야 우리는 다른 이들에게 진정한 자기를 드러낼 수 있을 만한 자신감이 생기고, 우리의 진짜 모습을 사람들에게 보여줄 수 있다. 그리고 우리가 보여 주는 진짜 모습에 대한 반응으로 그들 중 정말 우리를 지지해 줄 사람을 정확하게 판가름할 수 있게 되며, 더 깊고 의미 있는 유대 관계로 발전시킬 사람들을 제대로 가릴 수 있다. 이 과정은 간단하게 들릴지 몰라도 사실은 절대 쉽지 않다. 자기 자신을 객관적으로 바라본다는 것은 엄청난 노력이 요구되는 일이며, 사람들이 진정한 소속감으로 가는 여정을 시작하는 것조차 힘들어하는 것도 이 때문이다.

스스로 이해하는 법

예외 없이 가장 어려운 부분은 자신의 장단점을 기꺼이 이해하고 받아들이는 것이다. 지니와 크리스 외 다양한 사례에서 보았듯이 '고난'을 회피하거나 거부하는 것은 그다지 어렵지 않아 보이지만, 결국 우리 자신, 우리의 이야기, 우리가 진짜 누구인지와 마주하지 않으면 소속감을 얻는 일은 언제까지나 힘들어질 것이다.

사람들은 대부분 환경을 변화시키거나 새로운 환경에 적응할 수 있으며, 상황에 '맞출 수 있다'는 점에서 매우 긍정적이다. 그런데 이런 일이 너무 잦으면 자신이 누구인지를 잊어버리게 되며, 정신 건강 문제로 이어져 고통받을 수 있다는 것도 사실이다. 모든 사람에게 가장 중요한 존재가 되고 싶어 하는 데서 비롯되는 인지부조화認知不調和, 다시 말해 반대되는 두 개의 가치 또는 신념을 고수하는 스트레스는 부식성이 있다. 이런 상황에서는 다른 이들이 진짜 우리를 좋아하는지, 우리의 포장된 모습을 좋아하는지 확신할 수 없으므로 피상적인 소속감을 찾았다 해도 결코 만족하지 못한다. 결국 실제로 소속된 것인지, 아닌지에 관한 근본적인 불안에 시달리게 된다.

우리 자신을 이해하는 데는 영혼의 탐색, 정직 그리고 용서가 필요하다.

자신을 더 잘 알고 스스로 용서하기를 바라는 사람 중에는 왜 자기가 그 상황에 놓여 있는지를 이해할 필요가 있는 사람들이 있다. 그러나 지나간 일로부터 배우는 것은 필요하지만, 과거에 연연하는 것은 오히려 해로울 수 있다. 내 의견은 세상에 완벽한 사람은 없고, 모든 약점은 원인이 무엇이든 노력해서 해소할 수 있다는 것을 받아들이면, 우리 자신을 이해하고 용서하는 게 더 쉬워지리라는 것이다.

앞서 소개한 육아 책에서 어린이의 '성장 마음가짐 growth mindset'

이 중요하다고 이야기했다. 그러나 지금은 어른들에게도 '성장 마음 가짐'이 유익하다고 생각하고 있다.

성장 마음가짐은 스탠퍼드대학교 캐럴 드웩 교수가 개척한 개념으로, 어린이의 성공을 돕는 방법의 연구에 바탕을 두고 있다. 캐럴의 이론은 '열심히 하더니 잘했구나'는 식의 노력을 칭찬 받은 어린이들이 스스로 더 도전하는 경향이 있으며, 타고난 능력으로 '너, 정말 똑똑하구나'라는 칭찬 받은 어린이들보다 결국 더 잘 해낸다고 상정하고 있다.

똑똑하다는 말을 들은 어린이들은 실패할 것이 두려워 도전하고 싶어 하지 않는 경향이 있으며, 반면에 노력으로 칭찬을 들은 어린이들은 의욕을 가지고 도전하며 노력하면 자기 계발을 할 수 있게 된다는 것을 이해하게 된다.

캐럴은 어린이의 뇌는 근육과 같아서 사용하면 사용할수록 더 강해진다고 설명한다. 만약 캐럴의 이론이 맞는다면, 뇌가 역동적이고 성형되기 쉬워서 정신 능력을 개선할 수 있다고 하면, 심리 상태나 아이덴티티, 자존감 같은 다른 뇌 기능에도 적용할 수 있지 않을까?

우리 중 누구도 우리 자신의 최종 버전이 아니고 얼마든지 변화 가능하다는 것을 이해할 수만 있으면, 약점들을 파악하는 것쯤은 긍정적으로 받아들여질 수 있다. 그걸 통해서만 개선이 이루어지며, 궁극적으로 더 강해질 수 있으니 말이다. 그렇지 않고 자신의 약점을 모르쇠로 일관하면 더 큰 약점으로 이어질 뿐이다.

시작하기 전에, 자기 인식은 정직에서 시작된다는 것을 강조하지 않을 수 없다. 용납하고 싶지 않은 실수와 행동 역시 인간 존재의 일부임을 인정하고, 그런 자기 자신을 향해 기꺼운 마음으로 친절과 관용을 베풀 때만 정직하게 자신을 인식하는 것이 가능하기 때문이다.

그러나 인간은 원래 타인을 판단할 때보다 자기 자신을 더 혹독하게 판단하는 경향이 있다. 그러므로 우리가 할 중요한 과제는 친구에게 하듯 자신을 대하는 연습을 하는 것이다. 친구가 당신과 똑같은 행동을 했다고 가정하고 생각해 보자. 당신은 그걸 어떤 시선으로 볼 것이며, 친구에게 어떤 말을 해 줄 것인가?

자, 이제 친구를 대하는 관대한 마음가짐으로 자신의 강점과 약점의 목록을 작성해 보길 바란다. 생각이 집중되고 더 분명히 드러날 것이다. 목록에 있는 각각의 약점에 대해, 예를 들어 '친절하지 않다' 또는 '지나치게 걱정이 많다' 등에 대해 진술이 참인지, 혹은 당신이 스스로를 보는 시선이나 가치에 의해 편향되어 있는지를 먼저 평가할 필요가 있다.

만약 확실치 않다면 당신을 걱정해 주는 사람들의 정직한 의견을 들어 보는 것이 좋다. 그렇게 하여 약점이 진짜이며 중요한 것이라고 판단되면, 변화와 개선을 위해 할 수 있는 방법을 생각해 보고 긍정적인 행동의 결과 목록을 얻을 수 있도록 그것들을 나열하는 것이다.

또 긍정적인 행동의 목록은 다시 살펴서 가능하면 그것들을 한입 크기의 작은 단계로 나누어 관리할 수 있게 한다. 예를 들어 '친절한 사람이 된다'와 같은, 모호하지만 중요한 목표를 좀 더 실용적인 작은 단계들로 나누어 쉽게 달성할 수 있게 하는 것이다. 아래를 참고해 보자.

1. 일주일에 한 명씩, 평소 그냥 지나치던 사람들 다섯 명에게 웃으며 "안녕하세요"하고 인사한다.
2. 매주 가족 구성원 또는 친구에게 "그냥 안부 전화 걸었어"라며 전화한다.
3. 일주일에 한 명씩, 사무실 청소원, 자주 가는 카페의 바리스타 등 당신을 위해 뭔가를 해 주는 사람에게 웃으며 "감사합니다"라고 말한다.
4. 휴식이 필요한 친한 이웃의 아이를 돌봐 준다거나 동료의 일을 덜어 주는 것 등 일주일에 한 번씩 누군가를 도와주겠다고 제안한다.

작은 단계들은 큰 변화보다 더 유지되기 쉽고 일상생활과 통합되기도 쉽다. 또한 큰 야망을 시도하다가 거듭 실패하는 것보다 작은 단계의 성공이 더 큰 차이를 만들 수 있다. '더 친절해지기' 시나리오에서, 다른 사람에게 친절하게 대하는 긍정적인 행동을 하면 다른 사람

역시 당신에게 친절을 되돌린다는 것을 알아차리는 것은 금방이다.

나는 너무 당연해서 놀라면 안 되는데도 매번 놀란다. 내가 웃으며 "안녕하세요"하고 사람들에게 먼저 말을 건네면, 어김없이 그들 역시 웃으며 "안녕하세요"하고 인사를 되돌려 주기 때문이다. 사람을 측은지심으로 대하는 것은 다른 사람이 우리를 배려와 존중, 관용으로 대하도록 초대하는 일이다.

'지나치게 걱정이 많다'는 약점에 대해서는 먼저 자신의 두려움을 확인할 필요가 있다. 그것만으로도 더 쉬워진다. 표준적인 치료법은 점진적으로 그것들과 직면하는 것이다. 가장 심각한 것부터 가장 덜한 것 순으로 자신의 두려움을 나열해 보자. 예를 들어 사회적 불안이 있는 사람의 목록은 아래처럼 정리할 수 있다.

1. 청중 앞에서 노래하기
2. 청중 앞에서 연설하기
3. 가족 앞에서 노래하기
4. 가족 앞에서 연설하기
5. 길 가다 낯선 사람에게 길 물어보기
6. 자주 보는 바리스타에게 티슈 좀 달라고 하기
7. 상점에서 물건 값 물어보기

다음에 할 일은 목록에 있는 각각의 아이템을 실행하는 것인데,

가장 쉬운 것부터 시작하여 가장 어려운 것으로 이동해 간다고 해서 꼭 다 하란 법은 없다. 순서대로 한다고 누가 상을 주는 것도 아니라는 말이다. 너무 어려워 보이면 건너뛰어도 되고, 사이에 더 많은 단계를 집어넣어도 된다. 각각의 도전에 친구나 가족의 협조를 구하는 것도 좋다. 일단 하나의 단계를 어떻게든 완수하고 나서 전혀 불안하지 않을 때까지 반복한 후 다음 단계로 넘어가면 된다. 하다 보면 냅킨을 너무 많이 얻어오게 될 수 있지만, 괜찮다.

'정신적 혼란'에 대처하기

변화를 위한 실용적인 단계를 작성하는 것은 자기 개선뿐만 아니라 일상적인 문제에도 효과가 있다. 종종 사람들은 얽히고설킨 생각과 감정의 덩어리에 압도당해 셀프 헬프의 첫 번째 장애물에서 넘어지곤 한다. 그럴 때 문제를 하나씩 적다 보면 압도적이기보다는 뚜렷하게 그 형체가 드러나기 때문에 쉽게 분리하여 이해할 수 있다.

나는 아이를 기르다 보니 일상이 세탁물과의 전쟁이다. 휴일 다음 날이면 빨래 바구니 주변에 던져진 더러운 빨랫감들이 그야말로 산을 이루는데, 그걸 보고 있으면 때로 숨이 막힐 지경이다. 그래서 더러는 그 빨랫감들을 한데 뭉쳐 아래층 화장실에 던져 넣고 문을 닫아 버리곤 했는데, 그렇게 하면 적어도 눈에 보이지는 않으니 손댈 필요가 없었다.

그러나 이렇게 하면 끊임없이 생기는 빨랫감을 계속해서 이 화장실에 던져 넣어 문제가 점점 커져 어느 순간이 되면 감당하기가 버거워진다는 것이다. 유일한 해결책은 용기를 끌어 올려 문을 열고 들어가 그것들을 분류하는, 힘들고 지루한 과정을 시작하는 것이다. 같이 빨 것들을 솎아내고, 양말은 짝을 찾고, 옷가지들은 접어서 하나씩 치우는 것이다. 이 일은 시간이 걸려도 일단 시작하면 만족감이 크다. 그리고 조금씩 정리되어 가는 것을 보면 가장 크고 감당 안 되는 혼돈 속에서도 질서를 끌어낼 수 있다는 것을 알게 된다. 머릿속 생각과 가슴 속 감정이 혼란스러울 때도 이 접근법을 시도해 볼 수 있다. 즉, 해결되기를 바라는 것부터 적고, 우선순위를 정하여 하나하나 문제를 해결하는 것이다.

우선 시작 지점에서 펜과 종이를 가져다 아래 예시처럼 두 가지 목록을 작성한다.

1. 목표와 희망, 꿈 그리고 그것들을 실현하기 위해 필요한 시간 목록을 만든다.
2. 현재의 유대 관계와 그 사람들의 감정과 경험을 함께 이야기하는 데 쓰는 시간의 목록을 만든다.

다음 작업은 목록을 정렬하고 우선순위를 매기는 것이다. 목록의 각 항목을 포스트잇에 옮겨 적으면 우선순위를 정할 때 이리저리 옮겨 보기에 좋다. 목록을 정렬할 때는 자기 자신에게 절대적인 명확성을 지닐 수 있게 해야 한다. 이를테면 정말 중요한 관계와 그렇지는 않은 관계, 자신에게 가장 중요한 야망과 잘 되면 좋고 안 돼도 성패를 좌우할 정도는 아닌 야망들로 분류하는 것이다. 이처럼 우선순위에 대해 신중하게 생각하는 과정은 그 자체로 치료가 될 수 있다. 이 과정에서 자신의 시간과 정신적 에너지가 적절히 쓰이는지도 생각하게 되기 때문이다.

자신이 감정과 에너지를 소비하는 대상과 실제로 자신에게 중요한 것 사이의 불균형을 발견하면, 확인하고 수정할 수 있다. 예를 들어 인생에서 그다지 의미 있는 사람도 아닌, 누군가의 평가에 지나치게 신경 쓰느라 자신이 엄청난 시간을 쓰고 있다는 것을 깨닫거나 혹은 자신이 열정을 쏟고 싶은 프로젝트를 진행하지 못할 정도로, 의미가 오로지 '극복'에 있는 일에 너무 많은 시간과 에너지를 소비하고 있다는 것을 깨닫게 될 수도 있다.

일단 우선순위가 명확해지면 각각의 목표를 설정하고, 어떻게 목표를 달성할지 생각한다. 예를 들어 '외국어 배우기'처럼 목표가 크면, 이것을 구체적이면서 다루기 쉬운 부분으로 나누면 된다. '외국어 배우기' 대신 '외국어 강좌를 듣고 내게 알맞은지 알아보기' 같은 내용으로 수정하는 것이다. 이것을 더 세부적으로 나누면 이렇다.

1. 현지 외국어 강좌의 수강 가능 여부와 비용을 알아본다.

2. 외국어 강좌에 참여하기 위한 시간을 안배한다.

3. 외국어 강좌를 신청한다.

4. 외국어 강좌에 참여한다.

5. 강좌가 끝날 무렵, 외국어를 계속 배우고 싶은지 결정한다.

이런 식으로 행동을 재구성하면, 각각의 성취가 더 쉬워지며 실패와 중단의 가능성에 우리를 꿰어 맞추는 것보다는 원하는 것에 중점을 두어 재평가할 수 있게 된다.

관계의 개선에 대해 덧붙이자면, 우리에게 최우선 순위가 관계가 되어야 하는데 자녀·배우자·부모가 우리에게 가장 등한시하는 사람들일 때가 종종 있다. 이럴 때 가장 먼저 할 일은 우선순위를 재조정하는 것이며, 당장 생활을 변화시키는 것이 불가능하다 해도 순위 조정에 따른 계획을 세우는 것은 언제든 할 수 있다.

나는 전문의 수련 당시 풀타임으로 일하기로 했지만, 최종 목표는 가능한 한 빨리 수련을 마치고 파트타임으로 옮겨 가는 것이었다. 그래서 나의 우선 목표인 아이들과의 귀중한 시간을 더 많이 확보하려 했다. 그리고 매일 밤 9시나 10시까지 일하는 회사원 남편을 위해서는 일주일에 한 번 저녁 6시까지 귀가하고, 따로 밤 11시까지 일하는 날을 정해 업무를 보충하는 해결 방안을 내놨다. 그러면 적어도 평일

하루는 남편이 아이들과 함께 귀중한 시간을 보낼 수 있을 것 같았다.

어떤 관계가 당신에게 중요하면 찾을 수 있는 해법은 있기 마련이다. 해법을 도저히 찾지 못하겠다 할 때는 그 관계가 실제로는 우선순위가 아니면서 고된 관계이기가 쉽다. 이럴 때는 더 많은 질문을 던져 볼 필요가 있다.

미성숙한 인종 차별, 그리고 나 자신을 이해하기

나 역시 강점과 약점 목록을 작성했으며, 작성된 약점 목록은 꽤 길었다. 이런저런 약점을 드러내는 것이 달갑지는 않았지만, 당신이 자신의 인생에 대해 생각하는 방식에 도움을 줄 만한 사례가 필요할 것 같아 내 약점 목록의 주요 부분을 기꺼이 공유하고자 한다.

내 인생에서 계속 따라붙은 문제가 있다면, 내가 중국계 이민자라는 것이었다. 지나가면 아이들만 빤히 바라보는 것이 아니라 어른 중에서도 불친절하고 인종 차별적인 미성숙한 말을 내뱉는 사람들이 꼭 있었으며, 그보다 더 심대한 배척감을 느끼는 일도 많았다.

아홉 살 때는 제일 친한 친구들이 자기들끼리 여름 방학 기독교 휴일 캠프를 다녀와 더 친해진 것을 보고, 나는 눈을 꼭 감고서 백인으로 변하게 해 달라고 빌고 또 빌었다. 또 친구들이 집에 놀러 오면 어머니가 타이완 특식을 준비해 놓을 때가 있었는데, 친구들이 '치약 맛 같다'라고 하면서 뱉어 버릴 때마다 굴욕감을 느끼곤 했다. 나중에 대학에 가서도 마찬가지였다.

신입생 주간의 블라인드 데이트 날 밤에 내 데이트 상대만 나타나지 않았을 때, 실제로 몸이 아팠다. 그가 나에 대해 아는 것이라고는 이름뿐이었으니 내 이상한 아시아식 이름만으로 그가 뒷걸음질치기에 충분했다는 것은 짐작할 수 있었다. 비슷한 예로 '근사한' 음주 모임에 나와 피부나 눈, 머리카락이 흑갈색인 브루넷brunette 친구들이나 BME 친구들 빼고 금발 친구들만 초대된 적도 있었다.

나중에 한 해 동안 찍힌 사진을 보고 금발만 추려 냈다는 이야기를 듣고 나니 왜 그런 식으로 초대 명단이 만들어졌는지 이해가 됐다. 이뿐 아니라 하우스메이트가 '너의 음식에서는 냄새가 나'라고 말했을 때, 누군가가 내가 남겨 둔 카츠 카레에 티백을 던져 넣은 걸 확인하고 왜 그랬느냐니까 '쓰레기처럼 보여서 그랬다'라고 했을 때도 굴욕적이었다.

대학 생활 초창기에는 중국·타이완 공동체 행사에 몇 번 나가 봤지만, 한 학기가 지난 후부터 나는 그쪽 친목을 거절하고 가능한 한 '영국인'이 되기로 마음먹었다. 그러려면 캐시미어로 된 카디건과 스웨터를 입고 실크 스카프를 두르고서 아바ABBA 의 음악을 들어야 했다. 아시아의 팝 음악은 하찮은 것으로 치부하고, 파티에서는 다른 중국인들의 시선을 피해야 했다. 그래야 그들이 공통점이 있다고 생각해 내 쪽으로 다가오는 일을 막을 수 있다고 생각했다.

부끄럽지만, 당시 나는 오래 사귄 중국계 친구들과도 거리를 두었고, '창피한 행동을 일삼는' 부모님조차 멀리했다. 그렇게 나는 이 문화적 거부에 내가 맞춰야 한다고 생각했지만, 그것은 내가 아니었다.

이런 배경을 염두에 두면, 나중에 누가 나에게 "너는 영국인이 아니야"라는 의미의 논평을 대수롭지 않게 내뱉었을 때, 내가 왜 그처럼 벼랑 끝에 몰리는 심정이 되었는지 조금은 이해할 수 있을 것이다.

다른 이들이 어떻게 해도 나를 영국인으로 봐주지 않는 사실을 깨달았을 때 더 상처가 되었던 것은, 내가 영국인이 되어 보려고 포기했던 모든 것들 때문이었다. 아무리 완벽한 억양을 구사하고, 서구식 옷차림과 문화를 받아들여도, 또 영국 TV 시리즈 〈웜블스Wombles〉, 애니메이션 〈백푸스Bagpuss〉, 화가이자 사진작가 '호크니Hockney' 대처리즘, 그리고 그룹 웸과 브로스에 대해 장광설을 늘어놓을 수 있는 나는 받아들여지지 않았다.

나를 가장 화나게 한 것은, 나와 달리 크리켓이나 럭비 경기에서 절대로 잉글랜드를 응원하지 않고, 기회만 있으면 남아프리카공화국 럭비 대표팀인 '보케'를 외치며 뛰어다닌 백인 남편은 곧장 '영국인'으로 받아들여진 것이었다. 그가 영국으로 온 지 일 년도 채 되지 않았을 때였고, 심지어 〈웜블지〉에 등장하는 오리노코Orinoco가 누군지도 모르고, 〈백푸스〉에서 쥐들이 연주하는 '마우스오르간mouse-organ'에 대해서 전혀 아는 게 없는 사람이었는데도 말이다.

아파르트헤이트 시대의 문화 보이콧—나는 〈윔블스〉와 〈백푸스〉가 인종 차별 정권을 무너뜨리는 데 한몫을 했다고 생각한다. 남편에게는 80년대의 가장 위대한 팝 아티스트는 로드리게스일 뿐이다. 그러나 난 누구인지 모르겠다.

이처럼 사람들은 언어와 역사, 문화의 차이를 꼬투리로 삼아 차별을 정당화하는 빌미를 만들려 하지만, 그것보다 훨씬 더 차별의 대상이 되는 것은 피부색인 것이다.

나 자신의 수용과 인정

일단 내 문제의 근본 원인을 파헤칠 수 있게 되자, 내가 바꿀 수 있는 것과 바꿀 수 없는 것에 대해 생각하는 것이 더 쉬워졌다. 내가 백인 남성의 특징을 몽땅 갖고 싶다고 해도 그건 절대로 되지 않는 일이다.

나는 다른 이들과 어울리기 위해 나를 바꿀 필요가 없다는 사실을 분명히 인식하고 나의 인종과 민족을 인정해야 했다. 오히려 나를 좋아해 주는 사람들, 내게 맞는 사람들을 찾아야 했다.

나를 '노란 인종'으로만 보는 사람은 반드시 있을 것이다.

심지어 내가 '노란 아기'를 낳아 앤드루의 가계를 오염시킬 것이라고 한 사람들까지 있었지만, 그건 그 사람 마음이다. 나는 다른 사람들의 비위를 맞추려고 노력하는 과정에서 나 자신의 모든 부분을 폐쇄하고 불완전한 상태로 비틀거렸다는 것을 깨달았다. 내게 필요한 것은 다른 이들, 즉 나의 부모, 동료들, 고용주들의 인정을 구하는 것이 아니라 나 자신의 인정이었다. 나 자신을 찾고, 내가 나로서 충분하다는 것을 아는 것이었다.

새로운 시선, 진정한 자아 찾기

자폐, ADHD, 난독증, 신체장애, 심지어 성별과 인종 등 사회에서 '약점'으로 인식되는 것들 가운데도 잠재적으로 긍정적인 부분이 있음을 깨닫는 것이 중요하며, 이것들을 긍정적으로 재구성하는 것이 모두에게 도움이 된다.

나는 여성이면서 중국계라는 이유로 경력에서 대단히 많은 부정적이며 무의식적인 편견의 대상이 되었지만, 삶을 바꾸려 노력하면서 의식적으로 이러한 특성들을 유리하게 만드는 것에 최대한 집중했다. 경력 초창기에는 그다지 성공적이지 못했지만, 영국화하고 남성적인 특질을 지니려 하기보다 진정성, 즉 나 자신이 되는 것에 초점을 맞추었다.

회의할 때 지적이지만, 딱히 관련 없는 질문을 해서 자신들이 얼마나 똑똑한지 드러내는 걸출한 남성 동료들을 애써 흉내 내지 않았다. 저들의 저 질문은 선배 남성 학자들에게 '아첨하는 것'에 숙련되어 우러나는 행동일 뿐이기 때문이다. 물론 스쿼시, 럭비, 골프에 대해 늘어놓거나 다른 사람들을 제물로 삼아 농담하지도 않았다.

그보다 나는 동료들과 육아 또는 일과 삶의 균형에 대해 나지막하게 이야기를 주고받았다. 나는 재능 있는 여성들과 보편적인 문제들로 유대했고, 내게 진정 의미 있는 것들을 바탕으로 진짜 친구와 사회적 네트워크를 만들었다. 그렇게 시간이 지나고 어느덧 이 친구들이 힘을 가진 자리에 오르자, 나를 포함하는 자신들의 네트워크를 지지해 줄 수 있게 되었다.

어떤 친구들은 내게 기회를 부여했고, 나도 다른 이들에게 기회를 되돌렸다. 남성들이 수 세기 동안 해 온 것, 이를테면 다른 남성들을 위한 기회를 끌어올리는 일을 여성들 역시 다른 여성들을 위해 할 수 있는 것이다.

한 가지 걸림돌은 그렇게 할 수 있는 위치에 있는 여성이 많지 않다는 것이다. 그러나 시간이 더 지나고 인식이 달라지면, 이것 역시 바뀔 것이라는 게 나의 바람이다. 이것은 여성만이 아니라 다른 소외 집단의 사람들에게도 똑같이 적용된다.

나중에 나는 같은 생각을 갖고 서로를 지지해 주는 사람들과 NHS 밖에서 일하면서 직장이 얼마나 멋진 곳이 될 수 있는지에 대해 눈을 뜨게 되었다. 동료들과 직장 환경이 어떤 식으로 온정적이고 유연하며 관용적일 수 있는지 배웠으며, 잘못됐다고 느끼는 것을 과감히 거부할 수 있어야 옳은 곳을 찾을 수 있다는 것도 배웠다. 우리를 참아

주는 곳이 아닌 진정으로 속할 수 있는 곳 말이다.

일단 엄마의 역할을 최우선으로 하기로 결정한 후, 나는 이것을 약점이나 경력상의 흠으로 보지 않으려 노력했다. 그리고 이 일로 누구에게도 원망을 품지 않으려 노력했다. 대신에 블로그에 육아에 관해 쓰기 시작했다. 거기서 일과 가정의 불균형에서 오는 진짜 좌절을 사람들과 공유했다. 결과적으로 내가 블로그에 쓴 글은 육아 책으로 출간되었고, 여러 나라 언어로 번역되어 알려졌으며, 지금 쓰는 이 책을 포함해 다른 기회들로 이어졌다. 결국 '내 손으로 아이를 키우는 부모가 되고 싶다'라는 바람이 내게는 약점이 아니라 가장 강력한 강점이 되었던 것이다. 직접 육아를 한 경험이 없었다면, 나는 십중팔구 덜 온정적인 아동 정신과 의사가 되었을 테고, 재투성이가 몰골로 겪어낸 육아의 불운 스토리가 없었더라면, 책을 쓸 일도 없었을 테니 말이다.

되돌아보면 블로그에 글 쓰기는 내게 도움이 되었다. 나의 궁극적인 두려움은 다른 이들이 나를 있는 그대로 받아들이지 않는다는 우려에 있었다. 그런데 블로그가 늘어나는 독자들의 지지와 피드백에 힘입어 성장하면서 나는 점점 더 나 자신을 드러낼 수 있게 되었다. 거기에는 내 중국 혈통과 중국계 영국인으로서 오늘을 살아가는 느낌까지 포함되었다. 블로그에 글을 게시한다는 것은 내 글이 이미 '그들 속에 속해 있다'는 것이며, 읽는 이들의 엄중한 검사를 받는다는 것이다.

런던에서 화이트보드에 '테드 제이컵스는 소아 성애자다'라는 글이 쓰여 있다는 것을 알게 됐을 때의 테드와 똑같은 심정으로 나는 내 적나라한 감정이 블로그 세상에 새겨졌다는 것을 알고, 안절부절못하며 앉아 있었다. 그리고 아무런 끔찍한 일도 일어나지 않았을 때, 테드가 자신의 걱정은 근거가 없다는 것을 깨달았듯이, 나 역시 많은 이에게 결국 나를 있는 그대로 받아들일 용의가 있다는 것을 깨닫게 되었다.

무의식적인 편견에서 비롯된 부정적인 경험을 하게 된 이후, 나는 편견의 희생자가 되는 일을 멈추고, 그 대신 내 성별과 민족에서 긍정적인 이점을 취하려고 노력했다. 허락도 없이 불쑥불쑥 찾아오는 세일즈맨과 외판원에게 나는 고개를 절레절레 흔들며 서툰 영어로 "아, 너무- 미안-해요. 주인-없어요. 영국 사람- 아니에요."라는 말을 하는 것에도 꽤 능숙해졌다. 그들을 내쫓는 데는 이만한 게 없었다. 내 아이들이 공공장소에서 다소 무례한 행동을 할 때도 나는 혀를 쯧쯧 차며 머리를 흔들고 이렇게 말할 수 있다.

"부모가 너무 바빠서 아이들이 좀 그래요. 나한테 월급만 충분히 줘도 내가 알아서 할 텐데 말이에요."

그리고는 나는 다시 가서 아무렇지 않은 듯, 커피를 마시며 핸드폰을 집어 든다. 아동 정신과 의사도 때로는 이런 짓을 한다.

대부분의 경우 나는 이런 식으로 대립을 피한다. 그러나 어쩌다가 날을 세울 때도 있다. 이를테면 '인종 차별 카드를 들이대지 말라'는 말에는 "당신이야말로 백인 특권을 들먹이지 않으면 나도 기꺼이 그렇게 할게요"라고 완벽하게 응대하는 것이다.

내 입장에서 유리한 것, 또 하니는 많은 기관에서 이제는 여성과 BME 사람들을 지원할 필요성을 인식하고 있으며, 이런 특질을 내세우기에 알맞은 시기가 되었다는 것이다. NHS에는 '임상 우수상 제도'가 있는데 해마다 다른 인구 통계학적 범주보다 백인 남성에게 더 많은 혜택이 돌아간다. 자기들 말로는 BME와 여성들의 지원이 적어서 그렇다고 하는데, 일부러 BME 및 여성 할당을 하라는 것은 아니지만 지원자와 수상자의 통계를 공개할 필요는 있어 보인다. 그래서 나는 내가 '임상적으로 우수한' 사람이든, 그렇지 않든 자격이 되는 한 지원자 수를 늘리기 위해서라도 매해 이 상에 지원하기로 했다. 그리고 다른 여성 및 BME 의사들에게도 그렇게 하자고 독려한다. 우리 존재를 부각하고 지원 인원에 포함되기 위해서다. 이렇게 단순히 지원하는 것만으로도 비딘 우리뿐 아니라 다른 여성과 BME 사람들을 위한 홍보가 촉진될 수 있으며, 지원이 늘어나면 선정 기회도 자연히 늘어날 것이다.

이런 식으로 '약점'을 긍정적으로 재구성하기 시작하면서 나는 진정한 나 자신을 받아들일 수 있었고, 이후 모든 것이 바뀌었다. 수

십 년 동안 나는 내심 '영국인답다'고 생각하는 것에 맞추어 그런 척하며 살았고, 내가 물려받은 유산의 중요한 부분들을 인정하기를 꺼렸으며, 내 민족성을 부끄러워해야 할 속성으로 여기며 침묵해 왔는데, 마침내 그런 시절에 종지부를 찍었다. 그리고 자긍심을 지닌 채 큰소리로 내가 누구인지를 외칠 수 있게 되었다.

이제 나는 내 노란 피부가 좋다.

자기 수용

자신의 약점 목록에서 변경할 수 있는 것들과 변경 불가능한 것들을 결정하도록 한다. 변경 불가능한 것들, 예를 들어 장애나 냉담한 부모 등의 항목은 긍정적 재구성을 시도하여 받아들이도록 한다.

때로는 상상하기조차 어려울 수 있지만, 모든 약점에는 이면의 강점이 있다. 시각 장애인 중 많은 이에게서 청각 기능이 향상되며, 나의 환자 중에 ADHD로 집중에 장애를 겪는 이들의 일부는, 한 주제에서 다른 주제로 빠른 속도로 넘나드는 능력 덕분에 창의성과 수평적 사고 lateral thinking 의 향상을 보이기도 한다.

냉담한 부모는 당신을 보다 독립적인 사람으로 나아가게 할 수 있다. 긍정적인 측면을 생각해 보고, 나쁜 상황을 어떻게 개선하고 이용하며, 이득을 취할까 심사숙고하는 시간을 가지는 것은 여러모로 바람직하다. 미리 정해진 '인생'과 '성공'의 관점에 맞추어 자신을 조정해야 한다는 강박을 떨치고, 성공의 의미에 대한 비전을 당신 자신이 어떤 사람인가에 맞춰 조정하면 된다.

자신에 대한 용서

인생의 실수와 부족했던 시절들을 목록으로 만드는 것은, 우리가 자신을 용서할 의지와 능력이 없이는 할 수 없는 일이다. 후회할 일 한 번을 하지 않고 성인이 되는 사람이 있을까?

어린 시절, 서민 학교에서 교외의 중산층 학교로 전학한지 얼마 되지 않아 운동장에서 착한 남자아이의 엉덩이를 걷어찬 적이 있었다. 단지 그렇게 할 수 있다는 것을 과시하고 싶어서 한 행동이었다. 그 아이는 울음을 터뜨렸다. 그날 저녁 가족 앞에서 자랑삼아 떠벌렸더니, 모두 기함하면서 나를 질책했다. 내가 한 행동이 부끄러워 이튿날 그 아이에게 사과했지만, 죄책감이 내내 나를 따라다녔고, 지금까지 남아 있다.

우리의 실수를 받아들이고 과거의 우리 자신을 용서하는 것은 그때와 똑같이 어설픈 선택을 하지 않도록 막아주며, 더 나은 존재가 될 수 있게 도와준다.

편견, 그리고 타인에 대한 용서

한동안 나는 뼈저리게 느꼈던 부당함에 대한 증오를 가슴에 품고 있었다. 그러나 결국 그것이 나를 좀먹을 뿐 아니라, 스트레스를 가중하고 있었다는 것을 깨닫게 되었다.

앞으로 나아가려면 내려놓아야 했다. 그리고 그건 내가 영국인이 아니라는 의미의 말을 했던 자문의와 내게 멘토가 되어 주기를 거부했던 교수, 나를 괴롭힌 부서장을 이해하게 되는 것을 의미했다. 실제로 시간이 지나고서 깨닫게 된 것은, 우리 모두와 마찬가지로 그들 역시 그저 사회의 산물이며 나에게 특별히 개인적인 불만을 품은 것은 아니라는 사실이었다.

내 나이 또는 나보다 윗세대 사람들이라면, 성별과 민족에 관한 선입견과 편견은 너무 만연해 있다. 만약 이 책의 저자가 호란 량이 아닌, 에이미 존스 박사라고 한다면, 당신의 구매 의향이 달라졌을지도 모른다. 중국계 사람들이 아닌 이상 영국인다운 이름처럼 느껴지는 에이미의 책을 더 선호하지 않았을까?

내가 이런 이야기를 하는 이유는 나 자신조차 파티마 아크바르 박사나 완제리 음브구아 박사의 책보다는 에이미의 책을 집어 들고 싶을 것이기 때문이다. 어쩌면 파티마나 완제리라고 이름을 지닌 분들은 심지어 책을 출간할 기회조차 얻지 못했을 수도 있다.

인종적 편견과 가설이 어느 인종에나 편재한다는 사실을 보여 주는 일화 하나가 있다.

내가 어렸을 때, 어머니는 인류의 기원에 관한 중국 설화를 잠잘

때 들려주시곤 했다. 신이 과자 반죽과 사람 모양으로 된 생강 빵 틀로 인간을 만들었다는 것인데, 첫 번째 반죽은 타 버렸고, 두 번째 반죽은 바닥 부분이 덜 익어 희끄무레해서 버렸으며, 마지막 반죽에 가서야 마침 알맞은 황갈색으로 맛있게 구워졌다는 이야기였다.

처음 영국에 왔을 때, 이 이야기를 아는 사람이 없어 놀랐던 기억이 난다. 웨일스에 있는 유치원에 다닐 때 바닥에 앉아 얘기 나누는 시간이었다. 선생님이 제일 좋아하는 동화를 소개해 보자고 했을 때, 어떤 일이 일어났을지 상상할 수 있을 것이다.

나는 손을 번쩍 들고 말했다.

"제가 제일 좋아하는 건 신이 과자 반죽으로 사람을 만든 이야기예요. 황갈색 과자가 검정과 흰색보다 훨씬 더 잘 구워진 거랬어요."

당연히 나는 금방 이 인기 있는 중국 이야기 이면의 인종 차별주의를 깨닫게 되었다. 네 살 때의 내가 그 이야기를 좋아했던 것은 오로지 과자라는 부분 때문이었지 않았나 싶다.

하고 싶은 말은, 인종 차별은 비단 흑과 백의 문제만이 아니라 우리 모두에게 해당한다는 것이다. 특히 옛 세대들은 자라난 사회 배경 때문에 누구나 1온스 정도의 인종 차별은 품고 있지 않나 싶다. 이렇게 이해하고 나자, 나는 과거에 인종 때문에 나를 차별하거나 상처 준 사람들을 용서할 수 있게 되었다.

직업 특성상 사는 내내 고통받는 환자들의 이야기를 들으면서 내가 진심으로 느끼게 된 것은, 대부분 사람은 의도적으로 다른 이들을 해치는 것은 아니라는 사실이다. 인종 차별주의자와 괴팍한 이들은 대개 사회의 산물일 뿐이며, 집단 따돌림의 가해 집단은 자신들이 상처받고, 소외당하고, 위협 당하거나 불행한 사람들인 경우가 많다. 따라서 해법을 찾으려면 체제와 사회 전체를 변화시키는 방향으로 노력할 필요가 있다. 장관과 경찰서장, CEO, 언론계의 거물을 해고하고 그 자리에 판박이인 또 한 명을 앉히는 게 무슨 의미가 있을까? 정말 중요한 질문은 이런 것이다.

우리는 사회를 변화시킬 의지가 있는가?

내러티브 테라피

자신의 이야기를 글로 쓰면 겪은 일들과 감정을 더 잘 이해할 수 있게 된다. 자신의 개인적 경험을 다시 읽으면서 그것들을 직면하고, 보다 객관적으로 평가할 수밖에 없기 때문이다. 이러한 '내러티브 테라피narrative therapy'는 억눌린 감정과 부당함에 대한 부담을 덜어 주고, 내려놓을 수 있게 하며, 용서하고, 나아갈 수 있게 한다. 나 역시 이 책을 쓰면서 그 효과를 확실하게 체감했다. 혼자 쓰고 혼자 읽는 데 그치더라도 부디 시도하고 경험해 보기 바란다. 물론 당신이 쓴 글이 다른 이들의 마음을 사로잡지 말란 법이 없다. 그러면 어떤 일이 벌어질지 누가 알겠는가?

자신만의 목소리를 찾아라

'의연하게 버텨라', '용서하고 잊어버려라'라는 말은 오래전부터 터 익히 귀에 익은 충고다. 그러나 현대적 정신 건강 차원에서는 다소 시대에 뒤떨어진 말일 수 있다. 물론 용서와 이해에 대해서는 전적으로 맞는 말이라고 생각하지만, '잊어버리는 일'에는 무슨 이점이 있다는 건지 정말 이해되지 않기 때문이다. 잊어버리면 같은 실수를 반복하고, 빙빙 제자리를 도는 수밖에 없다. 우리에게 필요한 것은 배워서 앞으로 나아가는 것이다.

내게 상처를 준 사람들이 무의식적인 편견이 몸에 배어 그랬던 것임을 이해하고 개인적 원한을 품지 않는다고 해서 이러한 편견을 영속시키는 불공정한 시스템을 잊거나 받아들여야 한다는 의미가 아니다.

나는 목소리를 찾기 위해 노력했으며, 그것은 내 구원의 일부였다. 그리고 그 과정에서 솔선수범한 것이 나의 권한을 높이는 것과 동시에 다른 이들의 권한을 증대시켰고, 그들에게 자신도 목소리와 의견을 보탤 수 있게 했다는 사실을 알게 되었다.

시스템에 도전하기 위해 자기가 할 수 있는 일을 하는 것은, 그 일이 아무리 작아도 큰 힘과 목적의식을 가져다준다. 우리 각자의 행동이 바다에 떨어지는 물 한방울에 불과하다 해도 이것이 모이면 쓰나미를 일으킬 수 있다. 내게는 이렇게 책을 써서 좀처럼 입에 오르내리지 않는 정신 건강 이야기들에 조명을 비추고, 사회적 불평등의 부정적 영향을 강조하는 것이 작은 기여다.

최근 들어 병원의 고위 관리자 회의나 왕립 정신 의학회 식사 자리에 초대되는 일이 점점 잦아지고 있다. 이제 나는 마음에 품은 생각을 말할 수 있는 자신감을 지니게 되었으며, 그분들에게는 유감스럽겠지만 어떤 결정이 내려질 때 성별이나 인종이 관련되어 있지 않은지 따져 묻는 일에 쩔쩔매지 않으며, 매번 시스템 불평등을 조명하려고 애쓴다. 내가 의견을 개진開陳 하면, 어떤 이들은 못마땅해서 혀를 차거나 동의하지 않을 수 있다. 그러나 '들어 봐, 들어 보자고.' 하는 기분 좋은 웅성거림이 일 때도 있고, 괜히 말을 꺼내서 금기를 깼나 하고 자괴감을 느낄 때조차 끝나고 나서 반드시 누군가가 다가와 고맙다는 말을 건넨다. 내가 질문하거나 지적한 부분을 자기도 느꼈지만, 감히 말하지 못했다는 것이다. 나를 계속 나아가게 하는 것이 바로 이런 결속의 작은 증언들이다. 당신이 직접 나서도 마찬가지다. 지지해 주는 사람들이 반드시 있기 마련이다.

일상의 만족감 찾기

요즘 나는 일주일의 근무를 NHS 업무와 개인 진료 업무로 나누고, 개인 진료에는 유연성과 선택권을 대폭 활용하고 있다. 예를 들어, 아이들의 수업 시간에 맞추어 일하고, 나머지 시간은 아이들과 함께 보내는 식이다. 물론 내 개인의 필요를 충족시키는 것도 빼먹지 않으려 한다. 요가를 하고, 친정어머니와 함께 중국 음식 강좌에 다니고, 정신 건강을 해치면서까지 일자리의 기회를 놓치는 것을 두려워하지 않으려 노력한다. 나는 지금 생활에 만족한다.

그동안 한 번도 경력의 성취와 온전히 내 손으로 하는 육아를 포기한 적이 없었고, 시시때때로 체제로부터 거절당했지만, 그때마다 나는 내가 갈 길, 내가 속할 곳을 스스로 찾았다. 최근 동료들이 자기들도 나처럼 일주일을 유연하게 활용하며 일하고 싶다고 했다. NHS와 개인 진료를 결합하고, 책을 쓰고, 연구와 수업, 정책에도 발을 담그고, 아이들과 좋은 시간을 보내고, 그러면서도 손색없는 보수를 받는 것을 말하는 것이다. 내가 이렇게 하기까지 많은 땀과 눈물을 흘리고 치아도 몇 개 잃었지만, 지금 나는 백인 남성들이 원하는 경력을 지니고 있다.

부는 바람 속에 답이 있다

이 책을 쓰기 시작한 것은 2019년이었다. 이미 내용도 정해 놓은 상태였다. 그때만 해도 마지막 줄을 쓰면서 나와 비슷한 감정을 지닌 사람들의 감정이 밀물 한가운데에 놓이게 될 줄 몰랐다. 또한 내가 그 모든 것의 중심에 속하게 될 줄도 몰랐다. 지난 18개월 동안 일어난 일들은 사회 전반에 걸쳐 다양한 집단에서 부당함과 배척이 일어나고 있었음을 백일하에 드러내 보여 주었다. 과로로 번아웃에 직면한 일선의 정신 건강 전문가들, 의료 서비스에서 행해지는 조직적 인종 차별의 피해자들, 팬데믹 동안 더욱 불우해진 어린이들, 미국에서의 아시아인 증오 폭력에 대항해 행진에 나서지 않을 수 없는 처지임을 깨닫게 된 사람들, 조지 플로이드와 사라 에버라드의 비극적인 죽음 등.

여러 달 동안, 사람들이 내 환자들의 이야기를 듣고 싶어 할지 혹은 내 이야기를 이해해 줄지 걱정과 의문에 휩싸였다. 나를 감사할 줄 모르는 이민자, 모질고 자격 없으며 '뼛속까지 골치 아픈' 여자로 볼까 봐도 두려웠다.

그러나 최근 조직적 편견과 인종 차별주의, 사회 불평등에 대한 개인적 경험들이 전 세계적으로 분출되면서 변화의 바람이 불고 있다는 느낌이 내게 희망을 주었다.

사회적 약자를 지원하기 위해 협력하는 공동체, 봉사 활동에 참여 신청을 한 전례 없는 수많은 이들, 사회 정의와 인종 평등을 지지하기 위해 전 세계에서 행진에 나선 모든 피부색의 사람들, 거리와 학교에서의 성폭력에 대항해 일어난 여성과 소녀들 그리고 이들을 지지하는 남편, 아버지, 형제와 친구들을 목격하면서 마음 뿌듯하고 용기가 솟아올랐다. 지구 전체가 비관적인 상황에 빠져 정치적으로도 분열되어 있지만, 개인으로서의 사람들은 변화와 우호, 온정과 이해를 보여 주면서 모두에게 함께 하자고 촉구하고 있다. 이것이 차이를 만들어 낸다.

이제 다시 타이완의 우리 속 소년에게로 돌아가 보자. 정신 건강 분야에서의 여정 중에 내가 깨닫게 된 것은, 어쩌면 우리 모두 삶의 어느 지점에서는 어떤 식으로든 자신이 스스로 선택한 부정적인 삶과 사회에서 당한 경험에 얽매어 불친절한 세상에 대한 두려움에 휩싸인 채 보이지 않는 '우리'에 갇혀 있다는 것을 알게 되는 순간이 오리라는 것이다. 그리고 우리 속 그 소년의 경우에서처럼 답은 간단하다. 우리 어머니의 온정어린 행동 하나에 소년이 웃었다는 것이다. 그 이후로 나는 그것이 다름 아닌 '너를 참을 수 없어'에서 '너를 이해해'로 가는 몇 가지 정신적 단계라는 것을 알게 되었으며, 이해 받고, 받아들여지고, 소속되기 위해 우리 모두 근본적으로 추구해야 할 지향점이라고 생각하게 되었다. 좀 더 친절하고, 좀 더 공정하며, 좀 더 이해심 있는 사회에서는 정신 건강 문제가 줄어들지 않을까? 나는 그러리라고 믿고 있고, 우리가 해낼 수 있다고 생각한다.

맺음말

고마운 사람들

내 가장 오랜 친구이며 인내심으로 나를 보살펴 준 훌륭한 치과 의사인 파라 제스 박사님께 최고의 진심 어린 감사를 보내 드린다. 어린 시절에도 나를 미소 짓게 하셨고 성인이 되어서도 나를 웃게 해 주신 분이다.

이 책은 임신에서 출산까지 여러 해가 걸린 아기나 마찬가지다. 그렇다면 DNA와 척추를 형성하도록 돕고 인고의 기간 내내 내 손을 잡아준 파트너 레티시아 러더퍼드에게 큰 감사를 드리지 않을 수 없다. 왓슨 리틀(Watson Little) 팀은 우리에게는 확장된 가족이며, 특히 레이철 리처드슨은 자랑스러운 이모 역할을 해 주셨다. 헬레나 섯클리프, 크리스티나 블라고예비치와 우레아 카펜터는 최고의 조산사 역할을 하며, 내게 '더 세게 밀어내요'라고 계속 압박했다. 이분들에게도 감사한다. 매번 당시에는 못 느끼다가 지나고 나서야 알게 되는 고마움이라니! 덕분에 책이 무척 개선되었다. 물론 이분들은 전체 산부인과 팀 지원 인력의 일부일 뿐임을 밝혀 둔다. 또한 리베카 니컬슨을 포함한 출판사 관계자 여러분들 역시 다양한 이야기들이 드러날 수 있게 도움을 주셨다. 감사드린다.

나를 대신해 인간과 개구리를 해부하고 기니피그의 창자와 씨름해 준 의과 대학 시절의 친구들, 야스민 레얄, 챗 체라쿨, 레지 리, 태냐 카시에게도 고마움을 전한다. 또한 내가 이 분야에서 경력을 쌓을 수 있었던 것은 남아프리카공화국에서 아동 정신 의학 연구에 대해 처음으로 흥미와 관심을 느낄 수 있게 해 주신 고故 앨런 플리셔 박사의 초기 멘토링 덕분이었음을 몇 번이고 밝히지 않을 수 없다.

여러 해에 걸쳐 나를 지도해 주셨던 놀라운 정신과 의사분들 그리고 '해와 비둘기'에 함께 모였던 친구들 모두, 특히 제니 잭, 소라야 마예트,

킴벌리 딘, 미셸 스미스, 샬럿 와트봇 오브라이언, 수지 횟웰에게 감사한다. 그리고 아동 정신 의학과의 동료 수련의들에게도 고마움을 전한다. 가비 펜들베리, 카티아 폴리아코바, 크리슈나 메논, 크리스 베디, 달짓 자그데브, 길 마이어스, 에스라 카글라가 그들이다.

또한, 여성 생명 지원팀의 놀라운 인재인 퍼트리샤 리오스, 안티고네 가카라벨라와 이소벨 헤이먼 그리고 나의 우여곡절 많은 경력 내내 조언과 유머, 우정과 지지를 보내 준 멋진 여성들, 피오나 매큐언, 샬럿 타이, 리지 셰퍼드, 엘레니 팔리오코스타, 수지 워커, 제니 파커, 로즈 샤프란에게 특별한 감사를 전한다. 외로움에 대한 식견이 뛰어난 파르하나 만과 섭식 장애에 대한 조언을 아끼지 않은 리사 무케르지에게도 감사드린다.

소속되는 것과 자신의 자리 찾기를 시각적으로 요약해 너무나 깔끔하게 정리된 사랑스러운 작품을 만들어 주신 존 그레이에게 감사드린다.

마지막으로, 나를 평생 지지하는 친구와 가족들, 수 찬, 신충, 웬란, 칭란, 제시카 조, 소피, 프레드, 커스틴, 스티안, 엘사, 대니얼, 매슈, 알무데나, 페기, 케이티, 유엔, 라비, 에밀리, 대니얼, 안톤에게 가장 큰 고마움을 전한다.

참고문헌

1) Baumeister, R.F., and Leary, M.R. The need to belong: Desire for interpersonal attachments as a fundamental human motivation. *Psychological Bulletin* (1995), 117 (3): 497-529.

2) Liang, H. *Inside-Out Parenting. How to Build Strong Children from a Core of Self-Esteem* (2017), Bluebird Books.

3) Hazan, C., & Shaver, P. R. Attachment as an organizational framework for research on close relationships. *Psychological Inquiry*, (1994), 5 (1): 1–22.
https://doi.org/10.1207/s15327965pli0501_1.

4) Maternal depression and child development. Canadian Paediatric Society Position Statement 2004-2003. *Paediatric Child Health*, (2004), 9 (8) .

5) Rutter M., et al. Quasi-autistic patterns following severe early global privation. English and Romanian Adoptees (ERA) Study Team. *Journal of child Psychology and Psychiatry* (1990), 40: 537-49

6) Mental Health of Children and Young People in England, 2017. Government Statistical Service. NHS digital. www.digital.nhs.uk.

7) Dweck, C. Mindset: *How you can fulfil your potential* (2012), Random House Publishing Group.

8) Robinson, S., et al. *Breaking Free from OCD: A CBT Guide for Young People and their Families* (2008), Jessica Kingsley Publishers.

9) Bieling, P.J., Beck, A.T., and Brown, G.K. The Sociotropy-Autonomy Scale: Structure and Implications. *Cognitive Therapy and Research* (2000), 24 (6): 763–80.

10) https://digital.nhs.uk/data-and-information/find-data-and-publications/supplementaryinformation/2019-supplementary-information-files/hospital-admissions-for-eatingdisorders; https://www.theguardian.com/society/2020/dec/29/hospital-admissions-forchildren-with-eating-disorders-rise-by-a-third-in-england.

11) Cacioppo, S., Capitanio, J.P., and Cacioppo, J.T. Toward a Neurology of Loneliness. *Psychological Bulletin* (2014), 140 (6): 1464–1504. doi:10.1037/a0037618.

12) Cacioppo, S., Capitanio, J.P., and Cacioppo, J.T. Toward a Neurology of Loneliness. *Psychological Bulletin* (2014), 140 (6): 1464–1504. doi:10.1037/a0037618.

13) Wakefield, J.R.H, et al. The Relationship Between Group Identification and Satisfaction with Life in a Cross-Cultural Community Sample. *Journal of Happiness Studies* (2017) 18:785–807 doi10.1007/s10902-016-9735-z.

14) Loades, M.E., et al. Rapid Systematic Review: The Impact of Social Isolation and Loneliness on the Mental Health of Children and Adolescents in the Context of COVID-19. *Journal of the American Academy of Child & Adolescent Psychiatry* (2020) 59 (11): 1218–1239. doi: 10.1016/j.jaac.2020.05.009.

15) Heyman, I., Liang, H., Hedderley, T. Covid-19 related increase in childhood tics and tic-like attacks. *Archives and Disease in Childhood* (2021), 106:420–1.

16) Mental Health of Children and Young People in England, 2017. Government Statistical Service. NHS digital.www.digital.nhs.uk.

17) Berryman, C., Ferguson, C.J., and Zegy, C. Social Media Use and Mental Health among Young Adults. *Psychiatric Quarterly* (2018), 89: 307–14 doi 10.1007/s11126-017-9535-6.

18) Honeyman, G: *Eleanor Oliphant Is Completely Fine* (2018), Harper Collins.

19) Research Briefing. Oxbridge Elitism. Paul Bolton. (March 2021): https://commonslibrary.parliament.uk/research-briefings/sn00616/

20) Mandai, M., et al. Loneliness among mothers raising children under the age of 3 years and predictors with special reference to the use of SNS: a community-based cross-sectional study. *BMC Women's Health* (2018), 18, Article no: 131
https://doi.org/10.1186/s12905-018-0625-x.

21) Chambers, M., et al. Exploring the emotional support needs and coping strategies of family carers. *Journal of Psychiatric and Mental Health Nursing*, 8 (2): 99-106 https://doi.org/10.1046/j.1365-2850.2001.00360.x.

22) A summary of these classic experiments can be found at: https://www.verywellmind.com/what-is-conformity-2795889.

23) Maenner M.J., et al. Prevalence of Autism Spectrum Disorder Among Children Aged 8 Years — Autism and Developmental Disabilities Monitoring Network, 11 Sites, United States, 2016. *MMWR Surveillance Summaries* (2020), 69 (No. SS-4): 1–12. https://www.cdc.gov/mmwr/volumes/69/ss/ss6904a1.htm.

24) Colvert, E., et al. Heritability of Autism Spectrum Disorder in a UK Population-Based Twin Sample. *JAMA Psychiatry* (2015), 72(5): 415–23. doi: 10.1001/jamapsychiatry.2014.3028.

25) Polanczyk, G., et al. The Worldwide Prevalence of ADHD: A Systematic Review and Metaregression Analysis. *American Journal of Psychiatry* (2007), 164 (6): 942–948.

26) Simonoff, E., et al Randomized controlled double-blind trial of optimal dose methylphenidate in children and adolescents with severe attention deficit hyperactivity disorder and intellectual disability. *Journal of Child Psychology and Psychiatry* (2013), 54(5): 527-35.

27) https://www.dailymail.co.uk/health/article-1359679/NHS-staffrude-arrogant-lazy-Patients-verdict-2-3-tell-poor-care. html;
https://www.dailymail.co.uk/news/article-9123391/National-landmarkscapital-light-blue-celebrate-NHS-frontline-workers. html.

28) Kim-Cohen, J., et al. Prior juvenile diagnoses in adults with mental disorder. *Archives of General Psychiatry* (2003), 60: 709–17.

29) Mental Health of Children and Young People in England, 2017. Government Statistical Service. NHS digital. www.digital.nhs.uk.

30) Morgan, C., Charalambides, M., Hutchinson, G., and Murray, R.M. Migration, Ethnicity, and Psychosis: Toward a Sociodevelopmental Model. *Schizophrenia Bulletin* (2010), 36 (4):655–664, 2010 doi:10.1093/schbul/sbq051

31) Morgan, C., et al and the AESOP study group. First episode psychosis and ethnicity: initial findings from the AESOP study. *World Psychiatry* (2006), 5 (1): 40-46.

32) Cooper, K. Minds Apart. *The Doctor* (2020), 25: 18–21.

33) Herzog, D.B., et al. Recovery and relapse in anorexia and bulimia nervosa: a 7.5-year follow-up study.

Journal of the American Academy of Child and Adolescent Psychiatry (1999). 38 (7): 829–37.

34) https://www.unwomen.org/en/digital-library/publications/2020/04/policy-brief-the-impact -of-covid-19-on-women.

35) Recommended reading on behavioural activation: https://www.cochrane.org/news/featured-reviews-behavioural-activation-therapy-depression.

36) Recommended reading on narrative therapy: https://www.apa.org/ptsd-guideline/treatments/narrative-exposure-therapy.

37) Gray, M., Litz, B.T., and Papa, A. Crisis debriefing: What helps, and what might not. *Current Psychiatry* (2006), 5 (10): 17–29.

38) Gender pay gap references: https://www.gov.uk/government/Dr Holan Liang 243 news/new-data-on-gender-pay-gap-in-medicine;

https://www.lawsociety.org.uk/about-us; the-law-society-group-gender-pay-gap-report/;

https://www.personneltoday.com/hr/gender-pay-inequality-increases-in-financial-services/.

39) Ethnicity inequality references: https://www.bmj.com/company/newsroom/pay-of-nhs-doctors-varies-by-ethnic-group/;

https://www.theguardian.com/media/2017/jul/19/bbc-salary-datashows-huge-pay-gap-between-white-and-bme-stars;

http://www.pulsetoday.co.uk/news/quarter-of-bme-gps-experience-patientdiscrimination-at-least-once-a-month/20036640.article;

http://www.pulsetoday.co.uk/news/all-news/gmc-more-likely-toinvestigate-complaints-against-bme-doctors/20038897.article; NHS Workforce Race Equality Standard. 2018 Data Analysis Report for NHS Trusts; Born Equal? Racism in Medicine. *British Medical Journal* (2020), 368: 211-60. No 8233 CR ISSN 0959-8138; Racism in Healthcare: Not just a Covid Problem. *British Medical Journal* (2021), No 8277 CR ISSN 0959-8138.

40) Moss-Racusin, C.A., et al. Science faculty's subtle gender biases favor male students. *Proceeding of the National Academy of Sciences USA* (2012). doi:10.1073/pnas.1211286109; Widner, S., and Chicoine, S. It's All in the Name: Employment Discrimination Against Arab Americans. *Sociological Forum* (2011). https://doi.org/10.1111/j.1573-7861.2011.01285.

41) Wenneras, C., and Wold, A. Nepotism and sexism in peer-review. *Nature* (1997), 387: 341–343.

42) Mental Health of Children and Young People in England, 2017. Government Statistical Service. NHS digital. www.digital.nhs.uk.

43) Slaten, C.D., et al. School Belonging: A review of the History, current Trends and Future Directions. *The Educational and Developmental Psychologist* (2016), 33 (1): 1–15. Doi 10.1017/edp.2016.6; Riley, K. We're a long way from a sense of belonging. *TES Scotland* (June 2019), 20–23.

44) *Harvard Business Review*. https://hbr.org/2019/12/the-value-of-belonging-at-work.

45) Dweck, C. Mindset: *How you can fulfil your potential* (2012), Random House Publishing Group.